COOL EXPRESSIONS

Kill ! Kill ! Kill !

Jimmy Massey

Avec Natasha Saulnier

Kill ! Kill ! Kill !

Traduit de l'américain par
Émilie Saada

Traduction révisée par
Natasha Saulnier, Franck Junca et Pierre Werth

Éditions du PANAMA

Titre original : *Cowboys from Hell*
© Éditions du Panama, 2005
26, rue Berthollet
75005 Paris

ISBN : 2-7557-0044-0
N° : 0044-1
Dépôt légal : septembre 2005

www.editionsdupanama.com

Les Marines ne considéraient pas leurs proies comme des êtres humains. Ils n'étaient pas non plus le genre d'hommes à se vanter, à envoyer à leur mère ou à leur femme des lettres tachées de boue, les assurant qu'ils allaient bien. Non, les Marines avaient affaire à la vermine – des rats ou des fouines – qui s'activaient sur le champ de bataille en s'abritant dans des bus civils, cachés derrière les femmes et habillés en civil. Sinon, les Marines n'auraient jamais tiré sur des véhicules civils. […] Il n'appartenait pas aux soldats de distinguer le vrai du faux, ni de faire la part des choses entre rumeur et vérité.

The March Up,
Bing West & Major General Ray L. Smith,
2003

C'est marrant de tirer sur des gens.
Lieutenant Général James Mattis,
4 février 2005

Avertissement

J'ai rencontré Jimmy Massey alors que j'envisageais de faire un reportage sur la désensibilisation des Marines et des forces spéciales en Irak. En mars 2004, j'ai contacté l'organisation *Veterans for Peace* en Caroline du Nord. Son directeur, Wilson Powell, m'a mis en contact avec Jimmy et Michael Hoffman, lequel allait fonder *Iraq Veterans Against the War* (IVAW). En entendant les aveux de Jimmy sur les exactions perpétrées de concert avec son peloton en Irak, j'ai compris l'importance de son témoignage et je suis allée en Caroline du Nord pour le rencontrer. L'organisation *Veterans for Peace* m'avait également mis en contact avec un jeune réserviste du corps des Marines qui souffrait du syndrome de stress post-traumatique (SSPT) après son retour d'Irak. Photos à l'appui, ce dernier a accepté de me parler de son expérience irakienne. Il avait notamment été le témoin d'un épisode particulièrement troublant au cours duquel son sergent avait volé l'or, l'argent et les cartes d'identité de quarante-sept Irakiens qui gisaient dans un charnier. Le sergent avait ensuite revendu ces papiers d'identité à des Marines soucieux d'épater leurs proches avec des trophées de guerre. Les photos montraient des Irakiens aux corps calcinés, aux crânes broyés et aux jambes en bouillie – écrasées par les jeeps des GI.

Les circonstances n'avaient entamé en rien le sens de la dramaturgie des apprentis photographes qui avaient placé des cigarettes dans la bouche des cadavres.

Souffrant d'une grave dépression et de stress post-traumatique, Jimmy a quitté le théâtre des opérations en mai 2003 et a été officiellement « radié des contrôles des effectifs » en décembre 2003, « honorablement rendu à la vie civile ». Très fragile psychologiquement, il est toujours poursuivi par des flash-backs et des cauchemars qui le replongent inexorablement dans les situations d'effroi vécues en Irak. Après avoir quitté les Marines, il désirait témoigner pour apaiser sa conscience. Il ne parvenait hélas pas à se libérer du serment qu'il avait prêté au Corps, le *Semper Fi*, qui lui commandait de garder le silence. Il avait en outre déjà fait les frais de son courage en livrant son témoignage à un journal local, *The Mountaineer*, ce qui avait provoqué une levée de boucliers de ses lecteurs. Accusé d'être « passé à l'ennemi », Jimmy a été licencié de son emploi de manager dans un « *rent-a-center* » et mis au ban de la communauté de Waynesville. Petit à petit, je suis parvenue à briser ses résistances et à gagner sa confiance. Lorsque je lui ai proposé de l'aider à écrire ses mémoires, il a accepté sans hésiter.

J'ai retrouvé la trace de cinq membres de son peloton – tâche délicate car le carnet d'adresses de Jimmy avait été confisqué par le corps des Marines – qui ont corroboré le témoignage de Jimmy. Un premier article a été publié dans *L'Humanité* en avril 2004. Un second, dans le journal britannique *The Independent on Sunday* en juin 2004. J'ai, dans l'intervalle, contacté de nombreux journaux américains, notamment le *New York Times*, le

Washington Post, le *Philadelphia Enquirer*, le *Baltimore Sun* etc. Aucun n'a voulu publier les aveux de Jimmy. Plusieurs m'ont répondu que les Américains n'étaient pas prêts à entendre ce genre de témoignage (c'étaient avant le scandale d'Abu Ghraib). Un des rédacteurs du *Philadelphia Enquirer* a affiché sa déception lorsqu'il a appris que je n'avais recueilli aucun témoignage des « victimes » de Jimmy et de son peloton. Le *San Francisco Chronicle* m'a expliqué que les meurtres des civils aux check points étaient imputables au « *fog of war* ». Ils ne constituaient pas des crimes de guerre. Le *Washington Post* a regretté de ne pouvoir publier l'article parce que toute collaboration extérieure sur un sujet aussi sensible était proscrite. Le *Baltimore Sun* était intéressé par un autre angle, celui de la profanation des cadavres, moins indigeste pour un public américain peu enclin à admettre que ses *boys* pouvaient tuer des civils irakiens en toute impunité.

Les uns après les autres, CNN, GQ Magazine, NPR… se sont défaussés, après s'être pourtant enthousiasmés pour la personnalité de Jimmy et son évidente crédibilité. Lorsque le scandale d'Abu Ghraib a éclaté, nous étions convaincus que la presse institutionnelle allaient enfin s'emparer de la question. Mais si certains organes de presse faisaient des gorges chaudes de son cas, c'était généralement des médias de gauche dont les lecteurs étaient opposés à la guerre ou des chaînes de télévision étrangères. Notamment Michael Moore, qu'il avait rencontré au Forum social de Boston, d'Amy Goodman, qui l'a invité plusieurs fois à participer à son émission de radio, de Robert Fisk et de Naomi Klein, qui l'ont fait connaître à leurs lecteurs.

Plusieurs grandes maisons d'édition, d'abord très enthousiastes, ont également reculé au dernier moment en expliquant simplement qu'elles n'avaient pas obtenu de *legal clearance*. Même les maisons indépendantes, considérées comme « progressistes », ont jugé le personnage de Jimmy trop dérangeant et le contenu du manuscrit trop licencieux. Vraisemblablement moins perturbés par les tueries de civils que par les frasques sexuelles de Jimmy, certains éditeurs auraient souhaité supprimer ces dernières. Nous avons refusé, expliquant que la description des obsessions sexuelles des Marines était indispensable pour brosser un tableau clinique intégral de la « maladie militaire » américaine. En fait, les éditeurs américains ne doutaient pas de la véracité du témoignage de Jimmy mais trouvaient ses aveux trop brutalement honnêtes et son style trop vil. Peut-être ceux de gauche désiraient-ils un soldat plus *politically correct*, plus facile à instrumentaliser.

Le récit de Jimmy met en lumière la sinistre métamorphose subie par les soldats américains depuis la deuxième guerre mondiale. Ces derniers manifestaient alors une profonde résistance à tuer un autre être humain, même lorsqu'on leur tirait dessus. Selon S.L. Marshall, 15 % seulement des soldats envoyés sur le front européen ont appuyé sur la détente[1]. « La peur de tuer, plu-

---

1. *Men against Fire : The Problem of Battle Command in Future War* (« Les Hommes sous le feu : le problème du commandement en temps de guerre dans les conflits du futur »), 1947. Marshall était l'historien en chef de la campagne européenne de l'Armée de terre américaine. NdA.

tôt que la peur d'être tué, était la cause la fréquente d'échec individuel au combat. » Il ajoute : « Nous devons libérer l'esprit du tireur par rapport à la nature de ses cibles. » À propos des traumatismes liés au combat, *War Psychiatry*, manuel de cinq cents pages du corps médical de l'Armée de terre, note que « la plupart des mammifères rechignent à tuer leurs congénères ». Il souligne que la « *pseudospeciation* », cette capacité humaine à classifier ses semblables comme « différents », peut neutraliser les inhibitions supposées l'empêcher de les tuer.

Il importait donc de développer le réflexe d'ouvrir le feu en insistant sur le conditionnement psychologique qui consistait en particulier à déshumaniser l'ennemi. Pour ce faire, l'armée américaine dut livrer une guerre psychologique à ses propres soldats en mettant l'accent sur des techniques de désensibilisation, de conditionnement et de mise en place de mécanismes facilitant le déni. Il fallut également rendre l'entraînement plus réaliste : les soldats tiraient désormais sur des cibles mobiles identiques à des personnes et l'acte de tuer était décrit avec délice et délectation. Les efforts de l'armée américaine furent couronnés de succès puisque selon des estimations internes, pendant la guerre du Vietnam, 90 % des soldats utilisèrent leurs armes plus machinalement. Ces succès occultèrent bien sûr le prix payé par des soldats contraints de vivre avec le sentiment d'avoir agi en contravention du bien et traumatisés à vie. C'est le syndrome du stress post-traumatique dont souffre Jimmy. Selon le *New England Journal of Medicine*, 16 % des vétérans de la guerre d'Irak sont atteints de ce trouble. Rachel Mac Nair, une spécialiste des effets psychologiques de la violence, a travaillé sur des données provenant du *National Vietnam Veterans Readjustment Study*, un programme financé par le Congrès. Elle a constaté que le pourcentage de SSPT était nettement plus élevé chez les vétérans du Vietnam qui avaient tué au combat. « Ces données démontrent que, chez l'humain, tuer est contrenature. Tuer un autre être humain aura des conséquences traumatisantes, sauf pour une petite minorité de sujets déjà psychotiques. »

Le portrait des Marines brossé par Jimmy atteste du succès des stratèges américains. Nécrophiles, les *boys* de Jimmy prennent leur pied lorsque le sang se met à gicler. Appuyer sur la détente leur procure une jouissance quasi sexuelle. Mais l'acte de tuer revêt aussi une dimension liturgique pour des soldats qui pactisent avec la bête et communient dans le sang. En tuant pour la première fois, ils entrent dans une confrérie particulière et très fermée : Ils sont « *blooded* ». Ces jeunes déshérités, parfois inemployables et souvent condamnés à l'obscurité totale, éprouvent alors une impression de toute-puissance. Et c'est bien sur leur sentiment d'échec et d'inutilité que misent les 15 000 recruteurs américains qui investissent tout autant les écoles publiques américaines (lesquelles sont dans l'obligation de divulguer les noms et numéros de téléphone de leurs lycéens sous peine de voir leurs subventions disparaître) que les centres commerciaux ou les magasins de disques. Nombreux sont les recruteurs qui n'hésitent pas à blanchir les casiers judiciaires des jeunes en délicatesse avec la police et à dissimuler leurs problèmes médicaux. Car il leur faut recruter 210 000 « *bodies* » par an (à un coût d'environ 14 000 dollars par recrue pour le contribuable américain) pour permettre à l'Amérique de mener ses aventures guerrières. Sur son passé de recruteur corrompu, Jimmy ne tait rien non plus. À l'instar des massacres de civils innocents, les pratiques iniques des recruteurs de l'armée font finalement les manchettes des journaux américains. Violemment honnête, le récit de Jimmy permet au lecteur d'entrer « de l'autre côté du miroir ». C'est ce qui rend ce document unique.

Natasha Saulnier

Prologue

Non, je ne pourrai jamais laisser mon passé derrière moi. Marine un jour, Marine toute la vie.

Je suis à des milliers de kilomètres de Kerbala, en Irak, mais la guerre est rentrée à la maison avec moi. Je suis en sécurité dans les Appalaches, mais les bombes continuent d'exploser, la fulgurance de leur feu me hante jour et nuit. Ici, où l'air chargé du parfum des fleurs est si doux qu'on voudrait le croquer, je sens une odeur de chair carbonisée.

J'ai 32 ans et j'ai reçu une formation de tueur psychopathe. Tout ce que je sais faire, c'est convaincre des gamins de s'enrôler chez les Marines, et tuer. Je n'arrive pas à pas garder un boulot. Pour moi, les civils ne sont que des faibles et des petits moutons. Je suis un chien de garde. Un prédateur. On m'appelait Jimmy le requin à l'armée [1].

Pour moi, tout le monde est une proie potentielle. Oui, je continue de considérer les civils comme des proies. J'ai été formé pour ça. Je repère leurs faiblesses et je cherche à les exploiter. J'en tire avantage. J'entretiens

_____

1. *Jimmy the Shark in the Suck.* Sauf mention contraire, les notes sont de l'éditeur et des traducteurs.

le doute. Si vous montrez un signe de faiblesse, vous êtes
foutu. La douleur me fait bander. *La douleur, c'est la fai-*
blesse qui quitte le corps.
   Les Marines ressemblent aux pitbulls. La peur est leur
moteur. Je suis un guerrier payé pour défendre un pays.
À 500 mètres, d'une seule balle, je touche un ennemi et
je lui explose la tête comme une pastèque. Je l'ai fait souvent.

   Je ne suis pas né avec cette mentalité. Le corps des
Marines me l'a inculquée. Le matin, quand on enfile son
uniforme, on met son masque de gangster. Simple question de survie. L'uniforme, pour nous, c'est un costume
de Superman.
   Notre récompense : l'argent et le sexe. Parce qu'il peut
mourir demain, tout lui est permis. C'est une superstar,
un gladiateur…
   Mais maintenant que je suis rentré, qui veut de moi ?
Quelle société veut d'un tueur de mon espèce ?

* * *

   J'étais un jeune merdeux, plein de foutre. Et j'ai combattu lors de l'Opération *Iraqi Freedom.*

Chapitre 1

Bubba

Sergent, je signe où ?

Ce récit est celui de mon éveil. Je totalise douze ans chez les Marines, j'ai achevé ma carrière militaire en Irak, souffrant du syndrome de stress post-traumatique et d'une grave dépression. J'ai tué trop de civils irakiens et vu trop de massacres commis aveuglément.

Le garçon du Sud que j'étais, élevé en bon Baptiste entre le Texas et la Caroline du Nord et qui adorait chasser l'écureuil, s'est transformé en machine à tuer surentraînée. J'ai perdu tout sens moral, brisé mon premier mariage et, petit à petit, j'ai commencé à me perdre. J'ai à présent l'impression d'être en enfer. Chaque souvenir – chaque nouveau cauchemar – ne cesse de me hanter.

Ce livre témoigne de l'effort que j'accomplis actuellement pour sauver mon âme. J'utilise un langage très cru pour décrire mes expériences. J'espère que vous me pardonnerez. Tout est derrière moi, désormais. Mais parce que j'ai entamé une sorte de thérapie pour me soigner, et que je veux servir mon pays, je me dois de décrire avec honnêteté la vie d'un Marine d'aujourd'hui : comment il parle, comment il pense, comment il baise et comment il tue.

La nuit dernière, j'ai encore rêvé que j'étais en Irak, dans mon Humvee [1], en treillis et gilet pare-éclats, mon PA Beretta 9 sanglé sur ma poitrine, fusil d'assaut M-16 et masque à gaz positionnés dans le dos. La chaleur est écrasante et des volutes de fumée grise et noire découpent l'horizon. Tous mes sens sont en éveil dans l'air immobile, j'ai l'impression de flotter hors du temps. J'inspire profondément par le nez et la bouche, je sens presque le goût de la mort. Je regarde à droite, puis à gauche, et je comprends que les positions militaires irakiennes qui nous entourent retardent notre avancée. Je marche le long de la quatre-voies et rejoins le tankiste garé du côté droit, à l'entrée du poste. Il a pris ses jumelles pour observer une dizaine de manifestants munis de pancartes, quatre en tête et six à l'arrière. « Ce n'est qu'une poignée de manifestants, ils ne sont pas armés », me dit-il, rassurant. Je reviens sur mes pas, longeant une immense usine abandonnée percée de fenêtres, sur ma droite, et je marche jusqu'au Charlie [2], histoire de m'assurer que mes gars pointent bien leurs armes dans la bonne direction et que les mitrailleuses sont en ordre de tir. Je leur dis : « Gardez les yeux bien ouverts, surveillez surtout les fenêtres de l'usine. » Mon sixième sens de Spiderman est en alerte. Le caporal Brian Martens, un gentil garçon au visage poupin, est dans la tourelle, aux commandes de la mitrailleuse ; il est d'accord avec moi : « Ça craint ici, sergent. »

---

1. Véhicule tactique embarquant de l'armement lourd ou léger, avec un équipage de deux ou quatre hommes, selon les versions.

2. *Tail-End Charlie* : dernière unité d'une colonne en mouvement.

Je retourne jusqu'à l'arrière de mon Humvee et, toujours debout, j'ouvre ma ration. J'entends un coup de feu à ma droite. Je balance la ration, bondis vers la gauche, passe mon fusil devant et le porte à mon épaule droite pour viser les manifestants à la tête. Mes gars sont eux aussi en train de les allumer, leur déchiquetant le bide à grandes rafales de M-16. Les Irakiens s'écroulent. L'un d'entre eux bouge encore, je lui colle une dernière rafale. Ceux qui sont à l'arrière s'enfuient en direction de la ville.

Dès que les tirs prennent fin, je pars en reconnaissance avec le lieutenant : il nous faut être certains d'avoir tué proprement, en respectant les règles d'engagement de la Convention de Genève et les procédures standard d'intervention [1]. Aucune arme, sur aucun des cadavres. Nous avons ouvert le feu sur des civils. Mes gars se félicitent avec de grandes tapes dans le dos. Ils viennent de sceller le « pacte du sang ». Ils sont frères.

J'ai tué un homme, et ça me fait un putain d'effet. Quelle montée d'adrénaline, la vache ! Je carbure à la peur. Elle me stimule. Le meilleur shit que j'aie jamais fumé est sans saveur en comparaison. C'est comme si ce type représentait tous ceux que j'ai haïs, asséchait toute la colère accumulée en moi. J'ai l'impression d'absorber la vie d'un autre, d'être un cannibale. Je suis vraiment content de moi, je me sens puissant. Tout est clair : j'ai atteint le nirvana. Je flotte dans un espace blanc et lumineux. Mais, au fil des heures, je redescends et je me retrouve dans des eaux sombres ; je nage

---

1. *Standard operating Procedures* ou *SOP*.

dans une mare de boue. Pour ressentir à nouveau cette
impression, il faut recommencer à tuer.

Je me suis réveillé en sueur. Une nouvelle journée
de *SSPT* commençait, avec son lot de questions sans
réponse et de souffrance lancinante.

* * *

Enfant, j'étais déjà obsédé par les armes. J'étais tout
le temps dehors et puisque je passais l'hiver au Texas,
avec ma mère, et l'été dans l'Ouest de la Caroline du
Nord chez mon grand-père, deux univers s'offraient à
moi. À l'âge de 10 ans, je ne pensais qu'à pêcher ou à
chasser les écureuils toute la journée. Je me croyais en
mission de reconnaissance au Viêt-Nam, dans une jungle
épaisse où je traquais un dénommé Charlie qui finissait
en ragoût d'écureuil. J'adorais jouer à Rambo avec mon
petit fusil à air comprimé. J'avais une veste de surplus
de l'armée, vert olive, sur laquelle ma mère avait cousu
des écussons militaires. À chaque point qu'elle cousait,
elle soupirait : « Seigneur, je T'en prie, fais que cet enfant
comprenne que la guerre n'est pas un jeu. » Une fois le
dernier écusson cousu, elle me tendait la veste en me
disant : « Ne tue pas trop de méchants aujourd'hui. »
Alors je retournais dehors : Rambo était prêt pour une
nouvelle mission.

Je n'étais à la maison que lorsqu'il pleuvait, ce qui
n'était pas souvent le cas à Pearland, Texas, ville-dortoir
dont la plupart des habitants travaillaient à Houston.

Les cadres supérieurs fortunés se faisaient construire d'immenses maisons, hors de prix, qui nous laissaient bouche bée. Mon meilleur ami habitait Pearland. Il s'appelait Tang Phan. Tous les samedis soirs, Tang et moi avions l'habitude de veiller tard pour regarder des films de Kung-Fu. Après le film, on rejouait en cachette les scènes de Bruce Lee, et, à nous trois, nous avons sauvé le monde plus d'une fois. Tang était un réfugié vietnamien dont la famille avait dû fuir la guerre. Son père nous disait toujours de ne jamais rien laisser gâcher notre amitié, et d'être toujours fiers de notre héritage. Grâce à la famille de Tang, j'ai découvert des plats, une langue, une religion – le Bouddhisme. Si le Bouddhisme m'intéressait tant, je pense que c'était surtout à cause des statues de marbre du temple où se rendait Tang : elles étaient pour moi des personnages héroïques.

J'avais pour idoles des soldats et des généraux. J'appréciais particulièrement les livres qui racontaient les histoires des grands généraux comme Custer ou Patton. Nathan Bedford Forest [1] était mon préféré, pour ses qualités de tacticien face à l'armée de l'Union. Comme je n'avais pas beaucoup de copains à l'époque, je traversais l'hiver en lisant mes bouquins d'histoire militaire et d'arts martiaux. À l'école, je passais mon temps à bouquiner et à dessiner des chars, des champs de bataille ou des arcs-en-ciel. Un de mes professeurs me disait que j'avais des possibilités. Mais comme je finissais toujours mon travail en avance, je dérangeais

---

1. Général sudiste, premier leader du Ku Klux Klan.

mes camarades et il me trouvait aussi très indiscipliné.
Il avait raconté tout cela à ma mère. Entre 8 et 11 ans,
j'ai suivi des cours accélérés dans une école de sciences
et d'arts. J'adorais cette école. On nous faisait lire, dessiner, jouer du piano et de la guitare à longueur de journée. Un jour, j'avais 11 ans, mon grand-père m'a offert
un drapeau confédéré pour le 4 juillet [1]. Je me suis
baladé, mon drapeau à la main, et j'ai salué ma famille
pendant le feu d'artifice. Sous les applaudissements,
j'ai défilé au rythme des explosions, en agitant ma splendide bannière à treize étoiles dans la brise du crépuscule parfumée de jasmin.

Une fois au collège, j'ai commencé à supplier ma mère
de m'envoyer à l'École militaire, mais nous n'avions pas
assez d'argent. Elle m'élevait seule depuis un bon moment
et disait toujours : « Il n'y a que nous deux, petit. Il
faut s'en arranger au mieux. » Elle avait un bon boulot, elle travaillait au Centre de désintoxication de la
Correctionnelle du Texas, et elle faisait tout ce qu'elle
pouvait pour m'élever de son mieux.
Mon père était chauffeur de poids lourds et il était
très fier de son camion. L'intérieur de la cabine était
tapissé de velours rouge et le tableau de bord était couvert de photos de moi et de ses multiples copines. Je
ne connais pas en détail les circonstances de sa mort,
mais je sais qu'il s'est fait tirer dessus par deux policiers
qui voulaient lui remettre des papiers concernant ma
garde. Il a tenté de les semer, mais les flics l'ont rattrapé

---

1. Fête nationale

dans le parking d'un centre commercial. Un des policiers lui a parlé et mon père a menacé de lui tirer dessus s'ils essayaient de m'emmener. À ce moment-là, deux autres policiers, qui avaient contourné le camion, ont ouvert le feu et l'ont tué. Dans mon souvenir, je dormais à l'arrière de la cabine. Je n'ai heureusement rien vu. Je n'avais que 7 ans.

Après avoir suivi une formation de mécanicien à l'université publique, je suis parti pour la Nouvelle-Orléans, où je suis tombé amoureux du Quartier Français. Je m'asseyais des heures entières dans un petit café en m'imaginant que j'étais Mark Twain ou Thomas Wolfe, écrivant pour préserver notre héritage sudiste. J'adorais me promener près de la cathédrale gothique, puis descendre jusqu'aux berges du Mississippi pour regarder le soleil se coucher, mais j'ai vite ressenti le besoin d'une vie plus calme. Je suis donc allé m'installer à Mobile, en Alabama, que des générations entières de familles du Sud considéraient comme une sorte de Nouvelle-Orléans bas de gamme. La ville m'a séduit d'emblée. Assis sur un dock, je savourais la fraîcheur du Gulf Stream et je contemplais cette vieille architecture à la française, belle à couper le souffle. Les histoires de pirates et de butins fabuleux m'enthousiasmaient mais j'étais triste à l'idée que tout cela avait disparu depuis bien longtemps, et pour toujours.

Un jour, alors que je me rendais à un entretien d'embauche, j'ai rencontré un homme dont l'apparence m'a renvoyé à mes rêves d'enfance : c'était un recruteur des Marines. Aussitôt, j'ai été fasciné par son uniforme de

parade bleu foncé, impeccable. L'allure provocatrice de
cet Afro-Américain, qui devait peser dans les 100 kilos,
me faisait penser à Cassius Clay avant sa conversion
à l'Islam. Le soleil se reflétait sur ses médailles et les
couleurs de son uniforme ont fait ressurgir mes fan-
tasmes de Rambo. Nos regards ont fini par se croiser
et il m'a fait signe d'approcher. Il a tendu la main en
disant « Sergent-chef Hayes », m'a emmené jusqu'au
poste de recrutement dans son véhicule de service, une
Chevrolet Corsica, et s'est mis à me bombarder de questions personnelles. Je venais d'où ? Est-ce que j'avais
mon bac ? Est-ce que j'avais fait de la prison ? Est-ce
que je m'étais déjà drogué ? Comment je voyais mon
avenir ?

Je connaissais déjà le topo.

Il me parlait de tout ce qui avait de l'importance pour
moi – l'autodiscipline, la confiance en soi, la détermination. Il m'a promis qu'en m'enrôlant dans les Marines,
je pourrais développer toutes les qualités dont j'aurais
besoin pour réussir ma vie.

Pendant son speech, je faisais tourner les réponses dans
ma tête. « Je vais réfléchir », ou encore « Non, sergent,
j'ai l'intention de retourner à l'université ». Pourtant, je
ne sais pas trop comment, j'ai fini par lui dire : « On y
va, sergent, je signe où ? »

J'ai appelé ma mère, au Texas, pour lui annoncer mon
intention de m'enrôler dans les Marines. Elle n'était pas
très chaude. Ma mère est une stricte Baptiste du Sud,
une rouquine dotée d'une pugnacité toute irlandaise. Je
l'appelais toujours AMMG, « Authentique Méchante

Maman Gangster »[1]. Il n'était pas question que son fils s'enrôle chez les Marines sans en discuter avec elle. Elle m'a payé un billet de car de la Nouvelle-Orléans au Texas et elle est venue me chercher à la gare routière. La discussion s'est poursuivie le lendemain matin, devant des œufs au bacon.

Je lui ai dit :

« T'inquiète pas. Il m'arrivera rien. Je serai aussi bien entraîné que Rambo.

– Je me souviens de tous ces garçons, à leur retour du Viêt-Nam. Ils étaient complètement foutus, m'a-t-elle répondu, soudain attristée.

– Je suis un bon gars de la campagne, je survivrai. T'as aucune raison de t'inquiéter, Maman. »

Finalement, mon beau-père m'a entraîné dans le garage, là où ma mère ne pouvait pas nous entendre.

« Bubba, tu es un homme maintenant. Si tu fais ça, tu vas devoir vraiment t'engager. Tu ne pourras plus sortir avec tes copains. Mais si tu y parviens, tu as ma bénédiction. » Après une courte pause, il a ajouté : « Mais prépare-toi à te faire super engueuler par ta mère. »

---

1. *Original Gangster Mean Mam.* Le terme OG – *Original Gangster* – désignait à l'origine le fondateur d'un gang, puis les membres seniors de ces gangs. Il est aujourd'hui utilisé par la culture hip-hop pour qualifier quelqu'un de plus âgé.

Chapitre 2

Ma ~~salope~~ ^{Breul}

Si tu veux du cul, traite ta salope comme il faut

Mars 1992, camp d'entraînement d'Edison Range, Camp Pendleton, Californie.

Voilà mon fusil. Il y en a beaucoup d'autres mais celui-là, c'est le mien. Mon fusil, c'est mon meilleur ami. Ma vie. Je dois le maîtriser, comme je maîtrise ma vie. Sans moi, mon fusil n'est rien. Sans mon fusil, je ne suis rien. Je dois tirer sans état d'âme, tirer directement sur tous les ennemis qui cherchent à me tuer. Je dois tuer le premier. Je vais le faire. Mon fusil et moi, nous savons que ce qui compte le plus au monde, ce n'est ni la quantité de balles qu'on tire, ni le bruit des détonations, ni la fumée dégagée. On sait que ce qui compte, c'est de toucher. Et on fera mouche. Mon fusil est humain, tout comme moi, parce qu'il est ma vie. J'apprendrai à le connaître comme un frère. Je saurai tout de ses faiblesses et de ses points forts, je connaîtrai ses réglages et sa capacité. Je m'assurerai que mon fusil est toujours propre et prêt, comme je le suis moi-même. Nous ferons partie l'un de l'autre. Pour sûr. Je le jure devant Dieu. Mon fusil et moi sommes les défenseurs de mon pays. Nous sommes les maîtres de nos ennemis. Nous sommes les sauveurs de ma vie. Qu'il en soit ainsi jusqu'à la victoire de l'Amérique, jusqu'à ce qu'il ne reste plus d'ennemi, jusqu'à ce que règne la paix.

Pendant la période d'entraînement de base, mon instructeur, le sergent Tibedoux, nous faisait réciter ce poème tous les soirs au pied du lit, au garde-à-vous, dans nos quartiers. Nos voix résonnaient à l'unisson dans le camp. On aurait cru entendre une litanie guerrière, et le poème continuait de tourner dans ma tête, parfois jusqu'à ce que je m'endorme.

Après le poème, le sergent Tibedoux nous rappelait que nous nous la coulions douce au camp d'entraînement. Il nous assenait, avec son pur accent cajun : « C'est la vie de château, les gars. De mon temps, on mettait des pierres dans nos paquetages, après quoi nos entraîneurs nous faisaient courir 35 kilomètres avec nos sacs sur le dos. » Argument bidon, auquel nous répondions d'une seule voix « Oui, sergent ! » De son temps, les recrues dormaient aussi avec leur fusil, jusqu'à ce que « ces putains de hippies » fassent cesser cette pratique qu'ils jugeaient inhumaine. Puis il terminait systématiquement son discours en hurlant : « Vous n'êtes qu'un tas de salopes, vous êtes mes petites salopes. » Depuis cette époque, j'ai pris l'habitude d'appeler mon arme « ma salope » et, croyez-moi, je me suis toujours arrangé pour bien la traiter parce que, comme je le dis souvent, si on veut que sa salope soit efficace, on a intérêt à ce qu'elle soit bien huilée, propre, lubrifiée et prête à tirer un coup.

Demandez à un Marine de vous réciter « Voilà mon fusil », et vous verrez : il vous débitera son poème adoré comme un fou furieux. Ce poème, c'est le *Love Story* du Marine.

Mon instructeur, le sergent Manzaneto, un brun aux yeux marron, était latino-américain. Un corps de bouledogue et un rictus sadique. L'enfoiré typique des camps d'entraînement. Sa voix était rauque, on aurait dit un crapaud. Il me disait : « Si un jour je te retrouve planqué dans un État-Major, je te botte le cul. » Je reconnais que je le provoquais un peu. À mon arrivée au camp, j'avais du mal à comprendre ce que racontaient les instructeurs, ils parlaient comme s'ils avaient une bite dans la bouche. Quand ils aboyaient leurs ordres en bavant comme des pitbulls, je devais demander aux autres recrues de me répéter ce qu'ils venaient de dire. Malheureusement, je me suis fait gauler par Manzaneto. Il m'a d'abord demandé quel était mon problème, puis pourquoi j'avais de la merde dans les oreilles. J'ai assuré le sergent Manzaneto que je n'avais aucun problème. Il s'est mis juste sous mon nez : « Je sais que t'as un problème, enculé », et il m'a bourré l'estomac de coups de poing. Après avoir repris mes esprits et réalisé ce qui venait de se passer, je me suis dit : « Waouh, ils rigolent pas, ces enfoirés. C'est plutôt cool ici. » C'est à partir de ce moment-là que j'ai vraiment accroché.

Chaque fois qu'on sortait s'entraîner sur le terrain de parade – une espèce de grand parking – si je me trompais, le sergent Manzaneto me faisait faire des pompes, des « Baise-singe » et des « Cafards mourants ». Le « Baise-singe » consistait à attraper ses chevilles, à pousser ses fesses en l'air puis à redescendre et à s'accroupir. Pour faire le « Cafard mourant », il fallait s'allonger sur le dos, pieds et bras en l'air, et les remuer d'avant en arrière comme un cafard en train de crever.

On dit souvent qu'il y a toujours du soleil en Californie du Sud et qu'il ne pleut jamais. C'est vrai. Il faisait une chaleur d'enfer toute la journée et, la nuit, quand le brouillard arrivait de l'océan, on se pelait.

Les instructeurs devaient faire très attention à respecter les *SOP* du manuel d'entraînement : si les officiers avaient vent du moindre écart de conduite, ils étaient grillés. Certaines recrues essayaient d'en profiter. Une fois par semaine, le lieutenant procédait à une inspection sanitaire : debout, à poil, nous devions répondre aux questions qu'on nous poserait à l'écrit quand nous passerions l'examen de fin d'entraînement, et le lieutenant en profitait pour nous demander si les instructeurs avaient eu des gestes déplacés. Si une recrue répondait par l'affirmative, le lieutenant, avec sa tronche de giron d'officier [1], disait qu'il ferait son enquête, puis il passait au suivant.

Au bout de deux mois, les instructeurs nous ont annoncé que nous étions attendus au mess sous-officiers pour rencontrer le lieutenant et boire une bière. Le mess sous-off est réservé aux gradés E6 à E9. E6 pour sergent-chef, E7 pour adjudant, E8 pour adjudant-chef et E9 pour sergent-major [2]. Cet enfoiré de lieutenant avait

---

1. *Barney Fife from* Mayberry. L'adjoint stupide du shérif d'une série télévisée des années 60. Terme générique pour désigner un officier.

2. E6 : *Staff Sergeant* ; E7 : *Gunnery Sergeant* ou *Gunny* ; E8 : *First Sergeant* (administratif) ou *Master Sergeant* (technique) ; E9 : *Sergeant Major* (administratif) ou *Master Gunnery Sergeant* (technique).

donné les noms des balances aux instructeurs. Désormais, à l'extinction des feux, l'instructeur disait systématiquement : « Bonne nuit, les filles, et vous, les balances, je vous verrai demain matin, bande de putes. » Ce qui revenait à dire que les balances devaient s'attendre à souffrir toute la journée. J'avais balancé le sergent-chef Langford. Une seule fois. En guise de punition, il m'avait enfermé dix heures dans un placard de produits d'entretien, baptisé le placard à whisky. Il savait qu'il pouvait le faire, c'était le dernier jour d'entraînement et les baraquements étaient vides.

***

Au camp d'entraînement, chacun doit porter sa croix, mais il arrive quelquefois que ce soit pour rien. J'avais derrière la tête deux énormes grains de beauté. Les instructeurs m'appelaient le monstre et m'assuraient qu'ils ne tarderaient pas à me crucifier, à cause de ces grains de beauté. Ces salopards ont tenu parole. En haut des lits superposés, il y avait deux barres de métal, situées à la bonne hauteur pour qu'une recrue puisse s'y suspendre bras repliés. Une fois que mes bras étaient bien accrochés, l'instructeur m'ordonnait de lever les pieds. Il fallait que je porte tout mon poids avec les bras, ainsi suspendu, pendant trois à quatre minutes, jusqu'à avoir l'impression que mes bras allaient s'arracher, mais l'instructeur n'était satisfait que quand ils commençaient à trembler. Là, il m'ordonnait de « mettre pied à terre ». Ça signifiait qu'il était prêt à crucifier le suivant.

***

« Allez, poussez les meubles, on vous passe à la mou-linette. Après, séance de pêche ! »

Je tremblais à chaque fois que j'entendais cet ordre. Ça voulait dire qu'on allait passer les deux heures sui-vantes à faire des exercices dans notre casernement. Un endroit tout ce qu'il y a de neutre, environ 300 mètres carrés, des murs d'enceinte blancs, des dalles noires au sol. Faire des exercices là-dedans, c'était la croix et la ban-nière. La première heure en général, ça n'était pas trop méchant. On se faisait engueuler, on se tapait des cen-taines de « Baise-singe » et on apprenait comment por-ter notre arme sur l'épaule droite pour défiler.

La deuxième heure était appelée « l'heure des tor-tures ». On suait comme des bœufs, mais nos instruc-teurs nous forçaient à nous arrêter toutes les dix minutes pour boire une pleine gamelle de flotte. Il y avait même des Marines qui pissaient dans leur froc. Pas moi. Pas question qu'on me traite de salope. Après ça, on « par-tait à la pêche » et quand on était à bout, ils nous trai-taient de couilles molles, et c'était reparti pour un tour.

« Aller à la pêche » au dépôt des recrues de San Diego n'avait rien d'une virée luxueuse en hors-bord dans le Pacifique. Il fallait se coller le dos contre le mur pendant que votre instructeur appuyait sa main sur votre tête et vous ordonnait de vous ratatiner sur Popaul : il fallait donc se laisser glisser le long du mur en pliant les genoux jusqu'à la position assise. Une fois que vous étiez en posi-tion, l'instructeur vous tendait un fusil en vous donnant l'ordre d'aller pêcher. Jetez la ligne ! Je tenais rarement plus de deux minutes avant de lâcher mon fusil. C'est alors que l'instructeur me l'enlevait, pour me mettre sur la « chaise électrique ». Tout en restant accroupi, il fallait maintenant étendre les bras droit devant soi. Au bout de trois minutes, les jambes se mettaient à trembler et on ressemblait très exactement à un gus en train de griller sur la chaise électrique.

Si on avait envie de pisser et que les instructeurs étaient mal lunés, c'était foutu. Eux seuls décidaient quand nous pouvions aller aux toilettes. Ils rappelaient le peloton et nous donnaient cinq minutes. « Peloton ! Pause gogues, cinq minutes ! » Dès qu'on entendait la consigne, on piquait un 100 mètres. Deux ou trois Marines pissaient parfois dans le même urinoir. En fait, nous n'avions qu'une minute. L'instructeur se tenait à côté de nous en égrenant le compte à rebours, ce qui n'arrangeait rien. Soixante secondes, ça ne suffit pas pour pisser, encore moins pour chier. Je me retenais toujours jusqu'au soir, mais certains Marines n'y arrivaient pas. Si, au bout des soixante secondes, il y avait encore du monde dans les chiottes, on était bon pour une séance de pompes et d'abdos. Ça dépendait de leur humeur.

**

Le camp d'entraînement se trouvait juste à côté de l'aéroport de San Diego et quand nous étions allongés sur le dos, nous entendions les avions décoller et atterrir sans arrêt. L'instructeur passait en criant : « Arrêtez de mater cet avion, il est pour moi. Vous ne quitterez plus jamais le Corps, bande de salopes. »

Dans ce monde saturé de testostérone, j'avais de plus en plus l'impression d'être un guerrier et je commençais à aimer la douleur. *La douleur, c'est bien. Qu'est-ce qui fait pousser l'herbe ? Le sang, le sang, le sang.* Ces mots me tournaient dans la tête et, du jour au lendemain, je m'étais moi aussi transformé en pitbull miniature. Comme les autres, j'avais dû surmonter toutes sortes de difficultés pour tenir le coup pendant la période d'entraînement. J'étais devenu indestructible, rien ne pouvait plus m'arrêter. J'étais prêt à mourir et à tuer pour les Marines et, bien sûr, il était hors de question de balancer les futurs membres du peloton 1123.

Tous les jours, les instructeurs nous assenaient nouveaux credo et nouveaux serments. On nous enfonçait des tonnes de mots dans le cerveau, de la Convention de Genève aux techniques du combat de survie. À mesure que la fin de la période d'entraînement approchait, nous sentions monter l'excitation dans les rangs. On discutait carrière, voyages, pognon et surtout… cul. Nous étions tous frères, on se sentait bien. De toute ma vie, je n'avais jamais ressenti d'influence masculine positive. Les instructeurs étaient pour nous comme des figures paternelles. Mes frères et moi avions une chose en commun. Nous étions l'exception, les fiers Marines.

Avant le camp d'entraînement, j'étais grand et dégingandé, bâti comme un coureur ; mais lorsque j'ai obtenu mon brevet (compagnie Alpha, peloton 1123), le 10 avril 1992, mon corps sculpté avait pris la forme d'entonnoir typique des militaires. J'étais très musclé, j'étais devenu un homme ! Je n'avais que 20 ans, mais je me sentais plus vieux et plus sage. Ce jour-là, j'ai pris l'avion de San

Diego à Pearland, Texas. Dans mon uniforme d'apparat, avec mon ruban du Service de la Défense nationale, j'étais surexcité. J'avais un sentiment d'appartenance qui me rendait excessivement fier. Le dernier discours de nos instructeurs résonnait encore dans ma tête. Ils nous avaient dit que nous faisions partie d'une nouvelle famille, et que désormais nous ne pouvions plus faire confiance aux civils, ces sales porcs.

Le soir de mon arrivée au Texas, toute la famille m'attendait, brandissant des pancartes qui disaient « Bienvenue à la maison, Jimmy ! » et « Beau boulot ! » Ma mère, habillée comme d'habitude à la dernière mode de chez *Wal-Mart*[1], arborait un large sourire et la mine resplendissante d'une mère heureuse. Elle m'a accueilli en me pinçant les joues et en me répétant les mots inscrits sur les pancartes. J'étais vraiment content de la voir. Content d'être à la maison, fier de ce que j'avais accompli. La famille au grand complet – ma mère, ma grand-mère, mon grand-père, mon beau-père, mon oncle et ma tante – m'a emmené dîner dans un restaurant de fruits de mer pour fêter ça. J'ai pris du poisson-chat frit, et bu le thé sucré qui me manquait tant quand j'étais au camp. J'étais de bonne humeur jusqu'à ce que ma grand-mère me parle de mes grains de beauté. Elle m'a dit qu'elle ne les avait encore jamais remarqués. J'étais gêné, je me rappelais des humiliations que mes instructeurs m'avaient fait subir. Je n'avais plus qu'une hâte, rentrer à la maison boire une bière.

---

1. *Wal-Mart* : grande surface.

Après son mariage avec mon beau-père, ma mère avait emménagé dans un quartier typique de classes moyennes aisées, majoritairement blanc. Notre maison était froide, sombre et lambrissée. On aurait dit un restaurant. Je savais que mon beau-père planquait sa réserve de bière dans le frigo du garage. J'ai pillé son stock sans vergogne pendant ma perm et, pour masquer mon haleine, je suçais des bonbons à la menthe. Un soir que j'étais assis dans le garage, en plein « raid », j'ai entendu quelqu'un entrer, derrière moi. Je me suis retourné soudainement, prêt à frapper, et j'ai vu que c'était Julie, la fille du voisin. Julie était une fille de la campagne, massive et dotée d'une voluptueuse paire de seins. Je l'avais rencontrée avant de me rendre au camp, et j'avais un peu travaillé pour son père, qui livrait de l'équipement pour les puits de pétrole à travers le Texas.

Nous nous sommes retrouvés là, dans le garage, à nous rappeler de bons vieux souvenirs, nos premières sorties dans les bars, nos premiers flirts et nos premiers baisers. Je me suis mis à jouer au type ténébreux, fort et mystérieux, à lui raconter la vie au camp. Rêveuse, elle faisait ce genre de commentaires : « Comme c'est cruel » ou « Je ne sais pas comment tu as tenu le coup ! ». J'ai répondu : « Ouais, j'ai reçu un entraînement de tueur. » De toute évidence, elle m'imaginait en route vers des destinations exotiques, menant une vie de James Bond. Quand j'en ai eu assez de l'entendre raconter des conneries, j'ai décidé de faire appel à sa générosité.

« Le bruit court que 70 % d'entre nous vont être envoyés au Moyen-Orient. C'est peut-être la dernière fois que je vois une fille. Tu sais, j'ai toujours eu un faible pour toi. »

Elle m'a répondu, en me regardant fixement :

« Ouais, moi aussi.

— Qu'est-ce que tu penses du sexe hard ? » Je lui ai demandé ça de but en blanc, pour m'amuser avec elle.

« Qu'est-ce que tu veux dire ?, a-t-elle lâché dans un souffle.

— Tu sais, de la cire de bougie sur les tétons, des trucs dans le genre ?

— Comment t'as entendu parler de ça ?, a-t-elle demandé, sous le choc.

— Ben, les Marines aiment bien ce genre de choses. » J'avais répondu en haussant les épaules. Elle s'est levée, l'air effrayé.

« Eh bien, je ne sais pas. On se verra demain, je pense. »

Vous voyez, au camp d'entraînement, on nous avait prévenus : la seule chose qui intéressait les femmes, c'était notre pognon et les avantages de la vie militaire. Ils disaient qu'un con, c'est un peu comme le Triangle des Bermudes... Si on se perd dedans, c'est fini. Personne ne vous revoit plus jamais.

Deux semaines plus tard, je suis retourné à San Diego pour l'entraînement au combat des Marines [1]. Les instructeurs nous avaient recommandé de ne pas mollir pendant notre permission et j'étais content d'être resté fidèle à mes principes. J'étais vraiment heureux d'être de

---

1. *Marines Combat Training* ou *MCT*.

retour. Le MCT consistait en un enseignement de trois semaines pendant lequel nous apprenions les techniques d'infanterie de base. Ce cours, conçu pour des Marines qui n'intégreraient pas d'unités combattantes, devait nous permettre de survivre dans la bataille. On y apprenait les reconnaissances motorisées, la topographie, le maniement de tout l'arsenal des Marines, la détection des mines antipersonnel. Sans parler des cours d'histoire sur les faits d'armes des Marines, comme par exemple Iwo Jima ou, en France, le Bois de Belleau [1]. Le MCT nous a également permis de rafraîchir nos connaissances sur la Convention de Genève et sur les règles d'engagement édictées par le ministère de la Défense et le corps des Marines.

Je me souviens d'un incident survenu pendant le MCT : un jeune Marine avait demandé à l'adjudant-chef Miller, un des instructeurs, pourquoi on envoyait l'Infanterie devant. Miller, un vétéran de la guerre du Golfe, mesurait environ 1,80 mètre et il était très mince. Sa combinaison était complètement délavée, officiellement inutilisable, mais il s'en fichait. L'adjudant-chef nous a demandé de nous mettre en cercle, puis il a demandé au jeune Marine de répéter sa question à tout le groupe. Ensuite, il a ajouté : « Vous savez quoi, c'est une très bonne question. » Puis, sévère, il a expliqué au jeune Marine que les unités d'infanterie et de combat (chars, artillerie et génie combattant) étaient respectivement la queue et les couilles des Marines. Tout le

---

1. Fait d'armes de la 2ᵉ Division d'infanterie des Marines en mai 1918.

reste est comme un string, un simple soutien, a-t-il dit. Il a ajouté : « Vous êtes entrés dans les Marines pour devenir des tueurs, pas des *poges*[1]. » Il a ensuite demandé au Marine ce qu'il allait faire, et quand l'autre a répondu « contrôleur aérien », je me suis senti vraiment heureux. J'allais faire partie de la queue du corps des Marines. J'ai regardé les autres faire leur paquetage en racontant qu'ils allaient devenir mécanos, électriciens ou programmateurs informatiques, et je me rappelle m'être dit : « Rien que des strings, le vrai mec c'est moi ! »

Je me suis vite calmé. Au bout de deux semaines, on nous a emmenés suivre une journée d'entraînement à la guérilla urbaine. J'étais responsable d'une patrouille de six hommes, nous devions simuler un combat avec des armes chargées à blanc, dans un décor de ville avec des voitures incendiées, des bâtiments abandonnés, des snipers sur les toits et des gonzes armés de M-16 qui essayaient de nous tuer. L'adjudant Miller m'a donné dix minutes pour décider de la tactique à adopter : je devais guider ma patrouille dans la ville, contre-attaquer après une embuscade, me déplacer sans être repéré en faisant les signaux conventionnels avec les mains et les bras, prendre d'assaut un bâtiment et le nettoyer. Nous avons rapidement décidé qui serait devant et qui serait le Charlie.

Nos instructeurs jouaient le rôle de l'ennemi, ils étaient postés ici et là, planqués. Ils sortaient, nous tirions dessus et détalaient. On tirait à l'aveuglette. Un des instructeurs, celui qui portait une combinaison et un foulard autour

---

1. *Persons Other than Grunts* : « les planqués ». NdA.

du cou, comme les terroristes arabes, s'est précipité hors d'un bâtiment pour s'enfuir en zigzaguant. Nous l'avons raté à chaque fois. Puis nous avons entendu un « bip » super casse couilles : il avait buté deux de mes hommes. On a continué à tirer à l'aveuglette. Les Marines touchés accentuaient la tension en braillant : « Ne me laissez pas crever. Je veux ma maman ! » J'ai décidé de transmettre par radio un rapport SALUTE [1] au commandant.

« Fox 1. Ici Echo Mike 2. En attente pour rapport Salute.

– *Roger*[2], en attente, a répondu le Marine.

– S : Un turban, seul.

– *Roger*. Un turban, seul.

– A : A fui un bâtiment abandonné.

– *Roger*. A fui un bâtiment abandonné.

– L : Entraînement MCT– MUT.

– *Roger*. Entraînement MCT– MUT.

– T : 13 h 15, ai-je dit en regardant ma montre.

– *Roger*. 13 h 15.

– E : Une AK47.

– *Roger*. Une AK47.

– Rapport SALUTE bien reçu ?

– Oui. Rapport SALUTE bien reçu.

– Demandons Evasan [3]. Deux blessés : une plaie ouverte à la poitrine. Une blessure par balle à la tête.

---

1. *Size* (taille), *Activity* (activité), *Location* (position), *Unit* (unité), *Time* (heure), *Equipment* (matériel). NdA.

2. « Message reçu ».

3. Évacuation sanitaire.

Baliserons la zone d'atterrissage à la fumée jaune. Pas d'atterrissage sans fumée jaune.

– Oui, Evasan. *Roger.* »

Sur le terrain, l'ennemi continuait à tirer et à fuir à toute vitesse. C'était le chaos dans mon peloton. Des dizaines de snipers arrivaient derrière nous et tuaient mes hommes. Ils voulaient m'avoir en dernier. Lorsque j'ai entendu le putain de « bip » sur ma poitrine, j'ai su que ma mère n'allait pas tarder à recevoir la fameuse lettre, « nous sommes au regret de vous informer que votre fils est tombé au combat ».

Inutile de dire que nous nous sentions merdeux. Le pire, c'était de se faire charrier par les *poges*. « Ouais, bande d'enfoirés, vous voulez tous jouer à Rambo. Allez-y. Moi, je vais poser mon petit cul dans un bâtiment climatisé et bosser sur des avions. »

On leur répondait : « Allez vous faire foutre. Vous êtes qu'une bande de gonzesses. Vous avez pas de couilles.

– Ouais, mais au moins mes couilles, elles sont en sécurité. »

Évidemment, on pouvait pas leur donner tort.

Chapitre 3

La pute de la Flotte

Au bordel, protégez votre bébé

Juin 1992, Camp Pendleton

Après avoir obtenu mon brevet de MCT, j'ai rejoint la compagnie Alpha de l'École d'Infanterie. J'aimais bien l'endroit, ses collines, ses canyons, l'air toujours chargé de l'odeur des œillets, qui me fait penser à celle des melons.

On a installé les nouveaux dans un bâtiment et on nous dit d'attendre jusqu'à 16 h 30 pour les instructions concernant l'entraînement, qui devait commencer le lundi matin à la première heure. On nous a également informés qu'à la même heure nous entendrions sonner « l'appel de la liberté », ce qui signifiait une perm : nous pouvions quitter la base et aller en ville ; en clair, prendre un cul au coin de la rue, même s'il fallait payer.

À 16 h 30, le caporal-chef Sailor, dégaine de surfeur, cheveux blonds délavés et yeux bleus, nous a accueillis. Sailor allait devenir le responsable de mon entraînement au poste de mitrailleur, Il avait l'air très sérieux et sûr de lui. J'ai pensé que ce devait être un vrai guerrier. J'étais fier d'avoir autour de moi les Marines qui allaient devenir mes frères d'armes. Je me suis mis à rêvasser.

Je suis brusquement sorti de ma rêverie pour entendre
la fin du brief du caporal-chef : « Messieurs, ne mélan-
gez pas le speed et l'herbe, la bagnole et l'alcool et, au
bordel, protégez votre bébé. » Il a terminé en ajoutant :
« Messieurs, si nous n'êtes pas de service, vous avez quartier libre jusqu'à dimanche, 16 h 30. » Je me suis précipité pour regarder si mon nom se trouvait sur la liste
accrochée au tableau d'affichage. Comment expliquer
ça à un civil ? Le service est assuré par un sous-officier,
généralement responsable du camp pendant quatre
heures. Il doit veiller à la sécurité des baraquements et
faire respecter à la lettre, par tous les occupants du camp,
le règlement et les ordres du Corps. Par chance, mon
nom n'était pas sur la liste ce week-end-là. Autrement
dit, j'avais tout un week-end à moi, en Californie du
Sud ! Cette liberté nouvelle était exaltante. Je suis allé
à mon casier et j'ai préparé mon sac pour la nuit, j'ai ciré
mes bottes et repassé mon uniforme, afin d'être prêt pour
les inspections du dimanche après-midi.

Certains se sont foutus de moi, me demandant pourquoi je perdais mon temps. Une fois mes corvées ter-
minées, j'ai sauté dans la douche pour effacer la fatigue
de l'entraînement, impatient d'enfiler mon jean Wrangler,
mon chapeau de cow-boy, et de partir à la recherche d'un
bar. Je venais de finir de m'habiller quand j'ai entendu
des éclats de rire derrière moi. Les autres Marines m'ont
demandé si j'avais vraiment l'intention de porter un chapeau de cow-boy en Californie du Sud. « Ben ouais, bon
dieu ! Ça vous pose un problème ? » Ils ont grogné
« Non » d'une seule voix.

Nous étions quatre à partir pour le week-end. Nous avons marché tranquillement jusqu'à l'arrêt du bus, dans le parfum des œillets. Un groupe d'anciens, tous Latinos, attendait déjà. L'un d'entre nous, tout excité, a demandé où trouver un bar et des gonzesses. On riait tous ; un des seniors, petit mec, pantalon large, chemise de flanelle boutonnée jusqu'en haut, gominé, le nez chaussé de lunettes noires de gangster, a gueulé :

« Une bande de puceaux, les gars. C'est leur première sortie, ils vont chercher de la chair fraîche à Oceanside. »

Un autre gars de leur groupe s'est mis à parler très lentement, en bougeant les mains comme un gangster :

« Tout c'que t'auras, le nouveau, c'est des putes à crack du ghetto, noires comme du charbon. »

L'autre enfoiré de frimeur m'a regardé et a dit :

« Yo, les nouveaux, allez au Blue Oyster Bar. Il paraît que les Village People cherchent un nouveau chanteur. »

J'arrivais pas à le croire. Ce fils de pute était en train de me traiter de pédé, ni plus ni moins. Je l'ai regardé, très cool, et je lui ai dit :

« Premier *Strike*[1]. »

Il a rétorqué :

« *Yo, hombre,* enculé de *caballero,* j'aurais pas cru que tu savais compter. »

En le regardant droit dans les yeux, j'ai répondu :

« Deuxième *strike.* »

Le bus est arrivé au bon moment. Tout le monde s'est dépêché de grimper pour trouver une place. Je me suis

---

1. Référence au bowling.

assis derrière le gogol qui avait fait des commentaires. Je
le sentais nerveux.

La tension a commencé à monter dès que le bus a
démarré. J'ai regardé quelques secondes par la fenêtre.
Le coin était montagneux, avec un peu de végétation
brune çà et là. L'abruti n'avait encore rien dit mais je me
suis penché pour lui demander de retirer ses paroles.

Il s'est retourné aussitôt en disant :

« Va te faire foutre, le bleubite ! Je viens du *barrio*
d'East L.A.[1]. Je vais botter ton petit cul de pédé. »

Je savais qu'il fallait agir si je ne voulais pas que mes
nouveaux amis me prennent pour une poule mouillée.
La paume ouverte, je l'ai frappé de toutes mes forces sur
l'oreille gauche. Tellement fort que sa tête a rebondi sur
le Marine qui était assis à côté de lui.

Il s'est redressé, a tourné la tête et m'a regardé, les
larmes aux yeux.

« La prochaine fois, tu ramasses pour de bon.

– Yo, le nouveau, tu m'as frappé tellement vite que
j'ai rien vu venir. T'as de la chance que j't'ai pas balancé
un coup à la Hector Camacho[2]. »

Après ça, on s'est sifflé une pinte de Jose Cuervo[3] à
nous deux pendant le reste du trajet. À l'arrivée, il m'a
demandé de venir avec lui à East L.A. Je lui ai répondu
que je m'étais déjà organisé pour aller à l'hôtel à
Oceanside avec mes potes, mais que j'accepterais sa proposition le week-end suivant, si on n'était pas de service.

---

1. Ghetto latino de Los Angeles.
2. Champion de boxe portoricain.
3. Tequila.

« Yo, le nouveau, reste cool à Oceanside. Y'a des tas de putes à crack par là-bas, elles te refilent des saloperies qui partent même pas à l'eau de Javel. »

Le soleil se couchait sur Oceanside, l'orange, le jaune et le violet se fondaient dans l'eau. C'est là qu'on a rencontré les dames de la nuit : deux Blacks, avec des faux cheveux ; ça se voyait tout de suite qu'elles aimaient bien baiser, elles nous ont dit : « Viens là, chéri, laisse-moi te sucer. » On a passé tout le week-end à se la donner dans les foins avec elles, dans la même chambre, tous ensemble. Les autres gars me prenaient pour un vrai étalon. Je savais parler aux filles. Je disais : « T'es bon, mon bâton de réglisse. » Et la fille : « Mon mignon, tu t'en es tapé beaucoup, des bâtons de réglisse ? » Et puis, de sa voix rauque : « Vas-y, prend la réglisse, Papa. »

Je répondais, sur le ton de la confidence : « Papa prend la réglisse. » Ensuite, on leur demandait de se mettre en levrette et on échangeait. Elles s'en foutaient, du moment qu'il y avait assez de fric et d'alcool. Elles ont dû se faire dans les 400 dollars.

La première nuit, j'ai descendu une demi-bouteille de Tequila et trois Coronas, et on a baisé jusqu'à 3 heures du matin. On était crevés, alors on leur a dit de se casser. Elles sont parties en disant : « D'accord, les chéris, à demain. »

On a gueulé : « Ouais, c'est ça, foutez le camp » en lançant des bouteilles sur la porte. J'en ai entendu une qui disait : « Ta gueule, taré, t'as une petite queue de toute façon. » On a ri, on savait de qui elle parlait.

L'intéressé n'a pas trouvé ça très marrant. Elles sont reve-
nues le lendemain soir avec une copine et on a remis ça.
Le dimanche matin, nous nous sommes levés pour
aller dans un bar à strip-tease, le Play-Boy. Comme ils
ne servaient pas d'alcool, nous nous sommes contentés
de nous moquer de la danseuse. Ses lèvres vaginales
étaient larges, on s'est mis à crier : « Regardez-moi le din-
don sur celle-là ! », et on gloussait comme des dindes.

***

Ça a été dur de rentrer à l'École d'Infanterie ce
dimanche-là. Dès notre retour, le caporal-chef Sailor a
inspecté les uniformes. Les Marines qui n'avaient pas vu
venir le coup avant de partir en perm ont passé le reste
de la soirée en service et n'ont dormi que quatre heures
cette nuit-là. Le lundi matin, au réveil, j'ai sauté de mon
lit, tout content d'attaquer le premier jour de ma nouvelle vie. Nous étions au garde-à-vous sur le deck de
parade, l'adjudant-chef derrière le podium. Je ne pouvais
pas voir son visage, mais je n'y tenais pas vraiment – croiser son regard, ça signifiait qu'on avait des emmerdes.
« Marines, félicitations pour votre réussite au camp
d'entraînement et votre MCT. Votre véritable entraînement va commencer. Vous êtes l'élite de l'Amérique.
Nous allons vous donner les meilleurs instructeurs, le
meilleur équipement, et faire de vous les plus parfaites
machines à tuer. Si vous avez un problème, suivez la voie
hiérarchique. Si vous mettez Susie Chattepourrie en
cloque, ne venez pas me voir en pleurnichant. Suivez
la voie hiérarchique. Si ça arrive à mon niveau, je m'en

occuperai, mais je doute que ça vous plaise », a-t-il dit d'une voix menaçante.

Il a commencé à faire l'appel et à nous distribuer nos spécialités. « Massey, Jimmy, J. ! 231 156 787. 0331. » Mon cœur s'est mis à battre à toute vitesse. J'étais fou de joie. 0331 signifiait que je serais mitrailleur ! J'étais soulagé : j'étais entré dans le corps des Marines avec un contrat d'engagement dans l'infanterie *open*, autrement dit on pouvait m'affecter n'importe où. Chez les fusiliers, dans une section de mortiers ou de missiles. Je pouvais devenir mitrailleur ou membre d'équipage d'un VAT [1].

Pendant les deux mois suivants, les instructeurs de la compagnie Alpha ont affiné notre savoir-faire de tueurs et nous ont appris à nous servir des mitrailleuses avec précision. En gros, ils nous ont fait passer du stade de jeunes pitbulls à celui de pitbulls de combat.

Une journée d'entraînement type commençait par l'instruction technique, une formation à tous les types de mitrailleuses utilisés par les Marines : la MK-19, la M250 cal. et la M240G. Durant les deux mois passés à l'École d'Infanterie, on a tout appris sur leurs capacités, montage, démontage. Après les cours, c'était la pause déjeuner et, tout de suite après, on fonçait sur le champ de tir. Le terrain se trouvait à 7 ou 8 kilomètres ; comme on devait parcourir la distance en courant et en portant nos mitrailleuses, juste après déjeuner, il nous arrivait parfois de vomir. Une fois sur le champ de tir, on mettait en pratique toute la théorie apprise le matin. À la fin

---

1. Véhicule amphibie terrestre.

de l'entraînement, les instructeurs nous forçaient à nous rouler dans les cendres des feux de broussailles provoqués par les tirs de balles traçantes, derrière les cibles. On rentrait en courant, encore 7 ou 8 kilomètres, tout couverts de cendres grise et noires et ressemblant à une tribu d'Aborigènes.

À la fin août, nous avons fêté notre brevet de l'École d'Infanterie avec des copains Marines. Nous avons décidé d'aller au Foyer, un bar de la base où tous les hommes pouvaient se rendre, sans distinction de grades. Sur le chemin, un des instructeurs est venu me voir et m'a dit : « Marine, vous savez que vous ne devez pas porter de lunettes de soleil avec votre uniforme. » Je me suis aussitôt mis au garde-à-vous : « Monsieur, on a dit à ce Marine que les lunettes avec verres tactiques et nonréfléchissants étaient autorisées. » Il m'a arraché les lunettes et les a écrasées sous le talon de sa botte : « Je me branle de savoir qui t'as raconté ça. » Il m'a fait mettre au repos et s'est éloigné. Mes copains n'ont rien trouvé d'autre à dire que « Quel con ! C'est le genre d'ancien que ses propres gars feraient exploser avec une grenade pendant un combat ». Ce type avait cassé ma belle humeur festive, mais six bières et un ou deux whiskys me feraient sûrement oublier tout ça.

* * *

En septembre, j'ai reçu ma première affectation dans la Flotte : 3ᵉ bataillon, 7ᵉ corps des Marines, Twentynine Palms, Californie. Twentynine Palms est une base qui abrite une unité aérienne, quatre bataillons d'infanterie, un bataillon de chars, un bataillon Amtrac[1], un bataillon d'artillerie, un bataillon de blindés légers et une école de transmission et d'électronique du Corps.

Ça ressemblait un peu à la façon dont j'imagine la lune, desséchée, avec des cratères et une végétation qui devenait de plus en plus maigre à mesure que le car approchait de notre destination. La température extérieure grimpait à toute vitesse. Nous étions tous en uniforme, la clim du car ne marchait pas et on suait comme des bœufs. En arrivant au parking, j'ai cru me retrouver dans mon premier camp d'entraînement. Un Marine a grimpé dans le car et a dit : « Bienvenue à Twentynine Palms, base du 3e bataillon, 7e corps des Marines. Je suis le caporal-chef Smith, c'est moi qui vais vous faire entrer au bataillon. » Le caporal-chef Smith nous a fait nous mettre en formation, a fait l'appel et nous a affectés à nos compagnies respectives. J'étais dans les Armes lourdes, les éléments d'appui. C'était un honneur de ne pas me retrouver simple fantassin. J'allais faire partie de l'Infanterie motorisée, celle qui roule dans un Humvee équipé de mitrailleuses calibre 50[2] et de MK-19[3] ! Je ne serais pas un *crunchie*[4] !

À l'École d'Infanterie, j'avais déjà appris les missions essentielles des sections d'appui. Nous étions chargés des

---

1. *Assault Amphibious Vehicle* : transporteur de personnels amphibie.
2. Mitrailleuse lourde, généralement montée sur les Humvee au sein des pelotons antichar. NdA.
3. Lance-grenades automatique de 40 mm. NdA.
4. Fantassin. NdA.

reconnaissances, de la sécurité des convois militaires et logistiques. Nous devions aussi mener des raids éclair, des missions de recherche et destruction d'objectifs. Beaucoup de Marines râlaient, ils n'étaient pas contents de leur compagnie d'affectation. Moi, j'étais fier, je savais que les autres m'enviaient.

On m'a dit d'attendre dans le bureau de la compagnie avec les autres. On était tous dans le bureau, en train de nous la péter, quand le sous-officier de permanence est entré et nous a demandé de ramasser notre barda pour rejoindre nos baraquements. Il nous a ordonné de nous mettre en formation et nous a donné le pas. En avançant, nos sacs jetés par-dessus l'épaule, on entendait les autres Marines nous crier depuis leurs baraquements : « Eh, matez les puceaux ! On va vous botter vos gros culs dès que vous serez dans vos baraquements ! »

Ces derniers ressemblaient à des dortoirs d'université. J'étais ravi d'avoir une vraie chambre – même si je devais la partager avec un autre Marine. Le caporal-chef nous a dit qu'on serait sur le deuxième pont. On nous a donné nos numéros de chambres, et une perm pour tout le week-end, jusqu'au lundi matin, 6 h 30, heure à laquelle commençait l'entraînement dans la verte, c'est-à-dire 8 kilomètres de course en t-shirt et short verts. Ensuite, on s'est installé. Les lits superposés étaient en bois, pas en métal. Il y avait un frigo et deux bureaux. J'ai ajouté un pouf « poire » années soixante-dix, jaune moutarde, que j'avais acheté 25 dollars dans un vide grenier, un magnétoscope, une télé et une platine CD. Guadalupe Robles, mon compagnon de chambrée pendant quatre mois, était issu d'une famille catholique, jouait de la batterie et était sûrement trop tendre, trop naïf pour le Corps. Il avait une copine attitrée et voulait fonder une famille. Il ne m'a jamais rien dit, mais je voyais bien qu'il me trouvait limite taré.

Je venais de poser mon barda quand un caporal est entré dans ma chambre et m'a ordonné de me mettre au garde-à-vous. Il m'a demandé : « Qui t'es, toi ? » et « Qu'est-ce que tu fous là ? ». J'ai répondu à ses questions en cherchant à voir son nom sur son badge. Il s'est planté devant moi : « Qu'est-ce que t'en as à foutre de savoir comment je m'appelle ? » Il m'a encore demandé si j'étais un espion, chargé de tout détruire. Je lui ai répondu « Non, caporal », il m'a dit qu'il avait un putain de mal à me croire. À ce moment-là, tous les Marines de la compagnie sont entrés dans ma chambre, et tous les anciens ont gueulé dans notre direction qu'on ne passerait pas le week-end, et qu'on aurait bien de la chance si on ne se faisait pas enculer de force.

Et l'ordre est tombé : « Enlevez vos putains de calbars, les bleus ! » On savait que c'était un bizutage, un rite de passage. On était debout, à poil, pendant que les anciens balançaient nos affaires partout. Ensuite, ils ont hurlé : « Ouvrez vos bardas et balancez votre merdier par la fenêtre ! On va vous alléger le cul ! » On a balancé notre merdier sur la coursive, une partie des affaires est tombée en bas, par terre. « Et maintenant, tout le monde dehors, à poil, sur la coursive ! »

Nous sommes sortis, les mains sur les parties pour éviter une humiliation supplémentaire. Les Marines se sont alors dirigés vers leurs chambres en nous traitant de pédés, après avoir fermé nos portes à clef. On était dehors, sur la coursive, le cul à l'air sans pouvoir rentrer.

J'ai décidé de prendre les devants et d'aller chercher le sous-officier de permanence. Je me suis baladé à poil jusqu'à ce que je le trouve. Il m'a ordonné de me mettre au garde-à-vous. Ensuite, il m'a demandé pourquoi j'étais tout nu devant lui, si je me trouvais bandant et si j'avais envie qu'il m'encule. Quand j'ai répondu « Non, caporal-chef », il a dit : « Tant mieux, y a pas de place pour les pédés chez mes Marines. » Je lui ai expliqué que les nouveaux arrivants demandaient s'ils pouvaient avoir les clés de leurs chambres, pour mettre leurs affaires en sécurité. Je l'ai suivi pendant qu'il ouvrait les chambres, en pensant : « La vache, c'est dingue, j'arrive pas à croire qu'ils nous infligent ça gratuitement. » Quand le caporal-chef a ouvert ma porte, il m'a mis la main sur l'épaule et m'a dit, avec le regard sadique du repris de justice Robert De Niro dans *Les nerfs à vif* : « Bienvenue chez la pute de la Flotte. »

***

Une histoire troublante circulait parmi nous. En 1988, le caporal Jason Rother, jeune Marine, était quotidiennement posté comme sentinelle dans le désert, près de Twentynine Palms. Un jour, on avait oublié de le relever. La base était au moins à 45 kilomètres, il venait de passer la journée sous un cagnard d'enfer, mais il avait décidé de rentrer à pied. Il était mort sur la route. Est-ce que ça m'inquiétait ? Oui, bien sûr, mais le Corps savait nous faire oublier ce genre de chose.

***

Calvert, mon meilleur pote à l'époque, était originaire de l'Indiana et il avait combattu pendant la première guerre du Golfe. On aimait la même musique – la country et le rock. C'était un bon p'tit gars, le même genre que moi, qui avait grandi dans une caravane, au sein d'une famille où l'on tirait toujours le diable par la queue. Il m'a pris sous son aile et m'a transmis tout ce qu'il savait. Calvert et moi aimions les femmes, trop peut-être. C'était notre plus grand point commun. Ça et une bonne bouteille de *Jack Daniels*.

Un soir, deux putes nous ont tapé dans l'œil dans un bar du coin. Elles avaient la vingtaine, de vrais « rats du désert [1] ». La blonde était vraiment maigre, les cheveux blonds filasses et les yeux marron, une dégaine d'accro au crack. La petite brune devait faire 1,65 mètre pour 65 kilos, avec une peau brune et tannée. Elles portaient des jeans délavés et des claquettes, qu'elles ont enlevés dès que nous sommes montés dans la voiture. Elles nous ont emmenés dans leur vieille Toyota Corolla défoncée jusqu'à leur bicoque en plein milieu du désert. La brune a allumé une lampe à huile ; il n'y avait ni électricité ni eau courante. Assis sur le canapé, je me disais que je préférais ne pas savoir ce qu'il y avait sous le plaid du canapé ; j'ai demandé si elles avaient quelque chose à boire.

---

1. L'expression a aussi un sens sociologique, comme *White trash*.

Je me suis senti un peu mieux quand la blonde a ramené une bouteille de rhum : « Enfin, on va pouvoir s'en jeter un ! » J'ai regardé autour de moi ; c'était sale, pauvrement meublé et il y avait des affiches et des figurines de licornes un peu partout. On aurait dit la maison de poupée d'une petite fille. Calvert était assis sur une chaise longue. Il a dit : « Pourquoi vous viendriez pas nous sucer la bite ? » Elles se sont assises sur le canapé et ont commencé à nous faire des gâteries. Debout devant elles, on leur disait : « C'est bien, ma petite. Continue ! » Après, j'ai repris un coup de rhum. C'est là que la petite brune m'a raconté que son mari était en prison pour meurtre.

Pour mon vingt et unième anniversaire, Calvert a décidé de m'emmener fêter ça au Max. C'était un endroit sans prétention, avec une salle de billard à gauche après l'entrée, le bar en face, la cabine du DJ et la piste de danse tout au fond. Le propriétaire, John, avait essayé de donner un peu de cachet à son club, avec des dessins des années vingt et des classiques musicaux. Le bruit courait parmi les Marines qu'il était pédé comme un phoque et qu'il couchait avec des soldats. Quand John vous aimait bien, il vous invitait dans son palace et vous pouviez continuer la fête avec lui après la fermeture du club. Il s'assurait qu'il y avait assez de gonzesses pour les Marines hétéros, plein de culs pour les pédés. John se targuait d'être le Hugh Hefner [1] du désert de Mojave.

Cette nuit-là, pour mon anniversaire, Calvert m'a arrangé le coup avec une dénommée Amanda. Sans avoir

---

1. Fondateur du magazine *Play Boy*.

eu le temps de dire ouf, je suis parti avec elle chez sa sœur, sur la base, et on a baisé comme des fous toute la nuit. Amanda était magnifique, moitié cubaine et moitié américaine, la peau mate, de longs cheveux bruns. Je suis tombé amoureux au premier coup d'œil mais je n'avais pas l'habitude de ce genre de fille. J'étais encore jeune et naïf. On a commencé à sortir ensemble et j'ai vite compris qu'elle aimait picoler, faire la fête et traîner avec les autres mecs.

Mes copains m'ont prévenu : « Il paraît que c'est sérieux, toi et Amanda, mais elle s'est déjà faite trombiner par deux types depuis qu'elle est avec toi. » Je ne les croyais pas, je ne faisais pas attention à tout ça. Une nuit, quelques jours plus tard, nous sommes allés au club. Je cherchais Amanda mais, visiblement, elle était déjà partie et je n'avais aucune idée de l'endroit où elle se trouvait.

Mes potes m'ont ramené aux baraquements de la base et, là, j'ai vu Amanda sortir d'une piaule avec mon pote Calvert sur les talons. Il portait le short vert des Marines. Les cheveux en bataille, Amanda arrangeait son soutien-gorge et tirait sur sa robe – ça ne servait pas à grand-chose, vu la longueur de la robe. Elle a d'abord eu l'air surpris, mais son expression a changé tout à coup et elle a affiché un sourire mesquin.

« Je t'avais bien dit que c'était une pute », m'a dit Calvert.

J'en voulais vraiment à Calvert. Il devait être 1 heure du matin, la lune brillait.

« Comment t'as pu trahir notre amitié comme ça ?

– C'est rien qu'une sale pute, mec ! Tu vas trop loin ! », a marmonné Calvert.

J'ai répondu : « Vas te faire foutre ! » et je lui ai balancé mon poing dans la figure.

J'étais complètement bourré, contrairement à lui. Il a paré mon geste et m'a balancé un coup-de-poing dans l'œil droit. Le cul dans les cailloux, j'étais sonné : « Pas mal envoyé. Tu m'aides à me relever ? »

Il m'a tendu la main et m'a demandé si j'avais terminé. J'ai acquiescé.

« Bon, on remonte dans la chambre et on se prend une bière. »

Nous avons mangé de la pizza froide, bu des bières et écouté *Slaughter*[1]. Calvert m'a dit : « La seule chose qui compte, c'est tes potes. Les nanas, ça va, ça vient, mais tes potes, ils seront toujours là. »

J'ai hoché la tête.

---

1. Groupe de rock.

Chapitre 4

Sourires

Le premier qui jouit a perdu

Après m'être engagé dans le Corps et avoir terminé le camp d'entraînement, mon opinion sur les femmes et mon attitude envers elles ont complètement changé. Chez les Marines, on a une maxime : « Ce qui se passe outre-mer doit rester outre-mer. » S'ils voulaient qu'on ait une femme, elle ferait partie du paquetage. En fait, un Marine n'a besoin d'une épouse ou d'une femme que par pure convention. Les officiers se marient pour offrir une image de stabilité, mais leurs femmes ne sont là que pour la galerie. Voilà la vérité.

Vous savez pourquoi les Marines se marient ? Premièrement, parce que l'amour peut conquérir n'importe qui. Et, en effet, même un Marine a besoin d'amour. Deuxièmement, certains Marines pensent que le mariage fera avancer leur carrière parce qu'ils seront perçus comme des individus équilibrés. Troisième raison : les unions de convenance. Il s'agit d'un mariage entre deux Marines, un homme et une femme, qui leur permet de doubler leurs avantages, de multiplier leurs revenus et d'être logés gratuitement à la base. Ces couples-là ont le beurre et l'argent du beurre ; ils reçoivent des avantages tangibles et continuent de mener chacun leur vie. La quatrième raison est la plus méprisable. Les sous-officiers les moins gradés et les hommes du rang, simple soldat et caporal, rentrent dans leur ville natale et se mettent à la colle avec une ancienne copine ou un amour de lycée. Ils lui promettent une vie trépidante, lui font miroiter le fier avenir d'une femme de Marine. Puis ils la mettent en cloque et se marient en vitesse[1]. Grâce à cette stratégie, on peut quitter les baraquements et augmenter sa solde.

Comprenez-moi, tous les Marines ne se comportent pas ainsi, certains se font même complètement avoir par le mariage. Dans les bars fréquentés par les Marines, certaines gonzesses se comportent comme des vautours. Elles jettent leur dévolu sur un jeune péquenaud rougissant et font semblant de le porter au pinacle. On appelle ça « le fouet de la chatte ». Elles lui donnent l'impression qu'il est Dieu sur terre et l'aspirent littéralement. Le mariage dure six mois, puis la femme demande le divorce ou tombe enceinte. Elle récupère ainsi la moitié de la solde et des avantages, et il s'est fait niquer... dans tous les sens du terme !

Je sais tout ça par mes camarades. J'ai rencontré un Marine qui avait été inculpé pour coups et blessures sur sa femme. Quand on l'a relâché, je lui ai demandé pourquoi il l'avait frappée. L'incident m'avait touché parce que je connaissais le type en question. Il m'a regardé et m'a dit : « Ca te ferait quoi d'apprendre que ton mariage repose sur un mensonge. » Je l'ai laissé continuer. D'un

---

1. *Shotgun Wedding :* mariage express provoqué par une grossesse inattendue.

air douloureux, il a ajouté : « Ma femme m'a dit que si elle s'était mariée avec moi et qu'elle était tombée enceinte, c'était pour mon pognon et tous les avantages. » Ce genre de témoignage a brisé l'image que je m'étais fait de l'amour et du mariage.

Quand j'ai rencontré mon ex-femme Wendy Ness, en octobre 1992, j'ai essayé d'effacer tous ces a priori. Je la voyais tous les vendredis soir au supermarché des Stater Brothers, où elle tenait le rayon des *delicatessen*. On allait y faire nos courses pour nos barbecues. Au rayon *deli,* on achetait de la salade de pommes de terre. Je taquinais tout le temps Wendy parce que sa tête dépassait à peine du comptoir. Elle devait mesurer 1,55 mètre, le caporal Berger l'appelait son « troll d'amour » et la taquinait : « Quand est-ce qu'on se mélange ? » Elle devenait toute rouge et lui disait d'aller se faire voir. Un soir, j'ai aperçu Wendy au Max. Longs cheveux blonds, yeux bleus, la Californienne typique. Elle n'avait rien d'un sac d'os, mais j'aime les femmes voluptueuses. Je suis allé vers elle, je lui ai servi ma meilleure imitation de George Michael, et je l'ai invitée à danser.

« Non, je ne danse pas. »

Je lui ai demandé si elle fumait.

« Non, je ne fume pas. »

Je commençais à me décourager, je lui ai proposé un verre.

« Non, je ne bois pas, c'est moi qui conduis. »

Je lui ai demandé si elle avait déjà pratiqué la double pénétration. Elle m'a regardé fixement et m'a demandé :

« C'est quoi, la double pénétration ? »

Je me suis penché et je lui ai soufflé la réponse à l'oreille et là – paf ! – j'ai senti une brûlure sur mon visage. Je n'ai pas ressenti la douleur à cause de l'alcool. Elle est partie à toute vitesse retrouver une copine et je suis resté comme un con. Je me rappelle m'être dit : « Merde, c'était une fille bien. J'ai merdé. » J'ai passé la semaine suivante à réfléchir à ce que j'allais bien pouvoir lui raconter au supermarché le vendredi soir. Nous sommes entrés, j'ai dit à mes potes que j'allais pisser mais, au lieu de ça, je me suis rendu au rayon *deli*. Quand elle m'a vu, elle a eu l'air déçue. Je me suis approché pour essayer de rattraper le coup du samedi précédent. « Je voulais vous faire des excuses, j'ai été grossier. Je suis un garçon très bien. Je sais bien que quelquefois les Marines se conduisent comme des crétins, mais donnez-moi une chance, vous ne le regretterez pas. » Avec un faible sourire, elle m'a répondu : « On verra. » Je voyais bien qu'elle avait déjà craqué. « Donnez-moi votre numéro de téléphone. Je voudrais vous inviter samedi soir. On peut tout reprendre à zéro, je vous montrerai que je ne suis pas si méchant. »

Le samedi matin, après avoir avalé mon petit-déjeuner (composé d'une bière et d'un jus de légumes), je lui ai téléphoné :

« Salut, c'est Jimmy. Je voulais savoir où tu en étais et si tu voulais sortir avec moi.

– Tu es plutôt direct, hein ?

– Bon, écoute. C'est pas juste pour te sauter. J'ai vraiment envie de te connaître. Je voudrais t'emmener dîner. »

Sans trop de conviction, elle a répondu : « Il y a longtemps, je me suis promis de ne jamais sortir avec un Marine. » Elle paraissait déjà plus détendue.

Je lui ai dit, en plaisantant : « Je ne suis pas n'importe quel Marine, moi. Et d'abord, je ne vois pas pourquoi ce serait un problème d'être direct ? Tu devrais peut-être essayer. Tu as l'air plutôt timide. »

Elle a gloussé. Je l'intéressais.

Le soir, je l'ai emmenée dîner mexicain, puis nous sommes allés dans un bar. Nous nous sommes assis et avons discuté pendant des heures, de tout. J'avoue que j'étais impressionné de l'entendre dire qu'elle aimait son travail et qu'elle gagnait bien sa vie.

Je lui ai dit, avec admiration : « Ça fait plaisir que tu étudies pour devenir boulangère. Ça prouve que tu as la tête sur les épaules. » Elle a baissé les yeux.

« Tu es heureuse ?

— Je suis très satisfaite de ce que je fais. »

Je frimais de moins en moins devant elle.

Je lui ai demandé, maladroit :

« Ca t'intéresse de sortir avec quelqu'un ? »

Elle a répondu, avec assurance :

« Je veux d'abord élever mon fils.

— C'est vraiment admirable, il n'y a pas beaucoup de gens comme toi. »

Ma réponse était sortie d'un trait. Je la regardais, perplexe. Sa détermination m'impressionnait. Elle me faisait penser à Goldie Hawn. Elle avait beaucoup d'esprit et sa naïveté me touchait profondément. En plus, c'était bien agréable de ne pas payer pour la compagnie d'une femme. Le lendemain, nous sommes allés voir un film

au drive-in et on a fini sur la banquette arrière. Ni l'un
ni l'autre ne voulions nous engager. On se voyait régulièrement, on s'amusait, on baisait, et ça me plaisait
comme ça.

***

Quand je suis parti outre-mer, en 1993, j'ai découvert un monde complètement différent. Chaque unité
a son propre *UDP*[1], programme annuel de déploiement.
Cela signifie que tous les dix-huit mois, votre unité va
passer six mois outre-mer. À Okinawa, j'étais hyper excité
de me trouver dans un pays étranger, de pouvoir photographier les temples bouddhistes, de regarder les sculp-
tures et les gongs. J'adorais rencontrer des Japonais,
apprendre un peu sur leur culture. J'ai découvert les
sushis, que j'ai adorés. Je me saoulais au Mojo, une spé-
cialité locale. Le Mojo était différent dans chaque bar et
ils se faisaient tous concurrence. On m'avait dit qu'ils
y mettaient une espèce d'hallucinogène et un poison
extrait du serpent Habo. Je m'en fichais, j'en buvais tout
le temps et je couchais tous les soirs avec une pute. J'ai
vite compris comment les traiter. Une fois, une fille s'est
moquée de moi et m'a vraiment blessé. Je venais d'arriver au Japon, j'essayais d'être un peu romantique, je
l'ai prise dans mes bras, je l'ai embrassée dans le cou,
je prenais mon temps, et c'est là qu'elle m'a dit : « Je suis
un coup facile, puceau. T'es là pour tirer ta crampe ou
pour manger des huîtres ? T'as du fric au moins ? » Après,

---

1. *Unit Deployment Program.*

je me suis mis à faire comme les autres gars, à les traiter de façon dégradante... c'est à dire comme des putes. Quand on se baladait dans leurs rues, on les frappait avec des cuisses de poulet qu'on achetait à des vendeurs ambulants en disant : « Dégage, sale tapin. »

En public, les Marines aiment passer pour de raffinés *gentlemen*, mais ce sont de vrais pervers. Par exemple, nous passions notre temps à jouer à « Smiles » [1]. On payait des prostituées pour nous branler ou nous tailler des pipes, et on observait les réactions des gars. Le premier qui se laissait aller avait perdu. Les vrais durs, c'étaient ceux qui restaient impassibles. J'étais plutôt bon à ce petit jeu, même si, une fois ou deux, j'ai raqué. Il me donnait un sentiment de puissance. Il y avait également le « Fuck you » [2] : nous abordions un groupe de femmes – jamais des prostituées – dans des bars ou des clubs, on les branchait et si elles ne voulaient pas baiser, on mettait le bar à sac. En sortant, on gueulait « Allez vous faire foutre » !

Pendant nos nuits pornos, on jouait aussi au « Circle Jerk » [3]. Tous les copains s'entassaient dans une chambre pour regarder un film X, on s'asseyait au fond et on mettait un nouveau devant. Au bout d'un moment, on lui demandait : « Alors, ça y est, t'as lâché la purée ? » S'il répondait « Non », on disait « T'es qu'un pédé. Eh, les mecs, cet enfoiré, là, c'est rien qu'un pédé. » Et on lui jutait dessus.

---

1. « Sourires ».
2. « Allez-vous faire foutre. »
3. « Le cercle branlette ».

Parce que vous savez, si vous êtes capable de sortir votre bite, de vous masturber devant un groupe d'hommes et de balancer votre purée sur un autre Marine, ça fait de vous un vrai mec. Sinon, vous n'êtes qu'une grosse fiotte. Mais, en vérité, je crois que je n'ai jamais rencontré de pédé dans le Corps, ou alors c'était sûrement le meilleur acteur que j'ai jamais rencontré et il faudrait lui décerner un Oscar. Clinton était le plus avisé : « Ne pas poser de question, ne rien dire. » [1]

On adorait torturer les bleusbites. À Okinawa, un gamin bavait d'admiration devant nous. Il faisait environ 1,80 mètre, châtain foncé, les yeux bleus. Je ne me rappelle ni son nom, ni d'où il venait. Tout ce que je sais, c'est qu'il rêvait de la compagnie d'appui. Ce lèche-cul pensait qu'il suffisait d'entrer chez les Marines pour être considéré comme un mec cool. Mais c'était un sacré abruti. Vous savez, on écrème tout le monde, pour ne garder que les mecs bien. Alors, on l'a invité à une fête et on l'a torturé, humilié. Il a dû sucer une queue en faisant semblant d'aimer ça. On a sorti nos bites, on lui a dit de nous sucer. Comme nous avions pêché des méduses dans Oriwan Bay, nous les avons balancées sur lui en gueulant : « Va te faire enculer. Tu n'appartiendras jamais au peloton d'armes lourdes, espèce de pédé. »

---

1. En 1993, Bill Clinton a instauré une loi permettant aux homosexuels d'intégrer l'armée à condition de ne pas revendiquer et de ne pas annoncer ouvertement leurs préférences sexuelles. En contrepartie, l'armée n'est plus autorisée à poser à ses recrues de questions à ce sujet.

Honnêtement, je peux dire que les Marines sont des monstres. Personne n'est en sécurité quand les Marines sont dans les parages. Un autre exemple. Sur la base d'Okinawa, nous nous occupions de trois chiens errants, des bâtards, Snack, Dinner et Lunch. Un soir, nous nous sommes saoulés. Vous le savez peut-être, les Marines se font couper les cheveux une fois par semaine. Et nous avons décidé de raser les chiens. C'était difficile, nous leur avons entaillé la peau. Tout à coup, le caporal-chef Rains a attrapé Snack, lui a serré le cou, a pris un couteau et l'a éventré. Le chien a gueulé d'une façon horrible. Le caporal-chef Rains a bu son sang.

Mais on ne partait pas outre-mer que pour s'amuser. Il y avait aussi les entraînements. Nous allions jusqu'à la Zone d'Entraînement Nord [1], une jungle épaisse. Climat tropical humide, chaleur, végétation dense. La zone était truffée de serpents venimeux et de sangliers. On s'entraînait au rappel, à la topo, à la survie en jungle, c'est comme ça que nous avons appris à fabriquer des pièges. On faisait des patrouilles, on apprenait à poser et détecter les mines. Quelquefois, en fin d'après-midi, on installait des pièges pour attraper des sangliers qu'on faisait rôtir pour le dîner.

* * *

De retour au pays, en août 1993, j'ai couché avec Wendy dès le premier soir. Suspicieuse, elle m'a demandé si quelque chose avait changé. Quand je lui ai répondu

---

1. *Northern Training Area* ou *NTA*.

pourquoi, elle m'a dit que j'étais devenu plus agressif. « C'est parce que ça fait longtemps, je suis en manque, j'ai rien fait depuis mon départ. » C'était du pipeau. Pendant mon séjour outre-mer, j'avais baisé dix fois par semaine. Je payais vingt-cinq dollars pour une pipe, sans préliminaires. J'étais donc devenu insensible à tout romantisme, à toute sensualité. Pour moi, l'amour se résumait à « Crack-crack, merci Madame, je peux avoir une bière ? ». Alors, quand Wendy m'a dit ça, j'ai pris un sacré coup sur la tête. J'ai compris que cette vie ne pourrait pas durer éternellement. J'ai décidé de me reprendre en main, de rentrer dans le droit chemin – ce qui était un véritable défi au sein du Corps. Puisque je voulais fonder une famille, tôt ou tard cela signifiait qu'il faudrait me ranger. J'ai décidé de me caser avec Wendy.

On se fréquentait depuis six mois quand je l'ai demandée en mariage. J'étais amoureux, mais pas à en perdre la tête. Ce que je voulais plus que tout au monde, c'était servir de père à Ryan. Je savais ce que grandir sans père signifiait, et je voulais lui éviter ça. Je pensais que je perdrais la tête plus tard.

Un jour, on revenait du Max en voiture pour aller dormir chez ses parents. Ça ne les dérangeait pas que je dorme chez eux. C'est là que j'ai décidé de faire ma demande.

« Si on se mariait ? »

Elle m'a regardé, l'air surpris.

« Non. Tu es saoul. » Elle était catégorique.

J'étais un peu sous le choc, mais sa réponse ne m'a pas découragé, au contraire.

« Pourquoi pas ?

– Attends d'être sobre pour me demander ça », a-t-elle dit calmement, en regardant la route.

Je suis reparti à l'attaque le week-end suivant, en rentrant du Max. J'étais saoul – et j'avais envie de tirer un coup. Wendy m'a fait la remarque.

« T'es encore saoul.

– Tu vois, j'ai besoin d'une femme qui m'aidera à perdre mes mauvaises habitudes. Pourquoi on se marierait pas ? »

Elle m'a lancé un regard sceptique.

« T'es prêt à assumer la responsabilité de Ryan ? »

Ryan, son fils de 6 ans, était un enfant gâté qui avait trop de jouets. C'était un sale gosse qui menait tout le monde par le bout du nez avec son irrésistible sourire, mais j'étais fou de lui.

« Oui. » J'avais répondu sans la moindre hésitation.

Elle m'a regardé attentivement, pendant quelques secondes, puis elle a dit :

« T'as même pas de bague.

– Alors, tu veux ou tu veux pas ? »

– Non », a-t-elle dit, fermement, en regardant toujours droit devant elle.

J'ai augmenté le volume de la radio et garé la voiture devant chez ses parents. Le lendemain, je suis allé au PX, le petit centre commercial de la base, où on ne paie pas de TVA. J'ai acheté une bague de fiançailles, une bague à 500 dollars.

Le week-end suivant, nous sommes sortis dîner et voir un film. En rentrant chez elle, au moment d'arriver dans l'allée, j'ai refait ma demande, sans sortir la bague :

« Si on se mariait ?

– T'as même pas de bague.

– Si, j'ai une bague, mais je vais te faire languir, comme tu m'as fait languir.

– T'es méchant. » Elle souriait.

« Je sais. C'est pour ça que j'ai besoin que tu m'aides à changer mes mauvaises habitudes. Alors, tu veux m'épouser ?

– Ouais », dit-elle, dans l'expectative. J'ai continué à conduire comme si de rien n'était.

« Tu plaisante pas ? T'as vraiment pas de bague ?

– Mais si, j'en ai une. Je te la donnerai le week-end prochain. »

Elle m'a lancé un regard ébahi. Je l'ai regardée en souriant.

« Tais-toi. J'écoute la musique. »

Je l'ai fait attendre toute la semaine. Je savais que j'avais gagné.

Chapitre 5

Jamais là, toujours bourré

On prenait aussi des photos

Lorsqu'on a été entraîné à tuer, on n'éprouve plus de sentiments. À cause de la dureté du camp d'entraînement et de l'environnement machiste, on a de plus en plus de mal à faire face à ses propres émotions. Les détails romantiques, une étreinte, un baiser, perdent de leur intérêt quand votre regard sur le monde s'est endurci. Je me souviens d'un soir de 1995, à Twentynine Palms ; je revenais d'une mission d'entraînement axée sur les clandestins et le trafic de drogue, à la frontière mexicaine. Je suis rentré directement à la maison. Nous vivions dans un duplex. C'était un endroit très agréable, on avait l'air conditionné, ce qui, dans le désert, était indispensable. Wendy était de l'équipe de nuit, Ryan passait la nuit chez sa grand-mère. Elle m'avait préparé à dîner et laissé un mot pour me donner des instructions. J'ai posé le repas et le mot dans l'évier et je l'ai appelée pour lui dire que je sortais avec les gars.

On a pris nos fusils de chasse. Certains avaient des Ruger-7 mm de chasse avec lunette Bushnell, d'autres des M-16 Bushmaster. Moi, j'avais choisi un SKS russe, mon fusil préféré. J'avais remplacé la monture en bois d'origine par une autre en synthétique, avec crosse pliante,

et j'avais ajouté une aide à la visée. On aimait aller dans
le désert et tout casser. Cette fois-ci, on est parti dans ma
vieille bagnole, une Scout International 71, qui nous a
lâchés. J'ai tiré dessus. Nous étions tous bourrés, et mes
copains s'y sont mis eux aussi. Comme on l'avait plus
ou moins achevée, on a retiré les plaques et on l'a laissée
là. On buvait systématiquement un pack de douze bières
et une flasque de *Jack Daniels*. Après ça, on tuait des
coyotes et des *road-runners*[1]. Et puisque la loi interdit
de tuer les *road-runners*, quand on en trouvait un, on se
mettait en cercle autour de celui qui l'avait touché le premier, et il lui arrachait la tête. On prenait toujours des
photos. J'ai dû tuer cinquante ou soixante coyotes à moi
tout seul.

Après ça, on avait l'impression d'être de vrais cow-
boys. J'ai sur l'avant-bras gauche un tatouage : « Cow-
boys from Hell[2] » C'est le titre d'un morceau de
Pantera, un groupe de *heavy metal*. Un jour, alors qu'on
s'entraînait à Twentynine Palms, l'adjudant-chef nous
a contactés par radio. Il nous a précisé à quelle heure
nous devions le retrouver pour prendre un repas chaud.
Nous sommes arrivés à la bourre. Il était furax. Je lui
ai dit qu'on avait été retenus par l'entraînement, mais
il n'a pas marché. Il a dit aux cuistots de remballer,
qu'on ne boufferait pas ce soir-là, et il a balancé une
gamelle de haricots et de porc sur mon Humvee en nous
injuriant : « Je vais vous apprendre à jouer les cow-boys
de l'enfer, bande de fils de pute. » Il était tout rouge,

---

1. *Road-runner* : coucou de Californie.
2. « Cow Boys de l'enfer. »

on aurait dit que sa tête était sur le point d'exploser. On s'en fichait. Pantera est un groupe texan, beaucoup d'entre nous venaient aussi du Texas et il avait cité par hasard le titre d'une chanson de notre groupe préféré. C'est pour commémorer cet événement que nous nous sommes fait tatouer.

Que je sois en mission sur le terrain ou en virée avec mes potes, je rentrais toujours ivre mort. Je dormais sur le canapé en cuir noir, je me réveillais avec la gueule de bois et j'attrapais aussitôt une bière dans le frigo. Le rituel du samedi soir, c'était la cuite avec les copains. Un soir, en parfaite hôtesse, Wendy s'est assurée qu'il y aurait assez de bière pour tout le monde, elle a fait la conversation comme si de rien n'était mais je rappelle l'avoir vue pleurer.

Elle avait un tas de bonnes raisons de m'en vouloir. À l'époque, tout ce qui m'intéressait, c'était de faire de la muscu, de courir des marathons, de faire la fête et de traîner avec mes potes. Il m'arrivait de m'écrouler chez un ami et de me réveiller le lendemain matin en me disant « Merde ! J'ai oublié de rentrer à la maison hier soir ! ». Évidemment, quand je rentrais, c'était l'enfer. En général, comme j'avais la gueule de bois, Wendy était furieuse. Elle criait et jetait tout ce qui lui tombait sous la main. Je m'asseyais sur le canapé, je la laissais hurler et finir sa crise, puis je sortais laver la voiture. Wendy se plaignait aussi de mon appétit sexuel et de mon manque de tendresse. J'étais toujours très direct. Je la pénétrais, je me vidais les couilles, point final.

J'avais tellement exagéré avec l'alcool, la fête, les missions d'entraînement qu'un jour Wendy a fini par me lancer un ultimatum : « Il va falloir prendre une décision. Ou tu te fais muter, tu m'emmènes et on prend un nouveau départ, ou tu restes ici et je te quitte. » J'ai donc demandé ma mutation pour sauver mon mariage. On m'a envoyé à Parris Island, en Caroline du Sud, où je suis resté d'octobre 1997 à août 1999, comme instructeur. J'aimais bien cet endroit, on se serait cru dans une réserve d'animaux, avec des daims qui traînaient en liberté près de la baie, des alligators, des lapins sauvages qui gambadaient dans la mousse, des pins et des saules pleureurs.

J'avais été affecté à la section entraînement 1er niveau, où les recrues apprenaient aussi le rappel. Je contrôlais la chambre à gaz, où on s'entraînait à mettre un masque à gaz en contexte opérationnel. Je dispensais un certain nombre d'instructions, comme les opérations de mise en sécurité de secteur, les déplacements de jour et de nuit, se repérer durant le combat, et enfin « l'épreuve »[1], un déplacement de cinquante-quatre heures conçu pour placer la recrue en état de fatigue et de stress, l'obliger à résoudre des problèmes ou à prendre des décisions de chef, une période pendant laquelle il fallait surmonter le manque de sommeil et de nourriture.

Pendant l'année qui a suivi notre arrivée à Parris Island, tout allait bien entre Wendy et moi. Autrement dit, j'ai passé environ un an sans me saouler. Puis j'ai recommencé à traîner avec les gars et à picoler. Elle avait besoin

---

1. *The Crucible.*

de faire un break, elle a donc décidé d'aller passer une semaine chez elle, en Californie. J'ai obtenu une permission pendant son absence. C'était comme un long week-end tout à moi. Que j'ai passé dehors, ivre. Ouais, ça a été génial jusqu'à ce qu'elle rentre et me dise qu'elle avait passé la semaine à essayer de me joindre, sans succès. Ce soir-là, nous avons sorti nos griffes. Nous ne nous étions jamais disputés comme ça. Elle m'a dit que j'étais un mauvais exemple pour son fils et qu'elle me quitterait si je continuais comme ça. Mais je ne la croyais pas.

Mes choix affectaient autant Wendy que mon beau-fils. J'aime Ryan, je l'ai élevé comme s'il était mon propre fils. Ce rouquin au tempérament fougueux est aussi extrêmement intelligent. À cette époque, il devait avoir 8 ans et ne s'intéressait qu'au football. Je m'entraînais avec lui. J'étais souvent absent pour ses matchs, à cause du travail ou des bordées avec les potes, ou encore parce que je faisais de la muscu à la salle de sport. Lors d'un match, il a rattrapé le ballon, est reparti dans le mauvais sens et a marqué contre son camp. Le stade tout entier était plié de rire et se foutait de lui. Wendy était furieuse contre moi à cause de mon absence, Ryan aussi. Il m'a fait la tête pendant deux ou trois jours, c'était à peine s'il me répondait quand je lui adressais la parole. Il préférait rester dans sa chambre plutôt que venir sur le canapé regarder la télé avec moi. Je savais que j'avais merdé. Je l'avais blessé, et c'était pourtant la dernière chose que je souhaitais faire. Je voulais sincèrement entretenir une bonne relation avec lui, celle que je n'avais pas pu avoir avec mon père. Il m'a fallu l'amadouer et le rassurer pendant pas mal de temps pour le convaincre de reprendre son

entraînement de football. Pendant cette période, Wendy
et moi avons eu plusieurs conversations enflammées sur
l'éventualité d'avoir un autre enfant.

Un jour, elle m'avait dit, remplie d'espoir : « C'est
vraiment le moment idéal. Ils ne vont pas t'activer avant
au moins un an, tu pourrais être là pour la naissance, et
financièrement, on s'en sort. »

Je l'ai regardée pendant quelques secondes.

« Tu sais bien que je veux terminer cette mission avant
d'avoir un autre enfant. »

Elle avait l'air perturbée.

« Et, honnêtement, je ne veux pas vraiment d'un autre
enfant. Ryan me suffit. »

Elle s'est mise à pleurer.

« Je suis désolé, mais c'est ce que je ressens. »

Elle sanglotait. Peu après, elle a décidé de me quitter et de rentrer en Californie.

* * *

Après le départ de Wendy, j'ai commencé à chercher
comment changer de carrière, comment me changer,
moi, devenir un meilleur mari et un meilleur père. J'avais
déjà travaillé à temps partiel, les week-ends, comme gardien de prison pour le département du shérif du comté
de Jaspar. Quand le département m'a proposé un emploi
à plein-temps, j'ai décidé de redevenir un bon garçon,
de me consacrer entièrement à ma famille ; j'ai alors signé
tous les documents pour quitter les Marines. Je voulais faire la surprise à Wendy mais, un jour, alors que
j'étais dans la tour d'exercices, j'ai reçu un appel du

bureau du sergent-major. Il m'a demandé si je voulais devenir recruteur. Je lui ai répondu que j'avais déjà postulé, sans succès. « Eh bien, c'est réglé. » Je me suis décidé en apprenant que je serais affecté au bureau de recrutement d'Asheville, en Caroline du Nord.

J'avais toujours rêvé de devenir recruteur, parce que c'est le poste le plus difficile au sein des Marines – après le combat, évidemment. On doit être fort, à la fois physiquement et mentalement, pour impressionner les mômes. Personne n'est là pour vous dire où aller trouver le prochain contrat. Il faut entrer dans une communauté, puis réussir à chaque fois la vente, avec chaque nouveau gamin. Occuper un poste de recruteur me permettait de me faire un nom, d'être un personnage influent et reconnu dans la région. Je cherchais le pouvoir. J'étais né à Fletcher, à quinze minutes environ d'Asheville, ça valait le coup d'essayer. Wendy était à l'autre bout du pays, il a fallu la convaincre de me reprendre et de venir s'installer dans l'Ouest de la Caroline du Nord.

Je me suis donc enrôlé à nouveau et je me suis préparé à suivre les cours de recrutement.

Chapitre 6

Le balaise

Deux bras, deux jambes : bon pour le service

San Diego, été 1999

L'école de recrutement, avec ses palmiers et ses vieux canons à l'entrée, me faisait penser à un poste de la Légion Étrangère française. Située dans l'un des plus anciens bâtiments du centre de recrutement des Marines, à San Diego, elle était imprégnée d'histoire. Les recrues passaient leur temps à faire briller les nombreuses pièces de cuivre dont le bâtiment était décoré. Au coucher du soleil, tout le site s'embrasait d'une teinte dorée qui lui conférait un aspect presque sacré. C'était comme se trouver sur une terre sanctifiée.

Les cours ont commencé le 4 juillet 1999. Classe 5-99, groupe numéro sept, vingt-sept recrues, dont huit Afro-Américains et six Hispaniques. Les cours duraient deux mois, neuf groupes se succédaient tout au long de l'année : sur cent cinquante engagés, cent vingt-cinq obtenaient leur diplôme. Tous les gars de ma section avaient été sélectionnés, c'était la crème. Ils étaient voués à grimper rapidement les échelons. On obtenait le ruban du mérite à la fin d'un cycle, qui durait trois ans, et je peux vous assurer que c'était un grand honneur.

Nous devions nous trouver dans l'établissement à
7 h 30 tous les matins ; les cours duraient jusqu'à 17 h 30.
Suivait l'entraînement physique, jusqu'à 18 h 15. Je vivais
à la caserne, dont le décor minimaliste et la salle de bain
commune me faisaient penser à un dortoir de fac. Dans
cet environnement très clinique, on recevait la formation de base du recruteur : les techniques au téléphone,
toutes les informations nécessaires pour cibler les lycées
et les universités publiques, le recrutement systématique,
le quadrillage d'une zone, autrement dit, comment parler à un inconnu, déterminer son aptitude et lui balancer le laïus de vente ; et, enfin, comment faire une visite
à domicile.

Avec de très bons résultats en cours, j'avais fait bonne
impression sur mes instructeurs. Ils nous avaient envoyés
en mission sur le terrain, un type était sur le point de
s'enrôler grâce à moi. Les autres instructeurs en ont eu
vent, ils m'ont surnommé « le balaise ».

J'avais encore un problème. Ma femme était en
Californie du Sud, chez sa sœur ; j'ai dû lui mentir pour
l'amadouer. Je lui ai dit que je serais en poste dans le
coin. J'ai essayé de faire changer mon ordre de mission
mais, évidemment, je ne pouvais pas influencer les gradés comme ça. Environ deux semaines avant de passer
mon diplôme, Wendy est venue me voir à San Diego. Je
l'ai emmenée dîner dans un bon restaurant de poissons
mexicain, près de la jetée des pêcheurs. Elle était habillée
simplement, mais assez élégamment, en short kaki et
polo ; je portais une chemise de couleur, un pantalon

kaki et des claquettes. On voyait les bateaux, c'était très romantique. Nous avons pris une chambre dans un hôtel avec vue sur l'océan Pacifique et passé le week-end ensemble. Wendy avait laissé Ryan chez sa tante, dans le désert, nous nous sentions libres, heureux.

Pendant le dîner sur le patio, j'ai commencé, en douceur, à lui dire combien j'étais content de mon poste de recruteur, qui allait nous permettre d'envisager ensemble notre avenir. Ensuite, je lui ai annoncé que nous devions retourner en Caroline du Nord et, là, l'ambiance a tourné au vinaigre. Je n'étais pas fâché qu'elle ait déjà bu une margarita. Pour la réconforter, je lui ai promis de lui acheter une Mazda Miata toute neuve dès que j'aurais mon diplôme. Je n'ai pas attendu jusque-là pour la lui acheter. Le dimanche, nous sommes allés chez sa sœur, avons emballé toutes ses affaires et nous avons pris la route.

Après mon diplôme, fin août, j'ai obtenu trente jours de permission, jusqu'en octobre. J'ai ensuite suivi les cours de commandement à Columbia, en Caroline du Sud. Il s'agissait en fait d'une petite école de recruteurs, dirigée par une bande de schizos surmenés et sous-payés. L'adjudant Kitelinger nous terrorisait. Je ne me laisse pas facilement intimider, mais le bonhomme avait l'air démoniaque. Ce blond d'un peu plus de 1,70 mètre et d'environ 100 kilos me faisait penser à ces sinistres types de la Gestapo qu'on peut voir dans les vieux films. Quand il insistait sur un point, ses yeux devenus énormes se fixaient sur l'un de nous. Il avait une tête de fou. En même temps qu'il disait un truc sérieux, il secouait la

tête en disant non ou encore il nous expliquait en rica-
nant qu'il ne fallait pas utiliser la fraude comme méthode
de recrutement.

***

En Caroline du Nord, les montagnes sont magnifiques
toute l'année et plus particulièrement en automne : à
cette période-là, les feuilles s'enflamment grâce à leurs
nuances de rouge, d'orange, de jaune et de violet. Mais
nous étions contraints de vivre dans une caravane et,
même si c'était le lot de la plupart des recruteurs en
Caroline du Nord, ça ne me plaisait pas du tout. Nous
disposions d'un modèle récent, avec chauffage central et
air conditionné, dont le loyer mensuel s'élevait à 450 dollars. Le salon était ringard, avec ces vieux meubles des
années soixante-dix qu'on trouve dans les vide greniers.
Nos voisins, en bons *rednecks*[1], avaient un drapeau confédéré sur leur porche et une vieille Harley défoncée dans
l'arrière-cour. Wendy ne se sentait pas du tout à l'aise.
    Comme si ça ne suffisait pas, mes débuts de recruteur
ont été assez décourageants. Je me suis rendu au poste
de recrutement d'Asheville pour parler avec l'adjudant
Dalhouse, mon patron, un type mince à lunettes, ancien
mécanicien dans l'aviation. Il m'a dit : « Si vous ne réussissez pas à ramener votre quota de contrats et que vous
pensez pouvoir rester ici à faire le con, je vous casse la
gueule et je vous dégage à coups de pieds dans le cul. »

---

1. *Rednecks*, « cous rouges », surnom donné aux blancs réactionnaires
des États du Sud des États-Unis.

J'étais assez grand pour travailler sous les ordres de n'importe qui. Peut-être que ce type voulait simplement donner l'impression d'être un dur.

J'ai commencé mon job le 1ᵉʳ octobre 1999. Je n'étais pas tenu d'obtenir de contrat le premier mois, mais j'ai quand même réussi à faire signer un type. Il s'appelait Andrew Roland, l'adjudant Smith me l'avait refilé comme cadeau de bienvenue, mais ça m'a aidé à asseoir une bonne réputation au sein de la communauté des recruteurs des Marines.

Le bal annuel des six districts de recrutement des Marines, une véritable affaire d'État tous les ans, avait lieu le 10 novembre. Les Marines portaient leur uniforme bleu, leurs médailles, leurs rubans et même leur sabre s'ils le souhaitaient – ce n'était pas mon cas. Il fallait dépenser 200 dollars pour les billets d'entrée et Wendy a dû s'acheter une robe du soir. Une robe d'un gris cosmique, au fini satiné. Elle portait un rang de perles et s'était fait un ravissant chignon. Elle était vraiment belle. Nous étions installés dans un très bon hôtel de Columbia où on avait réservé une salle de réception.

Les festivités ont démarré avec une *happy-hour* au bar de l'hôtel, lambris foncé comme dans un pub et télé branchée sur une chaîne de sports. Bien évidemment, tous les Marines buvaient comme des trous. J'étais au comptoir avec mon équipe, je fumais un *Fidel* (un cigare cubain [1]), une bouteille de Merlot *Glen Ellen* à la main.

---

1. Aux États-Unis, l'importation de cigares cubains est interdite depuis l'embargo sur Cuba.

On s'amusait, on discutait stratégies de recrutement, Wendy parlait avec une femme de Marine et de toute évidence, elle n'avait aucune envie d'être là.

Un juteux, l'un des recruteurs permanents les plus efficaces, allait bientôt être promu sergent-chef. Il s'est mis à parler de sa cavalière : « C'est une vraie traînée. Elle pourrait aspirer une balle de golf par un tuyau d'arrosage. » Wendy lui a jeté un regard furieux et l'a remis à sa place : « Vous trouvez que c'est une façon de parler devant moi et en présence des autres dames ? » Le juteux [1] lui a répondu, avec un sourire sarcastique : « Je ne vois pas de dames dans le coin. » Folle de rage, Wendy a lâché un « Excusez-moi » avant de tourner les talons. Elle a foncé me rejoindre pour me rapporter l'incident, mais j'ai minimisé : « Pas la peine de faire une scène. On s'en occupera plus tard. »

Après une heure au bar, tout le monde s'est rendu dans la salle de réception. C'était vraiment un bel endroit, de la marqueterie partout, une décoration aux couleurs rouge, or et bleu des Marines, avec de petits drapeaux sur les tables. Sur les verres à vin, on pouvait lire « Joyeux 224e [2] anniversaire du corps des Marines, Columbia, 10 novembre 1999 ». Nous étions assis à une table de huit, avec les membres de mon équipe de recrutement et leurs épouses. Le repas a duré à peu près trois heures, salade *Caesar*, entrecôte, légumes et glace. On a continué d'évo-

---

1. Diminutif d'adjudant.
2. Le corps des Marines a été officiellement créé le 10 novembre 1775. NdA.

quer les tactiques à mettre en œuvre pour faire signer ces enfoirés. Les femmes n'ont pratiquement pas dit un mot. Et Wendy n'était pas du tout impressionnée.

La cérémonie traditionnelle de la découpe du gâteau a eu lieu à la fin du repas. Le Marine le plus jeune coupe le premier, ensuite c'est au tour du plus âgé. Ils doivent croiser les lames en coupant. Le bal a ensuite commencé, il y avait tous les genres de musique, du hip-hop à la country. J'avais arrêté de danser en devenant militaire, je trouvais que ce n'était pas viril. La plupart des danseurs étaient noirs ou hispaniques. De toute façon, j'avais bu deux bouteilles de vin et je voulais aller me coucher. Je suis monté dans la chambre avec Wendy, nous nous sommes déshabillés et avons fait l'amour avant de nous endormir.

Le 29 juin 2000, Wendy a accouché de notre fils, Hunter Kurgan. Elle savait que je ne voulais pas d'enfant avant la fin de mon cycle de recrutement, mais, en tombant enceinte, elle espérait pouvoir sauver notre mariage. Ce jour-là a été le plus heureux de ma vie. Le plus effrayant aussi. Je tenais dans les bras la plus grande responsabilité qui puisse jamais être confiée à un être humain. Cet enfant allait désormais dépendre de moi. Ce jour-là, il m'a fallu grandir et, je l'avoue, j'y ai laissé un peu de ma jeunesse, mais ça m'était égal. J'avais un petit garçon. Rien n'est comparable au bonheur que j'ai éprouvé quand mon fils est né, pas même les virées, les fêtes, les rigolades avec les copains. Le deuxième prénom de Hunter, Kurgan, vient du film *Highlander*. Kurgan était un vrai mec. Un immortel, auquel rien ni personne ne pouvait barrer la route. Je savais bien qu'il ne serait pas immortel, mais Hunter serait fort et sûr de lui, comme le personnage du film.

Ma mère et mon beau-père sont venus du Texas en avion voir leur premier petit-enfant. Je suis sorti acheter deux bouteilles de vin pour fêter l'événement. J'avais déjà descendu plusieurs verres quand Maman a demandé à me parler seule à seul, sur le porche. Elle était très en colère, pleine de ressentiment. Elle pensait avoir compris pas mal de choses sur mon mariage. Dès qu'on a refermé la porte, elle m'est tombée dessus.

« Tu n'es qu'un égoïste merdeux. Comment oses-tu traiter ta femme de cette façon ? ! », m'a-t-elle demandé avec force.

Je lui ai répondu avec calme. « Maman, il y a des choses que tu ne peux pas comprendre.

– Oh, je comprends parfaitement et je sais que je t'ai mieux élevé que ça. Tu verras qu'un beau jour, tu n'auras plus personne sur qui compter à part moi et Wendy, m'a-t-elle fermement répondu.

– J'ai toujours pu compter sur les Marines, Maman, à des moments où ni Wendy ni toi n'étiez là. Ils ont même payé pour la naissance de Hunter ! » Je gémissais presque, indigné. J'essayais de ne pas perdre patience.

« Désormais, tu as des obligations envers ta femme, ta famille et tes enfants.

– Non Maman, tu as tort. Je n'ai d'obligations qu'envers Dieu, mon Pays et le Corps. Je n'ai besoin ni de toi, ni de Wendy, ni de qui que ce soit excepté mes camarades du Corps. » J'avais légèrement haussé le ton.

Elle s'est dirigée vers la porte de la maison, puis s'est tournée vers moi et m'a lancé : « Tu t'en mordras les doigts. »

Je suis resté assis, furieux. Elle ne pouvait pas comprendre, c'était une civile, elle ignorait comment ça se passe. Je suis resté là assez longtemps pour être sûr qu'il ne restait plus personne, à part Ryan. Puis je suis rentré, je me suis versé un verre de vin et j'ai regardé un film avec lui.

Après la naissance de Hunter, Wendy a souffert d'une dépression *post-partum* qui a énormément affecté notre relation. Sa mère venait de mourir, elle voulait rentrer en Californie. Je me levais généralement vers 6 h 30, elle restait couchée toute la journée. Je préparais le biberon de Hunter et donnais ses médicaments à Wendy. J'étais épuisé la plupart du temps : jusqu'à l'âge de 3 mois, Hunter a eu des problèmes respiratoires et nous réveillait la nuit. Nous habitions à côté d'une fabrique de papier ce qui, bien sûr, n'arrangeait rien. Je passais à la maison pendant la journée pour voir comment ils allaient, je craignais qu'il n'arrive quelque chose à mon fils. Wendy s'occupait de le laver et de le nourrir, mais le reste de sa vie était complètement en friche. Elle ne faisait plus la cuisine pour Ryan et moi, n'accomplissait plus aucune tâche ménagère. Son hygiène corporelle était devenue déplorable au point que je devais lui dire d'aller prendre une douche. J'avais un biper, sur lequel je lui avais demandé de m'appeler en cas d'urgence : je recevais cinq à six appels par jour. Mais, malgré le chaos qui régnait à la maison, je me forçais à rester concentré sur

mon service. J'avais pour mission de recruter de trois éléments par mois en été, deux par mois en hiver.

***

Ses cheveux gris avaient valu à l'adjudant Smith le surnom de « Renard argenté ». Il m'a pris sous son aile. Il
expliquait les choses à sa manière. En tirant sur sa cigarette bon marché, il disait : « Tu ne penses qu'à l'oiseau
qui s'est posé sur ta main. Utilise ton cerveau. C'est quoi,
le plus rapide, aller chez *Wal-Mart* à pied, ou en voiture ? » Je lui répondais en souriant : « En voiture. »
« Bonne réponse, tu as utilisé ton cerveau. » Et il ajou-
tait d'un air fourbe : « Et il faut traîner au Tribunal.
Ça aide, ça aussi. » En quoi, je l'expliquerai un peu plus
loin.

J'étais prêt à faire n'importe quoi pour envoyer mes
trois recrues au camp d'entraînement tous les mois. Si
le gars me disait qu'il voulait participer aux jeux
Olympiques, je lui racontais que le médaillé d'or des derniers Jeux d'été était membre du corps des Marines. Je
traînais principalement dans les boutiques de musique
pour aborder les gamins. J'ai dû dépenser des milliers de
dollars en CD. Habillé en civil, je repérais un gamin
et je lui demandais : « Eh ! Tu fais quoi, là ? » Et comme
mon bureau se trouvait sur le trottoir d'en face, je bavar-
dais deux minutes pour conclure : « Dis, petit, tu veux
pas qu'on aille à mon bureau, on pourrait continuer à
parler des Marines ? »

J'allais quelquefois à leur rencontre en uniforme,
avec décorations et médailles, pour leur donner une

image de ma puissance. J'avais un bouledogue, Tank Balls [1]. Je l'avais appelé comme ça à cause de l'éléphantiasis dont il souffrait – un Marine dirait dans son jargon qu'il était en manque de chatte ! Je réservais un petit numéro aux gamins qui venaient à mon bureau. Je leur demandais d'ouvrir un tiroir et de prendre le pistolet en plastique qui s'y trouvait. J'avais entraîné Tank à sauter sur les gamins à ce moment précis, puis je l'arrêtais juste avant qu'il ne morde. Le message subliminal restait le même : « Tu as vu le pouvoir que j'ai ? Tu peux en avoir autant. Avant, j'étais le blaireau de base, les Marines ont fait de moi un homme d'acier. »

Je passais mon zozo au crible, pour vérifier ses aptitudes mentales. À l'aide du *Armed Services Vocational Aptitude Battery Test* [2], on testait leurs connaissances en mécanique, en anglais, maths et tests psychotechniques. Le test est obligatoire pour tous les postulants à l'armée. Pour entrer dans les Marines, il fallait obtenir au moins 32 points. En obtenant entre 32 et 49 points, le postulant était admissible, mais inapte à environ 60 % des postes proposés. Au-dessus de 50, le jeune obtenait environ 1 000 points au *SAT* [3]. Quelques-uns, très rarement, atteignaient 99 points, soit 1 300 et plus au SAT. Ils étaient intelligents pour la plupart, mais issus de foyers brisés et bourrés de problèmes.

1. « Grosses couilles ».
2. *ASVAB*, série de tests d'aptitude et d'orientation.
3. *Service Aptitude Test*

Après m'être assuré de leur aptitude physique, j'organisais un entretien et je leur demandais de choisir des fiches d'orientation – quelles qualités ils voulaient développer : patriotisme, courage, assurance, confiance en soi, fierté de faire partie du Corps, sécurité financière, promotions, avantages, goût du challenge. Cet outil permet d'examiner les faiblesses du postulant, puisqu'en dévoilant ses choix il s'ouvre, révèle ses peurs et ses attentes. Quand il choisit la confiance en soi, on lui explique que chez les Marines on lui apprendra à faire du rappel, à défiler. « Et maintenant, tu comprends comment tu pourras acquérir toute cette confiance en toi ? » Je posais la question tout en hochant la tête à l'unisson avec le candidat. Ce qu'il faut, c'est réussir à les mettre à l'aise et jouer sur leurs faiblesses.

On avait l'habitude de surnommer tous ceux qui échouaient au test *ASVAB* les « CAT IV [1] ». C'était visible dès qu'ils passaient la porte. Par exemple, une allure de chien battu, avec de mauvaises dents jaunies par le tabac, valait une classification « CAT IV ». À ce moment-là, on pouvait jouer à « Miaou », un jeu dont l'adjudant-chef Johnson nous avait parlé pendant un de ses cours. On le pratique dans le film *Supertroopers*, et j'imagine que ça doit être assez courant. On miaulait en plein milieu d'une phrase pour se moquer d'eux : « Miaou tu es bien sûr, mon garçon ? », ou encore « Miaou tu m'as compris, petit ? ». Tous les recruteurs étaient morts de rire. Les candidats ne s'apercevaient jamais qu'on riait de leur bêtise. Puisque leur parler ne servait à rien, l'entretien se

---

1. « Chat IV ».

transformait en un sketch interprété par l'ensemble des recruteurs. Ces « détritus blancs » [1], comme on les surnommait, il nous suffisait de quelques secondes pour comprendre comment ils fonctionnaient. Le genre de voiture qu'ils avaient, les sports qu'ils pratiquaient, leurs fréquentations, étaient autant d'indices. On les poussait dans leurs derniers retranchements. L'adjudant Dalhouse, qui avait fait carrière comme recruteur, aurait pu vendre un préservatif à une bonne sœur. J'avais pris exemple sur lui.

Ces bouffonneries m'ont valu le grade de sergent-chef, le 1er novembre 2000. Je devais cette promotion rapide à mes résultats exceptionnels. J'avais aussi décroché douze récompenses : entre autres, celle de recruteur du mois aux bureaux de Columbia, Caroline du Sud, et d'Asheville, en janvier 2001. On m'a proposé de faire une carrière de recruteur. Je n'ai pas accepté : j'avais promis à Wendy que nous rentrerions en Californie à la fin de mon ordre de mission, qui devait durer trois ans.

---

1. *White Trash* : fréquemment utilisé pour dénigrer les Américains blancs issus des classes défavorisées.

Chapitre 7

Timmy

Mon boulot, c'est mettre de la vaseline

Quand on est recruteur, il faut apprendre vite. Et j'ai rapidement appris que pour garder son boulot, on ne peut pas se permettre d'avoir des scrupules.

Un jour, en 2000, j'étais avec mon adjudant dans la cafétéria d'une petite université locale. L'adjudant Dalhouse s'est précipité vers moi en disant : « Eh, sergent-chef, je voudrais vous présenter Timmy. » J'ai levé la tête vers Timmy pour découvrir… un débile mental ! 95 kilos de muscles, des traits et une élocution d'attardé. Perturbé, j'ai regardé mon nouveau boss et je lui ai demandé : « Vous vous foutez de moi ? » Il a répondu avec fermeté : « Non, sergent-chef, vous allez avoir un entretien avec ce type. Il pense sérieusement à s'engager chez les Marines. »

J'ai donc demandé à Timmy de s'asseoir et je lui ai balancé mon speech de vendeur, en utilisant les fiches d'orientation. Concentré sur les fiches, il les passait en revue, et j'en ai profité pour mieux l'observer. Timmy était petit et massif, il portait des jeans, des bottines de travail et un t-shirt aux couleurs de l'équipe de foot du lycée *Andrews High School*. Il me rappelait le personnage de Lenny dans *Des souris et des hommes* de Steinbeck.

Il voulait sérieusement s'engager chez les Marines, c'était manifeste. L'environnement clinique de la cafétéria m'a soudain oppressé, j'ai fixé quelques secondes les murs blancs, puis j'ai regardé mon chef en me demandant ce qu'il foutait.

J'ai dis à Timmy : « Ces fiches vont te permettre de voir comment l'armée pourra t'aider à atteindre les buts que tu t'es fixés dans la vie. Ça te va ? »

Timmy a levé les yeux et hoché la tête, l'air impatient. Il avait mis ses fiches par ordre de préférence : compétences techniques, fierté de faire partie du Corps, courage, confiance en soi, sécurité financière, promotion. J'ai pris la première fiche : « Timmy, pour toi, qu'est-ce que ça signifie ? »

Timmy m'a répondu avec ferveur : « Je veux apprendre à être soudeur et avoir assez d'expérience pour trouver toujours des boulots qui rapportent.

— Je vois très bien ce que tu veux dire. C'est un très bon objectif. Si tu deviens Marine, tu pourras apprendre le métier de soudeur en suivant des cours et une formation pratique, et tu pourras acquérir de l'expérience. Tu auras une valeur sur le marché du travail et tu gagneras toujours bien ta vie. Qu'est-ce que tu en penses ?

— Ça a l'air génial », a répondu Timmy, tout excité, assis sur le bord de sa chaise.

« Maintenant, pour ce qui concerne la fierté d'appartenir au Corps, sache que tu entres dans une confrérie, pour nous c'est comme une famille, on prendra toujours soin de toi. »

Timmy avait l'air très content. J'ai poursuivi :

« Il y a deux sortes de courage : le physique et le mental. Chez les Marines, on travaille sur les deux aspects. Tu peux me donner un exemple de courage physique ?

— Il faut avoir du courage physique pour jouer au football. Je jouais au football quand j'étais au lycée.

— Oui, pour jouer au football, il faut avoir du courage, physique et mental. Qui t'a appris comment trouver ce courage physique et mental pour jouer ?

— Mon père et mon entraîneur.

— Eh bien tu vois, chez les Marines, il y a des instructeurs au camp d'entraînement, et comme ton père l'a fait, ils vont t'apprendre le courage physique et mental. »

Timmy buvait chacune de mes paroles, visiblement plongé dans le futur.

« Ce qu'on appelle la peur de l'inconnu, tu sais ce que c'est ?

— Non.

— Si, tu sais ce que c'est que la peur de l'inconnu. On ne t'a jamais posé la question, c'est tout. Rappelle-toi ton premier jour au lycée. Tu avais peur ? Répond honnêtement. Moi en tout cas, j'ai eu peur. Je me demandais si les anciens allaient me taper dessus, si on allait se moquer de moi.

— Ouais, je comprends ça.

— Maintenant, parlons de ton handicap. Je sais que ça a été plus difficile pour toi que pour la moyenne des gens et tu as déjà fait preuve de beaucoup de confiance en toi en surmontant ton infirmité. »

Timmy a baissé les yeux, j'ai vu qu'il était un peu gêné. Puis il a relevé la tête, le regard brillant de larmes et, la voix tremblante, il m'a répondu :

« Vous avez raison, sergent, ça a été vraiment dur pour moi. Une fois, quand j'étais nouveau, les autres m'ont enfermé dans une armoire. Ils m'ont bousculé en m'insultant. J'étais tellement en colère que j'ai défoncé la porte de l'armoire.

– Timmy, plus personne ne t'embêtera. Le Corps t'aidera à acquérir toute la confiance en toi dont tu auras besoin pour surmonter les obstacles que tu pourras rencontrer au cours de ta vie. »

Il m'a adressé un regard plein de gratitude.

« Pour que tous ces trucs géniaux aient lieu dans ta vie, on doit encore passer deux étapes. D'abord, je vais te faire passer le test *ASVAB*. Ensuite, je remplirai tes formulaires préliminaires et organiserai ton passage au *MEPS*[1]. C'est là que tu rempliras les dernières formalités administratives avant d'entrer dans les Marines. »

Timmy a obtenu un résultat de 55 au test *ASVAB*, c'est-à-dire plus de 1 000 au SAT. J'avais du mal à le croire, mais il était intelligent ! Je l'ai regardé droit dans les yeux et lui ai demandé : « Tim Queen, es-tu prêt à relever le défi et à devenir Marine des États-Unis ? » J'espérais qu'il me répondrait non. Mais il a acquiescé, aussi enthousiaste que s'il venait d'être engagé par les *Dallas Cowboys*[2].

Quand je lui ai serré la main, j'ai remarqué que son bras n'arrêtait pas de trembler. Je me suis demandé s'il ne souffrait pas de dystrophie musculaire progressive ou

---

1. *Military Entrance Processing Station.* NdA.
2. Équipe de football américain.

d'une autre maladie grave, et je lui ai posé les questions
d'ordre médical à toute vitesse :

« Tu as déjà été hospitalisé ?

– Non. »

J'étais dérouté.

« OK, mon pote, qu'est-ce qui cloche ?

– Chez moi ? »

Je commençais à perdre patience.

« Ouais, pourquoi tu gesticules ?

– Je sais pas, j'ai toujours été comme ça. »

J'ai lancé un regard impatient à l'adjudant Dalhouse.
« Bon, il est peut-être pas parfait, mais, au moins, il res-
pire », a dit Dalhouse. En réalité, nous en avions besoin
pour atteindre notre quota du mois. En décembre, le
recrutement marche mal, les gens ne pensent qu'aux fêtes
de Noël.

Pendant qu'on l'attendait dans la voiture, j'ai dit à
l'adjudant : « Le médecin ne le laissera jamais passer le
MEPS. Putain, on leur donne la corde pour nous
pendre. » Il m'a rassuré : « T'en fais pas, mon vieux. »

Timmy prenait des cours de soudure, il aurait pu devenir soudeur chez les Marines, mais l'adjudant Dalhouse
ne l'entendait pas de cette oreille. Ce dernier m'a
demandé de le faire entrer dans l'Infanterie. Nous étions
confortablement installés dans la voiture quand j'ai attaqué : « Timmy, j'aimerais te parler un peu de l'Infanterie.
Je crois que ça serait bien pour toi. Tu vas terminer ta
formation de soudeur. Pourquoi ne pas profiter des
Marines pour suivre une nouvelle formation ? »

Il a répondu : « Ouais, vous avez raison. »

Affaire rondement menée.

On l'a donc emmené de Murphy, Caroline du Nord, à Asheville, où nous avons rempli tous les formulaires avant de le présenter au MEPS, à Charlotte. On était en train de parler dossier de santé dans le cabinet du médecin, bourré de monde et couvert d'affiches de propagande pour les Marines, quand il a fini par nous dire : « Une fois, je suis allé chez le docteur, il m'a mis des électrodes sur la tête et ils m'ont fait un truc à la tête. »

En fronçant les sourcils, j'ai parlé à mon boss en m'arrangeant pour que Timmy n'entende pas :

« Adjudant, on peut quand même pas leur envoyer ce mec, putain. »

Il m'a répondu :

« Sergent-chef, vous pouvez y aller. Je finirai de remplir les formulaires. »

Je suis passé aux toilettes pour boire un peu d'eau, et, quand je suis ressorti il m'a dit : « Vous pouvez me remercier, vous allez avoir le contrat. »

Je l'ai regardé, j'étais furieux et je craignais pour ma réputation. C'était mon nom qui allait figurer sur ce papier. J'étais sûr que Timmy serait déclaré inapte et j'ai dit : « OK, appelez-moi quand il reviendra, je le raccompagnerai chez lui. »

Le lendemain, j'étais à la maison et couché avec une grippe quand le téléphone a sonné, à 9 heures du matin. C'était mon boss. « Félicitations, vous avez votre contrat. Ouais, ce satané Timmy a réussi !

– Non, vous vous foutez de moi ? » J'étais stupéfait, puis j'ai balancé le téléphone à l'autre bout de la pièce.

On a dit à Timmy de contrôler sa main chaque fois qu'il se trouverait devant un interlocuteur et il a passé tous les examens physiques en contrôlant sa main. Je l'ai envoyé au camp d'entraînement six mois plus tard, persuadé qu'il ne parviendrait jamais au bout.

Évidemment, j'ai reçu un coup de fil du sergent le lendemain de son arrivée. Quand Timmy est descendu du car, l'instructeur l'a fait sortir du rang, parce qu'il agitait le bras dans tous les sens.

Et bien sûr, ça n'était pas tout. Le lendemain, j'ai reçu un autre coup de téléphone à 9 heures. Mon cœur s'est arrêté de battre quand j'ai entendu, à l'autre bout du fil : « Ici l'adjudant-chef Smith, du dépôt de recrutement de Parris Island. Je voulais vous informer qu'une enquête de routine va être ouverte sur les circonstances qui ont conduit Tim Queen à Parris Island. Je vous rappellerai. »

J'étais en état de choc. « Nom de dieu ! Putain, je vais aller en taule. » J'ai verrouillé toutes les portes, éteint les lumières, fermé les volets, je me suis assis et j'ai commencé à boire les petites bouteilles de vin que j'avais dans mon tiroir. Une, deux, trois, quatre, cinq, six, sept, huit. Le téléphone n'a pas arrêté de sonner toute la journée, je ne répondais pas. J'ai regardé les films qu'on montre aux bleus, *Apocalypse Now, Full Metal Jacket*.

À 18 heures, j'ai décroché le téléphone. Je commençais à dessaouler. C'était mon patron qui m'appelait pour me demander ce qui se passait. J'ai dit : « Eh bien, j'ai fait le bilan de ma brève carrière dans les Marines. » Et lui : « Te fais pas de bile, mon vieux. T'es vraiment con. On ne va pas te lâcher. Tu crois que ça marche comment, le recrutement ? » Et en effet, ils ne m'ont pas lâché.

Pendant ce temps, Tim Queen s'était rasé les sourcils. Quand on lui a demandé pourquoi, il a répondu qu'il avait vu, en rêve, un instructeur lui ordonner de le faire. Quelques jours plus tard, l'adjudant m'a appelé et m'a demandé d'assister à la réunion hebdomadaire qui se tenait avec les autres recruteurs, à son bureau d'Asheville. J'avais la nette impression d'être en train de me faire piéger. J'étais vraiment furieux, je trouvais qu'on avait manipulé ce garçon handicapé. Je suis arrivé vers 8 h 30, tous les recruteurs étaient déjà là, d'excellente humeur.

Dès que je suis entré, tout le monde m'a regardé et s'est mis à rire et à applaudir. J'avais l'impression d'être le fou du roi. L'adjudant Dalhouse a dit : « Eh, Massey, venez par ici. » Il a affiché un site web du Corps et, sur la page d'accueil, j'ai découvert une photo de Tim Queen, avec son air de dégénéré, des sparadraps peints en noir à la place des sourcils, le crâne rasé – on aurait dit un enfant qui faisait une pub pour les jeux Olympiques des handicapés. Sous la photo, le slogan était un message du Brigadier Général responsable du recrutement des régions de l'Est : « Messieurs, qu'est-ce qu'on fout, au recrutement ? » À ce moment, j'ai à nouveau pensé que j'allais finir derrière les barreaux.

Les autres recruteurs continuaient à rire : « Mon vieux, j'arrive pas à croire que ce type soit allé si loin », ou encore : « Incroyable, tu l'as bien graissé et tu l'as fait passer par le hublot. » J'étais sur la défensive : « Allez tous vous faire foutre. Je ne suis pas plus coupable que vous. » L'adjudant Smith a essayé de me rassurer : « Ne vous inquiétez pas. Le Corps protège vos arrières. Tout va s'arranger. Vous verrez. »

J'ai traversé une nouvelle semaine de torture mentale : j'avais du mal à me concentrer. Je rentrais à la maison, je m'asseyais sur le canapé et je me mettais à pleurer. Wendy m'a demandé :

« Qu'est-ce que tu as ?

– Tu ne comprends pas… »

Je lui répondais sur un ton désespéré, j'essayais de lui expliquer l'histoire de la fenêtre :

« Mon boulot, c'est mettre de la vaseline, graisser le hublot pour que ce gosse passe à travers et soit engagé.

– Arrête de mentir, m'a calmement répondu Wendy.

– Si je ne mens pas, je ne peux pas payer le loyer ni la nourriture, je ne peux pas m'occuper de vous. Et je perds mon boulot. J'adore être Marine. » J'étais désespéré.

Une semaine plus tard, j'ai reçu un coup de fil de Parris Island, qui m'apprenait que Tim Queen avait fraudé le gouvernement qu'il n'avait pas informé de ses problèmes médicaux. J'étais soulagé, bien sûr, puisque complètement blanchi. Mais il y a quand même eu une enquête officielle parce que Tim Queen, une fois rentré chez lui, a déclaré avoir passé deux semaines au camp d'entraînement des Marines sans jamais avoir été payé.

* * *

J'ai rapidement retrouvé mon assurance, par peur de perdre mon boulot et de ne plus pouvoir subvenir aux besoins de ma famille. Dans l'armée, on nous apprend très bien à manifester de la puissance. J'avais développé mes propres tactiques à partir de celles que j'observais chez les autres recruteurs, je regardais certains films, j'étudiais la gestuelle des grands dictateurs, Hitler par exemple. Je savais comment toucher la communauté locale, j'adaptais mon discours à ses valeurs, à ses centres d'intérêt, à ses préoccupations.

J'allais tous les jours dans les écoles publiques où je pouvais facilement entrer en contact avec les jeunes. On m'avait déjà remis la liste de tous les élèves, avec leurs numéros de téléphone. Je n'avais donc pas vraiment besoin de la loi de 2002 – le *No Child Left Behind Act*[1] – qui stipule que tout lycée recevant des fonds fédéraux est tenu de fournir aux officiers de recrutement militaire les noms, adresses et numéros de téléphone de ses élèves.

J'ai un souvenir particulièrement vivace. C'était vers mars 2001, dans un lycée public. Comme d'habitude, je suis allé au bureau à 7 h 30, j'ai pris les documents dont j'avais besoin pour mon cours d'interprétation des tests *ASVAB* et, dans mon uniforme bleu de parade, je me suis rendu à la Smoky Mountain High School au volant de mon véhicule officiel. Comme d'habitude, je me disais : « Je vais les avoir, ces enfoirés », puisque, il faut le savoir, un recruteur n'a qu'une chose en tête s'il veut payer son loyer : décrocher des contrats.

J'ai mis en œuvre tous mes talents d'acteur ; je suis entré dans la classe avec Tank Balls, j'ai marché d'un pas assuré jusqu'à l'estrade, le dos bien droit, en regardant

---

1. « Aucun enfant laissé pour compte ».

devant moi, mes médailles cliquetant sur la poitrine, presque comme si je défilais... Je faisais mettre des fers à mes semelles pour les faire claquer à chaque pas. Quand j'ai atteint l'estrade, j'ai fait une pause de trois secondes, j'ai regardé chaque élève dans les yeux l'un après l'autre, puis j'ai scruté l'horizon avant de dire au professeur : « Je vous remercie de me permettre de donner ce cours d'interprétation de l'*ASVAB*. »

J'ai enchaîné : « Qui a vu *Rambo* ? »

Quelques mains se sont levées.

« Eh bien, Rambo, C'EST MOI. » Je le disais avec beaucoup d'assurance, mais en faisant une tête de cinglé.

Certains des élèves ricanaient. C'était le moment de manifester mon pouvoir. Ce jour-là, j'ai choisi un maigrichon aux cheveux châtain, assis sur ma gauche, au deuxième rang, et je me suis approché de lui. Tank m'a emboîté le pas et il s'est assis en le regardant d'un air menaçant. Tank et moi, on était toujours synchro. Je planais à environ 60 centimètres du gosse, je me suis penché. Un silence complet régnait dans la classe, on entendait le cliquetis de mes médailles.

« Je suis là pour vous amuser, si je comprends bien ? Vous me prenez pour un clown ? » J'ai parlé d'une voix glaciale, en pressant le pouce contre l'index comme je l'avais vu faire par nos instructeurs au camp d'entraînement.

Le maigrichon, terrorisé, est devenu rouge tomate. Il a balbutié : « Non, Monsieur. »

Les autres élèves se sont mis à rire, en disant : « Eh, tu t'es bien fait casser ! » Triomphant, j'ai pensé : « Ouais, enfoiré, tu viens de te soumettre. Je te tiens. »

Le professeur, une femme brune, très mince, cheveux courts et bouclés et habillée très strict, avait l'air de beaucoup s'amuser.

C'est alors que j'ai commencé mon cours : « Je suis le sergent-chef Massey. Je suis né à Fletcher, en Caroline du Nord. J'ai reçu mon brevet validant mon séjour au camp d'entraînement en 1992 et depuis, je suis dans les Marines. J'ignore ce que vous avez pu entendre à propos des recruteurs de Marines, mais je peux vous dire que personnellement, je me fous de savoir si vous allez signer ou non. » J'ai fait une pause et j'ai gratifié chaque gamin d'un regard autoritaire. J'avais capté leur attention.

« Dehors, c'est un monde sans pitié qui vous attend. Quand vous quitterez cette institution, vous serez seul et vous ne réussirez dans la vie qu'en développant des qualités exceptionnelles. »

J'ai fait une autre pause de quelques secondes.

« Moi, je sais que je vais réussir, parce que j'ai déjà fait mes preuves, mais je ne suis pas ici pour parler de moi. Je suis venu vous aider. Voilà comment on peut voir les choses : on bâtit les fondations d'une maison avec des qualités exceptionnelles telles que l'autodiscipline, l'autodétermination, le courage, l'assurance, l'honneur, la fidélité et la ferveur. Lesquels d'entre vous connaissent-ils la signification de *fidélité* ? »

Un des élèves a répondu : « La fidélité envers quelqu'un. La loyauté. »

J'ai enchaîné : « Voilà. Il a commencé à bâtir les fondations de sa maison. De quelles qualités exceptionnelles, parmi celles dont j'ai parlé, pensez-vous avoir besoin ? »

Un autre gamin a répondu : « La confiance en soi.
– Le corps des Marines peut vous donner confiance
en vous. Quand vous prendrez votre retraite, vous vou-
drez vous installer dans un manoir, dans un trois pièces
ou dans une caravane ? Je peux vous garantir une chose,
c'est qu'en adhérant aux avantages exceptionnels qu'of-
frent les Marines, vous ferez de votre vie un manoir. »
J'ai encore fait une pause, regardé les élèves dans les
yeux.

« Mesdemoiselles, Messieurs, voilà ce que je suis venu
vous proposer : les fondations de votre vie. Que vous res-
tiez dans les Marines vingt ou vingt-quatre ans, les qualités exceptionnelles que vous pourrez acquérir le seront
pour la vie, et elles vous permettront de réussir. »

Les gamins me regardaient intensément, suivant des
yeux le moindre de mes déplacements dans la salle.

Ensuite, j'ai ajouté : « Je vous laisse ma carte, au cas
où certains d'entre vous voudraient en savoir plus sur
l'armée, et je sais que parler à un recruteur n'est pas censé
être cool. »

J'ai dit au revoir aux élèves et à leur professeur, et j'ai
quitté la salle.

Le lendemain, un des gamins m'a appelé. Travis Painter
avait 17 ans. Il était élevé par une mère célibataire, une
splendide et fière « Southern Belle [1] », qui avait perdu
son boulot quand l'usine où elle travaillait avait fermé.

---

1. « Belle du Sud » : expression typique des États du Sud des États-
Unis.

Chapitre 8

Choqué et effrayé [1]

Prenez sur vous, ou faites une croix sur votre carrière !

---

1. *Shocked and Awed* : le titre s'inspire de *Shock an Awe* (« choc et effroi »), doctrine militaire américaine qui a donné son nom à la campagne de bombardements lancée en Irak le 21 mars 2003.

Mon job m'avait remis sous pression. Mes résultats en chute libre en témoignaient. Théoriquement, je devais travailler les trois premières semaines de chaque mois et avoir une semaine de repos. En fait, chaque matin, je quittais la maison à 7 h 30 et je ne rentrais jamais avant 21 heures, je travaillais aussi les samedis et dimanches matin.

Je n'avais jamais le temps d'être en famille. Chaque jour, je devais d'abord remplir le rapport de contrats et d'entretiens, et préparer mon emploi du temps du lendemain. J'avais au moins trois entretiens par jour. Je faxais ensuite le tout au sous-officier responsable du recrutement et j'attendais son coup de fil avant de pouvoir quitter le bureau. En général, si j'avais obtenu un contrat, il me lâchait à 19 heures. Sinon, je devais rester au moins jusqu'à 21 heures.

Wendy était très malheureuse et souffrait toujours de dépression *post-partum*. Quant à moi, bientôt affecté de crises de panique, j'ai commencé à prendre des antidépresseurs.

En juin 2001, je me suis rendu à notre réunion
« Flingage [1] » mensuelle, où se retrouvaient tous les recruteurs de Caroline du Nord et du Sud. La réunion se tenait
au Ramada Hotel de Columbia, en Caroline du Sud. Elle
devait son nom au fait que ceux qui ne remplissaient pas
leurs quotas se faisaient « descendre » en public.

La réunion des recruteurs a duré jusqu'à 14 heures. Le
sergent Hooker, instructeur en recrutement, a expliqué
comment cibler les universités publiques et, pour humi-
lier les recruteurs qui n'étaient pas assez efficaces, il les
a nommés, un par un. Brusquement, un grand Afro-
Américain charismatique, à la peau foncée, s'est levé en
criant : « Tout ça n'est qu'un baratin de merde ! J'en ai
ma claque des mensonges, des tromperies et des humiliations ! », puis il est sorti. Hooker a crié à son tour :
« Venez ici, Marine ! » Le recruteur a répondu : « Pas question ! » L'incident m'avait perturbé, mais m'avait aidé à
comprendre que je n'étais pas le seul à vivre avec ce type
de sentiments. Du coup, je me suis senti plus fort.

Après l'éclat du recruteur, l'adjudant Dalhouse m'a
dit que le sergent-major Risvold voulait me parler. Je
savais déjà ce qu'il allait me dire. Le sergent-major était
dans les Marines depuis l'âge de 18 ans, et il aimait le
Corps comme lui-même. Avec son visage en lame de
couteau, son nez crochu et son allure de prédateur, il me
faisait penser à une buse. Je l'imaginais en train de dépiau-
ter les restes des cadavres des recruteurs, ce qui n'était
pas si loin de la vérité.

---

1. *Beat Down*. « Abattus, descendus ».

Il m'attendait à l'extérieur de l'hôtel en préfabriqué
et ciment blanc, mélange des années quatre-vingt et d'Art
déco. La chaleur était humide, la sueur me coulait dans
le dos. Le sergent-major faisait les cent pas, tête baissée.
« Comment allez-vous, sergent-major ? » lui ai-je
demandé, aimable.

Il m'a souri avant de regarder l'adjudant Dalhouse :
« Adjudant, je n'ai pas besoin de vous. C'est au chef que
je veux parler. »

Dalhouse a dit : « Très bien, sergent-major », et s'est
rapidement éloigné.

« Alors, sergent-chef, quel est le problème ? », m'a
demandé le sergent-major d'un ton sec mais avec un
regard plutôt bienveillant.

J'ai décidé de lui dire la vérité au sujet de Wendy.

« Eh bien, ma femme traverse une période difficile.
On a diagnostiqué une dépression *post-partum,* elle prend
des antidépresseurs. Le docteur a dit qu'elle irait sûrement mieux si j'avais des horaires plus stables. Il a même
dit qu'il vaudrait mieux que je ne sois plus recruteur. »

Il m'a regardé quelques instants avant de me répondre.

« Je comprends la situation et vous avez toute ma sympathie. Mais si je vous arrange le coup, je devrais le faire
aussi pour vingt autres recruteurs. »

Un peu pris de court, je n'étais pas sûr de la réponse
à lui donner. Il avait peut-être mal compris ?

« Eh bien, je ne cherche pas à laisser tomber le recrutement. Je voudrais simplement m'occuper de ma famille.
Je souhaite continuer et être productif mais en ce
moment, c'est très difficile. Je me suis dit que ce serait
peut-être une bonne idée de me faire muter au MEPS. »

Le sergent-major Risvold m'a regardé droit dans les yeux, son ton s'est endurci. Il perdait patience.

« Malheureusement, je n'ai pas de place disponible pour vous au MEPS. Voyez-vous, les Marines sont comme une grande moissonneuse-batteuse. Ils vous avalent et vous recrachent quand ils en ont terminé avec vous. Si vous n'arrivez pas à arranger tout ça, vous ne devriez peut-être pas vous réengager. »

J'étais choqué, sans voix.

« Vous avez autre chose à me demander ?

– Non, sergent-major. Vous m'avez donné à peu près toutes les réponses à mes questions.

– Si vous avez d'autres problèmes, je suis certain que l'adjudant Dalhouse sera ravi de vous aider. Bon, je dois retourner travailler. Rentrez à Asheville et trouvez-moi trois nouveaux engagements pour le mois prochain. »

J'avais l'impression qu'on m'avait arraché le cœur, qu'on m'avait sacrifié sur l'autel des Marines.

***

Une mauvaise situation économique facilite la conscription, puisque l'armée devient la seule alternative à la pauvreté pour les enfants défavorisés qui veulent échapper à leur condition sociale. Mais pour les recruteurs, mis sous pression pour atteindre leur quota de deux ou trois engagements par mois, il peut s'agir d'un piège ; car la pauvreté favorise souvent le développement de la criminalité et des problèmes de santé. Ainsi, accomplir sa mission peut obliger à frauder et ce de façon bien plus grave qu'en mentant simplement sur le mode de vie, les perspectives professionnelles ou la possibilité de ne pas partir au combat.

Les recruteurs apprennent vite à traiter les questions sur l'usage de drogues ou sur la santé en conseillant aux jeunes de mentir. Au début de l'entretien, j'avais l'habitude de dire : « Le corps des Marines n'a aucun moyen de vérifier ce que vous avez fait. Vous certifiez vos déclarations vous-mêmes. »

Quand un gosse me disait avoir pris de l'ecstasy, voilà le genre de conversation que nous avions :

« Écoute, mon petit gars, tu es sûr que c'en était, de l'ecstasy ? C'était peut-être du Doliprane. »

En disant ça, je hochais la tête.

« Ouais, je suis pas sûr en fait.

– Donc, tu penses que c'était du Doliprane ? »

Toujours en hochant la tête.

« Ouais, c'était du Doliprane. »

Si le gamin était sous antidépresseurs, je ne parlais pas avec lui. Je lui disais :

« Tant que tu es sous antidépresseurs, tes chances d'entrer dans n'importe quel corps d'armée sont vraiment minces. » Et s'il me disait des choses que je n'avais pas besoin de savoir, je refilais le bébé aux recruteurs de l'Armée de Terre ou de la Marine. Eux m'en avaient refilé dix, voire quinze, et je leur devais bien ça. Les critères sont les mêmes dans les autres corps, mais entre-temps, le gamin avait appris à la fermer. Seule l'Armée de l'Air n'a pas besoin de ces magouilles, parce qu'il y a énormément de candidats.

Quand j'avais l'impression que le gamin avait pris de l'héroïne ou de la cocaïne, je ne voulais rien savoir. Ainsi,

ça restait son problème. Je disais : « Si vous avez pris des
drogues dures, vous n'entrerez pas chez les Marines. »
De cette façon, le gosse comprenait ce que je voulais dire
et évitait de me raconter ce genre d'épisodes.

Une fois, j'ai reçu un jeune qui avait déclaré qu'il avait
fumé de la cocaïne à cinq reprises. Dans le langage codé
typique des Marines, l'adjudant m'a dit : « Allez lui parler. Vérifiez combien de fois il en a pris. » Je savais que
ça signifiait : « Ramenez le tout à une seule fois. » Avoir
fumé une fois dans une fête, parce qu'on était saoul,
ce n'était pas trop grave. En revanche, si la recrue réci-
divait pendant sa première période de service et qu'elle
était piquée à un test de dépistage, un avocat pouvait
prouver que ses antécédents étaient connus.

* * *

Tim Cribbs a frappé à ma porte un matin d'octobre
2001. 23 ans, mince et brun, il avait un comportement
fébrile qui me rappelait le chanteur Dave Matthews.

« Qu'est-ce que je peux faire pour vous ?

– J'ai été réformé avec les honneurs il y a deux ans,
j'étai sergent des Marines, je veux me réengager », a-t-
il dit, assez nerveux, tout en me présentant des états
de service irréprochables.

J'ai regardé quelques secondes les documents, tout en
me disant que c'était trop beau pour être vrai.

« Vous avez eu un problème médical ?

– Non, rien.

– Des histoires de drogue ?

– Rien.

– Donc, si je vous envoyais tout de suite au MEPS faire un test d'urine, vous le passeriez sans souci ?

– Oui.

– Des problèmes avec la police, depuis que vous êtes sorti ?

– Ben, ouais. Quand j'ai quitté les Marines, je suis entré à l'université de Western Carolina, mais j'ai échoué à mes examens. J'ai pris un boulot de barman. Je faisais la fête, je buvais beaucoup. Bref, un soir j'ai été arrêté par les flics. Ils m'ont fait passer un alcootest. Je suis en conditionnelle sans contrôle judiciaire, mais je voudrais vraiment me réengager. » Il parlait très vite.

Je me disais qu'il n'y arriverait jamais, mais il s'est enhardi, de plus en plus confiant.

« J'ai pris un avocat, qui s'est arrangé avec le Procureur pour qu'on supprime ma conditionnelle.

– Ça va prendre combien de temps ?

– Mon avocat m'a dit un mois maximum. »

J'ai dû, sans doute, changer totalement d'expression. J'étais comme un épagneul qui venait de trouver un os. Tim s'était levé, il bougeait dans tous les sens. Je le trouvais un peu bizarre, mais j'ai mis ça sur le compte de sa personnalité.

« Apportez-moi un document de votre avocat, on vous enverra au MEPS. Vous êtes sûr qu'il y en a pour un mois ?

– Ouais, mon avocat en est sûr. »

Tim avait raison. Il venait au bureau deux ou trois fois par semaine pour bavarder. Bien évidemment, il était hors de question que j'aie quoi que ce soit à voir avec son avocat, que je n'ai jamais contacté.

Un jour, début novembre, Tim est arrivé, triomphant, avec le document qui mettait fin à sa conditionnelle. Je suis parti aussitôt au tribunal de Sylva pour une vérification auprès de la police du comté, mais je me suis arrêté en route pour acheter trois roses et une boîte de bonbons. Je me suis garé dans le parking du nouveau Palais de Justice vers 15 heures. C'était un grand jour et j'avais une super pêche, persuadé d'avoir décroché mon troisième contrat du mois.

Je suis entré dans le bureau du greffe, où travaillaient trois respectables dames ; en me voyant, elles se sont toutes joyeusement exclamées : « Le voilà ! C'est encore ce Marine ! Qu'est-ce que vous voulez maintenant ? Vous essayez de nous passer de la pommade ? »

« Vous savez, il faudrait que je change de mari. Le mien ne m'apporte jamais de fleurs », a dit la plus âgée, sur le ton de la plaisanterie.

J'ai demandé, d'un ton enjoué : « C'est une proposition ?

– Tout à fait », a-t-elle répondu en rougissant légèrement.

Elles se sont approchées du guichet et je leur ai tendu les cadeaux.

« Je n'ai pas besoin de sucreries, j'essaie de perdre du poids », a dit la petite brune au regard brillant.

« Mais non. Vous êtes jolie. »

Et elle, flattée : « Vous devriez changer de lunettes.

– Mesdames, tout ce que je suis venu vous demander aujourd'hui, c'est de vérifier un casier pour moi. Je suis peiné que vous parliez de moi en des termes si désobli-

geants. Moi qui avais tant d'affection pour vous toutes. »
J'avais pris un ton un peu grandiloquent.

Elles ont toutes répondu, en riant : « Ouais, bien sûr ! »
Leur étonnement était compréhensible. Ces dames
étaient habituées à me voir demander l'allégement ou le
retrait pur et simple d'inculpations, par exemple pour
possession de marijuana, ivresse sur la voie publique, vol
à l'étalage, détention de stupéfiants, excès de vitesse, cam-
briolage ou agression. Elles en parlaient au Procureur,
qui la plupart du temps acceptait de passer l'éponge si
le gamin s'engageait dans l'armée. Je n'avais que rarement besoin de me rendre moi-même chez le Procureur.
Le gamin ne pouvait se racheter une conduite qu'en s'enrôlant. Il était pris à l'hameçon et devenait pratiquement
la propriété des Marines. Sur les soixante-quatorze gars
que j'ai recrutés, environ quarante étaient en conditionnelle sans contrôle judiciaire, vingt inculpés pour
des délits mineurs. Dix autres contrats avaient des problèmes médicaux ou de drogue.

Quand j'ai remis le formulaire à la petite brune, elle
a regardé avec insistance mon annulaire sans alliance.
Elle a entré les informations dans l'ordinateur en me souriant, charmeuse.

Puis elle m'a dit : « À part nous, il doit bien y avoir
une jolie fille à qui vous offrez des fleurs.

– Non, vous êtes les seules. »

Au bout de quelques minutes, elle est revenue au guichet en jubilant. » Il est libre. Classement sans suite, pour
toutes les inculpations. »

J'étais aux anges.

J'ai pris congé avec un grand sourire : « Au revoir, Mesdames. Passez toutes un excellent après-midi. »

Tim est repassé à mon bureau le lendemain. Je l'ai conduit à Asheville et j'ai fini de remplir les formulaires, puis je l'ai mis dans la navette pour le MEPS de Charlotte, en lui recommandant de ne rien dire. Le lendemain matin, j'ai reçu un appel du sergent Hill : « Félicitations, satané lascar. Cribbs a réussi. »

J'ai répondu avec un soupir de soulagement : « Merci. Je ne pensais pas qu'il y parviendrait. »

Tim m'a rendu visite deux semaines plus tard. Il était complètement retourné. De toute évidence, quelque chose ne tournait vraiment pas rond.

« On dirait que tu vas pleurer. »

Il s'est assis sur le canapé et là, il a craqué.

« Je viens de rentrer de Floride. J'ai des problèmes familiaux.

— C'est si grave que ça ?

— Les problèmes familiaux et la dépendance à la coke en plus, ouais. Ça me fout en l'air de vous dire ça, sergent-chef, mais je suis accro à la coke. »

Je ne voulais rien entendre. Je me suis bouché les oreilles et j'ai haussé la voix pour couvrir la sienne.

« J'ai pas envie de t'entendre raconter ta vie. Pourquoi tu ne rentrerais pas chez toi, te reposer un peu ? »

Il a un peu hésité avant de se lever précipitamment.

« Ouais, c'est peut-être une bonne idée. »

Je me retrouvais en eaux troubles. Je redoutais que les Marines ne profitent de la situation pour exercer un chantage sur moi. Je me faisais déjà du souci pour une dizaine de gamins qui risquaient tous de se faire pincer, et je me suis assuré qu'il était bien conscient que c'était son problème. Un an après, j'ai entendu dire qu'on ne l'avait pas encore expédié au front. En temps de guerre, je trouvais ça particulièrement bizarre.

Chapitre 9

Fight Club

Allez vous engager dans l'Armée de l'Air !

En octobre 2001, on nous a demandé un compte rendu écrit sur notre mode de vie. Wendy en avait plus que marre de mes horaires. Elle a écrit la lettre suivante à l'Officier de Commandement.

À l'Officier de Commandement du 6e District Marine, Major Bakley G. C.
Sergent-major Risvold L. B.
De Wendy Massey, épouse de Marine

Je ne sais pas vraiment où commencer, mais je ferai de mon mieux pour essayer d'exposer mon point de vue sans trop insister sur les aspects négatifs, ce qui risque d'être extrêmement difficile, vue la situation dans laquelle nous avons été mis, mon époux et moi-même, mais j'espère sincèrement que cette lettre permettra d'apporter des changements positifs dans la façon dont le corps des Marines traite les problèmes familiaux, et que certaines choses finiront par être corrigées.

Mon mari et moi avons rejoint le service de recrutement en octobre 1999. Mon mari était vraiment enthousiasmé à l'idée de faire ce travail. Il pensait pouvoir apporter des changements positifs dans le Corps, et construire un avenir plus sûr pour sa famille. Mon mari s'était porté volontaire pour devenir recruteur. Le fait d'avoir été sélectionné pour ce poste ne l'a jamais incité à manifester une quelconque indifférence envers le Corps, pas plus qu'il n'a essayé de se dégager de ses obligations, comme je l'avais déjà vu faire par un grand nombre de Marines toutes ces dernières années. Au commencement, j'appréhendais les conséquences que ce nouveau poste aurait pu impliquer, à cause de tous les commentaires négatifs que j'avais entendus de la bouche d'épouses de recruteurs. Mais mon mari, qui m'aime et me soutient, m'a toujours assuré qu'il avait fait un bon choix de carrière, et que ce choix finirait par être payant. Ceci dit, entrons dans le vif du sujet.

Mon initiation au rôle d'épouse de recruteur a débuté au Bal du Corps, en novembre 1999. Mon mari et moi étions sans le sou, à cause des dépenses que nous avions dû engager pour nous installer dans l'Ouest de la Caroline du Nord. Nous avions en effet été contraints d'avancer des sommes importantes pour le loyer, l'électricité, le gaz etc., et d'assurer les besoins fondamentaux tels que la nourriture. Mon mari, mon fils et moi, enceinte à l'époque, nous sommes vus dans l'obligation de séjourner dans un motel minable dont la seule vue nous fait encore grincer les dents chaque fois que nous passons devant en voiture. Tant bien que mal, nous avons réussi à réunir les 300 dollars exigés pour l'admission au bal, entre autres grâce à l'aide de ma famille, et nous étions impatients de partager ce moment de fête avec nos Marines et leurs épouses. Mais, au lieu de m'amuser, j'ai dû assister au spectacle affligeant proposé par un Marine haut gradé qui, non content de se ridiculiser pendant qu'il absorbait un repas exclusivement « liquide », s'est permis de faire un commentaire grossier quand je l'ai approché pour essayer de le calmer, simplement parce que mon jeune fils assistait au repas et que l'extrême vulgarité dont l'officier en question faisait preuve me semblait tout à fait inappropriée en société. Il a continué comme si de rien n'était. Il s'est tout de même un peu racheté en essayant, le lendemain matin, de discuter avec mon fils, dont je lui ai aussitôt demandé de s'éloigner. Suite à cet incident, j'ai demandé à mon mari de faire quelque chose, mais il m'a fait savoir que son avenir de recruteur était entre les mains de cet homme et m'a recommandé de ne pas faire de vagues. Je croyais que les Marines étaient tous de parfaits gentlemen. Je n'oublierai jamais cet incident, mais je n'attends pas d'excuse d'un gradé qui n'a rien d'un gentleman. Passons au sujet suivant.

Je souffre aussi beaucoup des horaires que vous imposez à mon mari. Il n'est pas juste que la famille passe au second plan à cause du service de recrutement. Mon mari a l'habitude de me dire qu'en temps de paix, c'est l'activité la plus proche du combat. Je ne suis pas d'accord. Ce n'est pas le combat. C'est un emploi. Son travail consiste à faire entrer des jeunes gens et des jeunes filles dans une organisation. Une organisation qui met la barre si haut qu'en fin de compte, personne n'est admissible, mais mon mari s'évertue à m'exposer cette théorie du hublot, selon laquelle tout le monde doit pouvoir passer à travers le hublot. J'ai vu mon mari rentrer à la maison, puis retourner s'asseoir dehors parce qu'il a peur pour un gamin qui s'est cassé le bras mais essaie d'intégrer l'armée. J'ignore ce que vous ressentez en lisant ceci, mais s'inquiéter pour un garçon de 17 ans au lieu de s'inquiéter pour son propre fils, un nourrisson souffrant de crises d'asthme, ne me semble pas juste. Je n'essaie pas de suggérer que mon mari ne s'occupe pas de son fils, mais la pression qu'il subit est telle qu'elle est devenue impossible à supporter pour sa famille. Six jours sur sept, mon mari quitte la maison à 7 h 30, et il ne rentre jamais avant 21 heures. Le dimanche, au lieu de passer des moments privilégiés en famille, il s'occupe d'expédier les nouveaux engagés au camp d'entraînement. Il est également en déplacement une fois par mois, parfois pour des périodes allant jusqu'à quatre jours, pour essayer de trouver de nouveaux contrats, et il doit avancer tous ses frais. Tant que nous y sommes, parlons finances. La plupart des jeunes auxquels s'adresse mon mari sont censés vouloir s'engager à la seconde où on leur annonce le montant fabuleux de la solde qui les attend. Eh bien, laissez-moi vous dire que le peu d'argent de poche que vous accordez à mon mari pour appâter ces gosses ne suffit pas. Nous vivons dans une société très matérialiste. Ces jeunes s'attendent à ce qu'un employé du gouvernement vive dans une jolie maison pleine de gadgets, pas dans une caravane trois pièces. Nous habitons une zone touristique, où se trouvent beaucoup de riches retraités. Pouvez-vous attendre de mon mari des résultats époustouflants alors que vous lui donnez un salaire d'éboueur ? Je ne saurais vous dire comment résoudre ce problème. Je me contente de remercier le Ciel que mes parents aient de l'argent.

Maintenant abordons les avantages offerts par les Marines, notamment pour les soins médicaux. Je ne sais pas encore ce qui se passera pour la retraite, en tout cas j'aurai sûrement de quoi me payer une caravane. Comme je l'ai déjà dit, nous avons deux enfants. Le second est né depuis que mon mari est devenu recruteur. Pendant ma grossesse, j'ai eu toutes les peines du monde à trouver des services médicaux qui acceptaient Tricare. Si je téléphonais à cette grande mutuelle, ils me donnaient la liste des professionnels que je pouvais aller consulter. Dès que j'appelais ces médecins pour prendre un rendez-vous, j'apprenais qu'ils n'acceptaient plus Tricare, parce qu'ils remboursent moins bien que Medicare. J'étais en quelque sorte livré au bon vouloir de quiconque accepterait de s'occuper de moi. Je ne pouvais pas choisir mon médecin, et tant pis si celui qui m'avait reçue ne me convenait pas. Mais ce service est comme le combat, n'est-ce pas ? Parlons à présent des frais médicaux, des coups de téléphone reçus à n'importe quelle heure et des messages de harcèlement ; de ces gens qui réclament leur argent parce que Tricare n'a pas encore payé, des heures passées ensuite à attendre au téléphone, pour essayer de régler le problème et n'obtenir en fin de compte que deux sortes de réponse : ou le chèque est déjà parti au courrier, ou Tricare n'a pas encore reçu la facture d'un médecin que vous êtes allé consulter six mois plus tôt. Je n'ai pas trouvé de solution à ce problème. Si vous en avez, s'il vous plaît, faites-le-moi savoir, car je crois bien avoir épuisé toutes les possibilités que le système propose.

Enfin, cerise sur le gros gâteau que vous avez eu l'attention de préparer pour mon mari et moi, je voudrais vous informer, bien que ce soit avec une certaine réticence, du problème médical auquel je me vois confrontée en ce moment. Après la naissance de mon fils, j'étais déprimée, ce que les médecins ont trouvé tout à fait normal, à cause des transformations et du déséquilibre hormonal subis par le corps pendant une grossesse. Je ne les ai pas vraiment crus.

C'était ma seconde grossesse, et rien de tout cela ne m'était arrivé après la précédente. Je savais qu'il y avait autre chose et, de nouveau à la merci de Tricare, j'ai trouvé un médecin qui a diagnostiqué non pas une dépression post-partum, mais une dépression clinique, à laquelle il est possible de remédier à l'aide d'une thérapie et de médicaments. Mon mari a beaucoup souffert de mon état de santé, tout en essayant, désespérément, de continuer à assurer la mission extrêmement stressante que vous lui avez confiée. Les performances professionnelles de mon mari ont souffert de mon incapacité à gérer mon sentiment d'insécurité. Il ressent continuellement la colère que ses supérieurs éprouvent face à son manque de productivité, mais il tient le coup. J'admire sa loyauté et sa détermination. On lui a demandé de fournir les documents prouvant ma maladie, il l'a fait. On lui a ensuite annoncé qu'il serait très probablement démis de ses fonctions actuelles et mis à disposition d'une autre unité, pour que mon état de santé s'améliore et que je poursuive mon traitement. Tout d'abord réticent, mon mari s'est finalement décidé à accepter un changement de situation qui, il le savait, remettait en question ses chances d'être promu dans le futur. Après cela, les événements se sont enchaînés. Après avoir reçu un ordre de rapport, mon mari s'est vu signifier que cette situation risquait de marquer la fin de sa carrière dans le Corps, parce qu'il serait inapte au combat. Mon mari est dans l'Infanterie, il avait été stipulé qu'il ne pourrait plus être déployé avec son unité, il n'était plus un atout pour le corps des Marines, mais un facteur de risque. Le commandement n'a pas su comprendre que le facteur principal de ma dépression était le mal du pays. Je ne suis pas né dans un sac de marin, c'est certain, mais cela

n'empêche pas les gens de se marier, ni d'avoir des problèmes.
Voilà pourquoi j'ai ce sentiment d'insécurité. Je n'ai aucune
famille dans cette région des États-Unis, et ma maman
est décédée très récemment, ce qui a fait empirer mon mal
du pays. Cela fait six ans que nous ne sommes pas retournés
dans ma région, la Californie, et j'ai appris il y a peu de
temps que mes grands-parents ont eux aussi des soucis. Le
commandement nous a conseillé de prendre sur nous, ou de
faire une croix sur notre carrière, et d'aller plutôt décrocher
un contrat. Ce n'est pas pour que vous vous apitoyiez sur
mon compte que je vous écris, mais plutôt pour que le corps
des Marines s'aperçoive de ce qu'ils font endurer aux Marines
et à leurs familles dans ce service. Cela me gêne de dire que
j'appartiens à cette grande organisation après tous les sacri-
fices que ma famille a dû faire. Tous les jours, je me demande
comment mon mari réussit à parler à ces jeunes des glorieux
avantages que vous leur proposez. Ça fait longtemps que je
réfléchis sérieusement à tout cela, j'ai fini par comprendre
que mon mari fait tout ce qu'il fait parce qu'il aime sa
famille, s'accrochant à la moindre petite preuve qu'il reste
encore du bon au sein de son cher Corps.

Sincèrement,
Wendy Massey

Après ça, tous les recruteurs m'ont fait des commentaires du genre : « Dis donc, tu pourrais pas la contrôler,
ta foutue bonne femme ? » La lettre n'est de toute façon
jamais arrivée au commandement parce que, quand je
l'ai donnée au sergent, il m'a interdit de la remettre.
En plus, comme Wendy n'allait jamais faire du shopping
ou boire le thé avec les autres épouses de Marines, la

communauté des Marines la regardait de haut. Les choses sont bientôt devenues trop difficiles pour elle et, neuf mois après avoir écrit cette lettre, Wendy est retournée en Californie avec Hunter. J'étais atterré, j'ai continué à prendre des antidépresseurs.

* * *

Un après-midi de janvier 2002, alors que j'étais en train de passer une sale journée, un garçon brun, Danny Thompson, 23 ans, un peu frimeur, est entré comme une bombe dans mon bureau. Tank dormait profondément, il a donc sursauté et s'est mis à aboyer.

« Bon, je suis déjà allé voir l'Armée de l'Air, ce sera ou eux ou vous. Qu'est-ce que vous proposez ? », m'a-t-il demandé avec fougue. J'étais fumasse, je me demandais : « Mais c'est qui, ce connard ? » J'ai décidé de lui faire goûter le choc culturel bien avant qu'il n'atteigne Parris Island.

« La souffrance, le manque de sommeil, la torture psychologique et des muscles douloureux à en vomir vos tripes. » Puis j'ai ajouté : « J'aime pas soigner l'emballage. »

Il m'a regardé, l'air surpris. Sûr de mon avantage, j'ai continué :

« Vous venez de me parler de l'Armée de l'Air. Ici, c'est la section des hommes. Ce que les gonfleurs d'hélice peuvent vous offrir de plus, c'est une carrière médicale. Vous voulez être infirmier, médecin ou dentiste ? Parce que, voyez-vous, les Marines sont le seul Corps qui ne possède pas de Département de santé. C'est la Marine qui prend soin de nous.

– Je ne veux pas faire de carrière médicale.

– Je vais vous enseigner à tuer. Vous êtes prêt à devenir un guerrier ? Je ne vais pas rester assis dans ce fauteuil et vous faire du rentre-dedans pour vous faire apprécier le corps des Marines. Notre boulot, c'est de vous entraîner pour que vous défendiez les intérêts des États-Unis, que vous deveniez un guerrier, quel que soit l'ennemi, intérieur ou extérieur. Si vous ne vous croyez pas capable d'entrer dans ce genre d'organisation, vous vous êtes trompé de porte, mon ami. Allez vous engager dans l'Armée de l'Air », ai-je terminé en élevant la voix.

L'air dégoûté, il a dit : « Je crois bien que je vais aller dans l'Armée de l'Air. »

Je me suis levé et je l'ai suivi jusqu'au vestibule. Quand il est passé devant la porte du bureau de l'Armée de l'Air, j'ai crié : « Stop ! » Il s'est retourné et m'a regardé, comme en état de choc. J'ai poussé la porte du sergent Lorenzo. « Cet enfoiré ne sera jamais Marine. Si vous en voulez, il est à vous. »

Quarante minutes plus tard, le sergent Lorenzo a frappé à ma porte : « Massey, ouvre ! »

J'avais fermé les volets et remis mes vêtements civils, je regardais *Fight Club*.

Le sergent Lorenzo est entré.

« Merci pour le contrat, mon vieux. J'arrive pas à croire que tu lui aies dit tout ça.

– J'en ai tellement ma claque de ce boulot… J'ai pas pu m'en empêcher ! »

Chapitre 10

Une proie facile

Tu vois, Maman, il gagne beaucoup d'argent

La plupart de mes contrats potentiels, comme Travis Painter, étaient élevés par des mères célibataires ; c'était mes préférés, parce que des proies extrêmement faciles. Plus d'une fois, les gamins m'ont dit que leur mère avait demandé si j'étais beau gosse et si j'étais marié. J'avais donc un avantage avec les mères célibataires.

Lorsque j'ai rencontré Dustin Smith en avril 2002, sa mère ne faisait pas exception à la règle. Elle habitait une vieille maison de trois pièces datant des années cinquante, clôturée de grillage. La maison était assez mal tenue. La peinture était ancienne, le jardin à l'abandon, et les pit-bulls chéris de Dustin s'étaient chargés de laminer la pelouse.

J'ai frappé trois coups à la porte avec le sentiment de me préparer à une bagarre. J'avais mis mon costume de superman et laissé Tank dans ma voiture civile, une Mustang, en espérant que le gamin serait en train de regarder par la fenêtre et qu'il dirait à sa mère : « Tu vois, Maman, il gagne beaucoup d'argent. » J'étais préparé à affronter n'importe quel débat. Une femme très mince, la quarantaine, les yeux très cernés, cheveux bruns frisés, m'a ouvert. Je me suis présenté : « Bonjour, sergent-

chef Jimmy Massey. » Elle m'a invité à entrer dans un
salon décoré comme dans les années quatre-vingt. Un
mobilier rustique, simple et banal, dans des tons de marron et orange. Elle m'a offert un thé, je me suis assis sur
une vieille chaise longue en face de Dustin et d'elle.
Pendant qu'elle allumait une cigarette d'un geste rapide,
j'ai remarqué son chemisier violet délavé et des signes
prématurés de vieillesse sur sa peau sèche. Dustin était
assez concentré. À 19 ans, il était grand, mince et musclé. Je devais à Tank la grosse part de la fascination que
je pouvais exercer sur lui.

Sa mère a été charmante avec moi ; je voyais qu'elle
m'aimait bien, mais je m'étais promis de ne jamais coucher ni avec une postulante, ni avec la mère d'un postulant, parce que le corps des Marines m'était trop cher
pour que je le ternisse avec un scandale. De toute façon,
elle ne m'attirait pas le moins du monde.

« Je tiens à vous féliciter pour la façon dont vous avez
élevé votre fils. C'est un jeune homme formidable, il a
une bonne attitude. »

Elle a souri en jetant un coup d'œil vers Dustin, qui
a baissé les yeux.

« Je suis venu parce que je voudrais que vous lui don-
niez votre bénédiction avant qu'il n'entre chez les
Marines. Il veut vraiment s'engager, mon sentiment est
que les parents devraient donner leur bénédiction à leurs
enfants ; et Dustin va avoir besoin de tout votre soutien,
surtout pendant qu'il sera au camp d'entraînement. »

Elle a fait un signe de tête affirmatif.

Je lui ai demandé : « Y a-t-il quoi que ce soit dont vous
voudriez me parler ? »

Après quelques secondes d'hésitation, elle a dit : « Eh bien, je suis inquiète à l'idée qu'il parte se battre.

– Vous savez, entre les technologies dont nous disposons aujourd'hui et la façon dont se déroulent les combats, tout va assez vite. Regardez l'opération *Tempête du Désert*. Notre technologie est tellement évoluée que nous pouvons frapper en quarante-huit heures, partout dans le monde. La mission des Marines, c'est de répliquer rapidement et n'importe où. Votre fils a choisi d'intégrer les armes combattantes. Ça ne pose aucun problème. J'étais dans les armes combattantes, moi aussi. Ça ne m'inquiète pas. Regardez ce que nous avons fait en Afghanistan. Les choses se présentent très bien. »

Elle a timidement hoché la tête. J'ai poursuivi : « Vous comprenez combien nous avons pu progresser, grâce à la technologie ? Nous n'avons plus à craindre de combats prolongés.

– Oui, je crois bien comprendre ce dont vous parlez, a-t-elle répondu doucement.

– Je sais ce que vous ressentez. Ma maman était seule, elle aussi, et je suis son fils unique. La liberté a un prix, et nous devons protéger notre mode de vie. Ils sont venus ici, ils ont attaqué l'Amérique. »

Ensuite, j'ai sorti la carte patriotique : « Vous savez, il essaie simplement de faire quelque chose pour son pays. Il veut le faire de tout son cœur. Le corps des Marines ne va pas se contenter de lui donner confiance en lui, autodiscipline et autodétermination, nous allons aussi payer ses études supérieures. Vous avez 30 000 dollars, là, tout de suite ? Est-ce que vous pouvez me faire un chèque de 30 000 dollars, maintenant ?

– Eh bien, sergent, pour être honnête, je n'ai pas une telle somme, loin de là, a-t-elle répondu.

– Je le sais. Vous êtes comme la plupart des Américains. Les temps sont durs. C'est une chance pour Dustin, une chance d'exceller, d'aller à l'université et de vous rendre fière. C'est bien ce que vous voulez ? Vous voulez être fière de lui, n'est-ce pas ? Parce que moi aussi, je veux que vous soyez fière de lui. Quand il signera pour rejoindre les Marines, je serai fier. Vous êtes un peu comme ma famille. »

En jetant un coup d'œil à ma montre, je me suis rendu compte que je parlais depuis plus d'une heure. Ce genre de rendez-vous ne doit pas durer plus d'une heure et demie ; je savais que cette affaire-là serait facile à boucler.

« Écoutez, je ne vous demande pas de prendre votre décision maintenant. Je sais que vous devez parler avec votre fils et je respecte ce besoin. Je dois partir, j'ai un rendez-vous dans une heure. Je voudrais que vous m'appeliez demain, à 18 heures, pour me dire ce que vous avez décidé. »

Elle m'a suivi jusqu'à la porte : « Merci beaucoup. Nous vous contacterons. » Je souriais, triomphant, tout en pensant : « Je vais l'avoir, cet enfoiré. »

J'ai reçu mon coup de fil le lendemain, à 18 heures précises.

« Bonjour, sergent-Chef, c'est Dustin.

– Salut, terreur, quelles nouvelles ? Comment va ta maman ?

– Elle est au travail. Elle a dit qu'elle avait beaucoup apprécié l'entretien.

– Alors, tu es prêt à nous rejoindre ? »
Silence. J'ai eu l'impression que mon cœur s'arrêtait.
J'entendais le tic-tac de l'horloge, sur le mur.
« Ouais, bon dieu. Je suis prêt. »
Je pouvais à nouveau respirer.

* * *

Je continuais à prendre des antidépresseurs, mais mon
état de santé s'est encore aggravé après ma tentative de
recruter Bill Rogers. Je le connaissais depuis trois ans,
à l'époque il venait d'entrer au lycée. Il est venu me voir
pour m'annoncer qu'il comptait s'engager après avoir
obtenu son diplôme de fin d'études. À 19 ans, Bill était
un gamin à l'air innocent avec un vrai problème de sur-
poids, on aurait dit un gros bébé. Issu d'un foyer brisé,
sans la moindre perspective de poursuivre ses études, il
vivait surtout dans la rue et sa seule ambition était d'entrer dans les Marines. J'étais pessimiste, mais je me suis
mis à courir avec lui tous les jours pour l'aider à maigrir.
En un mois, il avait perdu un peu plus de 7 kilos et n'en
pesait plus que 100. C'était encore trop par rapport à sa
taille : à peine 1,68 mètre.

Un jour, en mars 2002, il s'est retrouvé dans mon
bureau à écrire une lettre dans laquelle il expliquait pourquoi il voulait s'engager. Pendant ce temps, je remplis-
sais les formulaires de demande de dispense. Malgré un
score de 58 au test *ASVAB* – soit plus de 1 200 au *SAT*
– il n'avait pas le profil recherché par le Corps et j'étais
plutôt pessimiste. Dès qu'il a fini, je suis allé dans la petite
salle de télé et de photocopie, où les candidats passent

le test *ASVAB*. J'ai lu sa lettre avant de la faxer au bureau de recrutement d'Asheville.

Pourquoi je veux être Marine

Cher Monsieur,
Bonjour, je m'appelle Bill Wendel Rogers. On m'a dit de m'adresser à vous pour poser ma candidature à l'entrée chez les Marines. Je veux être Marine parce que, honnêtement, je n'ai AUCUN avenir. Si je dis ça, c'est parce que c'est vrai. Je suis ce qu'on pourrait appeler un accident scolaire. Quand je suis né, ma mère était encore au lycée, et je ne sais toujours pas qui est mon père. Je viens d'une famille très pauvre et qui a beaucoup de problèmes. Je n'ai pas pu payer ma dernière année de lycée. Ça va tellement mal que je n'ai pas de voiture, même pas une vieille bagnole d'occasion. Tout ça à cause du manque d'argent et de soutien. Si je deviens Marine, j'aurai un avenir et un foyer mais, surtout, un but. Je n'ai jamais fait grand-chose pour mon pays, mais maintenant je suis prêt et disposé à servir, honorer, défendre ce pays et même à MOURIR pour lui, pour le drapeau et la constitution des États-Unis. Tout ce que je vous demande, c'est de me donner ma chance, s'il vous plaît. C'est ma dernière chance, il ne me reste rien d'autre. Je ne vous dis pas cela pour que vous ayez pitié de moi. J'ai toujours eu la vie dure, cette dispense est le seul espoir qu'il me reste. Quelle que soit votre décision, MERCI d'examiner mon dossier et si vous m'accordez une dispense, JE NE DÉCEVRAI PERSONNE ! SEMPER FI.

Bill W. Rogers

Dès que j'ai commencé à lire la lettre, j'ai été envahi par un sentiment de grande tristesse et de désespoir, je savais que jamais Bill ne réussirait à intégrer le Corps. Il n'était pas fait pour ça. Il était gros, faible et défaitiste. Puis, brusquement, j'ai eu l'impression que mon cœur allait exploser, j'ai ressenti un énorme vertige et ma tête s'est mise à tourner. J'ai trébuché en arrière, poussé une chaise et attrapé la corbeille à papiers pour vomir. Je me suis agenouillé au-dessus de la corbeille, mais rien ne sortait. J'avais peur que Bill ne m'entende. Le tout a duré à peu près trente secondes, mais m'a semblé une éternité. Je me suis relevé, j'ai traversé mon bureau en courant pour aller aux toilettes en disant : « Je reviens tout de suite, il faut que j'aille pisser. »

Le gamin n'a pas eu le temps de répondre. J'étais déjà dans le couloir, et je suis rentré dans le putain de distributeur d'eau qui était à côté de la porte des toilettes. Une fois dans les toilettes, je me suis aspergé le visage avec de l'eau, j'ai rabattu le couvercle de la lunette et je me suis assis là, tremblant, pendant quelques minutes. Je n'arrêtais pas de me dire : « Il faut te ressaisir. »

Quand je suis revenu, Bill, l'air inquiet, m'a demandé : « Vous êtes vraiment pâle. Ça va ?

– Ouais, j'ai mangé mexicain à midi, mais c'était pas bon. »

Bill a hoché la tête avec compassion.

Tout en me levant pour le raccompagner jusqu'à la porte, je lui ai dit péniblement : « Bon, maintenant il ne nous reste plus qu'à attendre. Je suis en retard pour un rendez-vous. Je t'appelle aussitôt que j'ai des nouvelles. »

Dès qu'il est parti, j'ai verrouillé la porte et fermé les volets, puis je me suis écroulé sur le canapé.

Chapitre 11

Votre meilleur ami, votre pire ennemi [1]

Je vais te niquer

---

1. Slogan récemment adopté par les Marines. NdA.

Une semaine plus tard, j'étais de plus en plus déprimé et je suis allé dans un centre de thérapie familiale à Swanaano, à la périphérie d'Asheville, où j'étais déjà venu chercher des antidépresseurs.

Paula Arriaga, infirmière praticienne, était habilitée à rédiger des ordonnances et s'intéressait aux médecines douces ; son visage bienveillant m'évoquait un chat siamois. Le mobilier professionnel conférait au bureau un aspect clinique, mais la musique celtique diffusée dans la salle d'attente avait un effet apaisant. En me voyant, Paula a pris un ton enjoué : « Comment ça va, sergent-chef ? Comment vous sentez-vous ? »

J'ai eu quelques secondes d'hésitation avant de tout lâcher.

« Je suis très malheureux, mon boulot de recruteur me contraint à faire des choses qui vont à l'encontre de toute éthique. Je vis un enfer, j'ai des attaques de panique. » Puis je lui ai raconté l'histoire de Bill Rodgers.

Elle m'a demandé, doucement : « Il vous arrive de penser au suicide ? »

À contrecœur, j'ai acquiescé.

« Vous avez déjà passé des bons moments chez les Marines ?

– Oh, oui », ai-je répondu avec un sourire forcé.

« Votre mission touche presque à sa fin. Cette pensée doit vous réconforter. Quand vous aurez terminé, vous pourrez avoir de nouvelles perspectives. C'est simplement votre travail. »

J'ai hoché la tête.

« Je vais vous prescrire du Ziprexa, on dirait que votre dépression résiste aux antidépresseurs. »

J'ai de nouveau hoché la tête, en silence.

« Êtes-vous sexuellement actif ? », m'a-t-elle demandé tout en rédigeant l'ordonnance.

« Non. Je n'arrive même pas à avoir d'érection. De toute façon, ma femme est à 5 000 kilomètres d'ici et ça n'a pas vraiment d'importance. »

J'avais répondu en pensant à l'humiliation de mon dernier voyage en Californie, un mois auparavant. J'étais allé essayer d'arranger les choses avec Wendy. Elle avait voulu avoir des rapports intimes, mais même en prenant la pilule magique, je n'étais arrivé à rien. J'étais reparti au trente-sixième dessous.

J'étais très gêné de présenter ces ordonnances à la pharmacie. Depuis avril 2001, c'était toujours la même fille qui servait mes prescriptions d'antihistaminiques mais, là, je l'observais attentivement pour déceler si son expression trahissait le moindre signe de pitié. Jackie – son nom figurait sur son badge – se comportait tout à fait normalement, toujours aimable, professionnelle. Après quelque temps, j'ai eu l'impression d'être devenu un client spécial. L'air rêveur, elle me demandait par exemple quels endroits j'avais déjà visités. Je me suis rendu compte qu'une personnalité vive et un sourire constamment accroché à ses lèvres faisaient d'elle une interlocutrice facile à approcher. Elle n'avait que 20 ans, mais nous sommes vite devenus très bons amis.

Un jour, à la fin mai 2002, je l'ai emmenée chez Lulu, un restaurant de Sylva qui sert quantité de produits bios locaux. Je l'ai retrouvée à Sylva, elle était vraiment belle... Aucun maquillage, cheveux lâchés, elle portait une robe multicolore et des sandales. J'avais mis une chemise à carreaux bleu et blanc, un jean, des *santiags* et un chapeau de cow-boy en paille. J'aimais bien l'atmosphère toscane... les vieilles photos de villas italiennes, les bouteilles de vin italien.

Nous avons parlé de tout et de rien... De nos boulots, de nos rêves et de nos buts, de la famille, de nos anciennes relations de couple, de nos goûts, nous avons même parlé sport. On avait bien plus en commun que je l'aurais imaginé. Quand elle m'a dit qu'elle voulait aller à l'université en Pennsylvanie, j'ai été soulagé, ça voulait dire qu'elle ne cherchait pas à avoir de relation durable. Je lui ai dit que je comptais rentrer à Twentynine Palms au mois d'octobre prochain, et l'atmosphère s'est détendue, on savait tous les deux qu'on n'aurait pas besoin de s'engager.

Quand je lui ai demandé pourquoi elle s'était intéressée à moi, elle m'a timidement répondu : « Je voulais savoir quel genre de personne tu étais. » J'étais très surpris. Ça faisait longtemps que je n'avais pas fréquenté quelqu'un qui voulait simplement me connaître. J'ai répondu sur un ton hésitant : « Les Marines sont très solitaires. Je n'ai pas souvent l'occasion d'exprimer mes sentiments. »

Jackie m'a pris de court un jour où nous étions partis faire un pique-nique dans le parc national des Cataloochee Mountains. Dans cet environnement naturel, près d'une cascade, elle m'a regardé et elle m'a dit : « Jimmy, ne le prends pas mal, pourquoi es-tu si amer et en colère quelquefois ? Tu ne voudrais pas que la vie te donne plus, par exemple de l'amour, du bonheur ? »

Ses mots m'ont frappé de plein fouet. Je lui ai expliqué comment le corps des Marines avait contribué en grande part à l'échec de mon mariage, et qu'à cause de ça ma femme m'avait quitté. Je lui expliqué que je ne voyais presque jamais mes deux enfants, même à l'époque où je vivais avec eux. J'avais l'impression d'être la propriété du Corps. Elle ne disait pas grand-chose, mais elle avait l'art d'écouter. Ça m'embêtait de lui dire tout ça d'un coup mais, mon Dieu, quel soulagement ! J'étais très à l'aise en sa compagnie, elle comprenait tout et exprimait ses sentiments de façon claire et concise. Elle était très sensible, avait beaucoup d'intuition, d'humanité. Je me disais tout le temps : « Cette fille est vraiment intelligente ! Elle ne se contente pas d'être d'accord avec moi. »

Parfois, mon problème d'impuissance m'attristait beaucoup mais on a passé beaucoup de temps ensemble : à fêter la vie, à faire des excursions dans les Smoky

Mountains, dans la fraîcheur du petit matin ou du soir ; on riait, on profitait de l'infinie richesse de la nature. Je l'appelais ma « Southern Belle » et elle, « Cow-boy ». Un jour, par une belle journée ensoleillée, nous sommes sortis main dans la main de la Chapelle Palmer, un monument du XIXe siècle où elle rêvait de se marier depuis qu'elle était petite ; j'étais bouleversé par la vue, magnifique, la beauté des champs qui s'étendaient à l'infini, les pins immenses et luxuriants. Au bord des larmes, je lui ai dit : « C'est toi, le plus beau paysage du monde, tu es mon coucher de soleil dans le désert, mes montagnes aux neiges éternelles, mon île sous les Tropiques, ma jungle luxuriante. » Elle m'a regardé, surprise, et m'a répondu avec un doux sourire tandis que ses yeux passaient du gris au bleu, comme à chaque fois qu'elle change d'humeur.

Je suis tombé amoureux d'elle, petit à petit, et une nuit, alors que nous étions dans la maison de ses grands-parents en train d'admirer les étoiles qui brillaient dans le ciel, tout en buvant un verre de vin et en mangeant des fraises délicieuses, je lui ai dit : « Tu es la raison pour laquelle Dieu a créé la Caroline du Nord. » Je lui ai fait l'amour cette nuit-là, à 4 heures du matin, après avoir pris du Viagra, et j'étais l'homme le plus heureux du monde.

***

La réunion mensuelle des recruteurs de mai 2002 se tenait au centre de commandement du recrutement de Columbia, Caroline du Sud. On avait dû se lever à

4 heures du matin pour que l'adjudant Hill, un *redneck*
surnommé « Hillbilly [1] » et qui appelait les Noirs
« négros », ait le temps de lire les rapports de notre équipe
et qu'on puisse quand même arriver à l'heure. Le bureau
était agréablement meublé et bien équipé : des casques
de téléphone sans fil et un standard téléphonique relié
directement à toutes les sections de recrutement. L'officier
de commandement, le Major [2] Grand Bakley, un blaireau pompeux avec autant de personnalité qu'une poignée de porte, nous a dirigés vers une salle de réunion
qui ressemblait à une salle de conseil d'administration.
On s'est assis autour d'une table en longueur. On avait
apporté nos dossiers qui contenaient tous nos rapports
de janvier à décembre et toutes les informations concernant les postulants.

Le sergent-major Risvold est entré et s'est assis en
bout de table : « adjudant Hill, attendez dehors. » Hill
est parti sur-le-champ. Je me demande encore aujour-
d'hui si le sergent-major Risvold avait préparé un scénario « gentil flic, méchant flic » dans le but de diviser
pour mieux régner, ou s'il avait renvoyé Hill pour que
nous puissions plus librement parler de lui. Le sergent-
major Risvold n'avait pas de temps à perdre : « Vous
vous êtes tous ramassés. Vos résultats sont mauvais. »
Ses remarques furent accueillies par un silence gêné. Il
a demandé à chacun quel était le problème, tout le
monde répondait la même chose : « Il n'y a pas de pro-

---

1. Équivalent de « péquenot », surnom donné aux fermiers « rednecks » du Sud des États-Unis.
2. Correspond au grade de commandant.

blème, sergent-major. On essaie de faire de notre mieux. »

Quand mon tour est arrivé, j'ai opté pour une réponse politiquement correcte :

« Eh bien, sergent-major, j'ai trois contrats à l'hameçon, et je suis sur le coup. »

Il n'a pas marché et m'a aussitôt répondu :

« Et pourtant, c'est vous qui semblez avoir le plus gros problème. »

Il me regardait attentivement. Mon sang n'a fait qu'un tour.

« Écoutez, je ne vais pas me contenter de rester assis en montrant du doigt le sergent Walker ou le sergent Williamson. Je sais que c'est ce que vous attendez de nous. Pour ce qui concerne Asheville, je ne vois pas où est le problème. Tous les recruteurs qui se trouvent autour de cette table font de leur mieux. Je crois qu'il faudrait vous demander ce que les Marines peuvent faire pour les recruteurs, pas ce que les recruteurs peuvent faire pour le Corps parce que, de toute évidence, il y a un problème. Autrement, on ne serait pas ici. »

Ma réponse l'a mis en rage. Il est devenu rouge vif, il a attrapé une chaise et l'a balancée contre le mur :

« Je vois bien quel est le problème à Asheville. Nous avons un recruteur félon. »

Tous les autres retenaient leur souffle, nous regardant, le sergent Risvold et moi. Le sergent-major avait l'air prêt à « aller régler ça dehors » avec moi, mais il s'est contenté de quitter la salle d'un pas furieux. L'instructeur en recrutement Wilson a tout de suite enchaîné.

« Tout le monde s'est planté. Je vais clôturer tous vos dossiers, à commencer par celui du sergent-chef Massey. »

Il s'est mis à feuilleter ma liste de numéros de téléphone de lycées, en me regardant et en se répétant sans arrêt la même question : « Putain, qu'est-ce que c'est que cette merde ? » J'ai fait exprès de regarder par la fenêtre tout le temps que ça a duré. Il a fini avec moi et est passé au recruteur suivant. L'examen de tous les cas lui a pris cinq heures en tout. Finalement, il nous a livré son verdict :

« Vous nous mentez en n'accomplissant pas vos missions. Vous voulez nous niquer, c'est moi qui vais vous baiser. »

Nous étions tous furieux, il était 15 heures et on n'avait rien mangé de la journée. L'adjudant Wilson a regardé avec une lueur d'espoir le sergent-chef Walker, qui n'avait plus que deux mois à servir avant la fin de sa mission : « J'attendais mieux de vous. » Le sergent-chef Walker était trop furieux et affamé pour jouer le jeu. Il a levé les yeux au ciel, et l'adjudant Wilson a donné un coup-de-poing sur la table :

« Sergent-chef Walker, ne vous avisez jamais de lever encore une fois vos putains d'yeux au ciel devant moi. Vous croyez peut-être que vous êtes sur le point de terminer, eh bien non. Je vais vous rédiger un rapport d'aptitude exceptionnel. »

Walker avait les yeux brillants de larmes. Je l'ai regardé, comme pour lui dire : « Allez, mon vieux, ne te laisse pas intimider par lui. » Mais Wilson a vu mon regard.

« Je sais que vous gonflez vos chiffres, sergent-chef Massey.

– Oui, Monsieur. Je suis obligé de le faire, nos quotas sont impossibles à atteindre. Si vous voulez entrer dans les détails, on pourrait aussi aborder la question des formulaires truqués. Personne n'est dupe ici, je crois ? »

J'avais parlé très posément.

Les autres recruteurs étaient pressés de rentrer à Asheville, ils me regardaient avec l'air de dire : « Eh, mon pote, qu'est-ce que tu fous ? » Wilson s'est levé et a frappé du poing sur la table. J'ai regardé le sergent-major, qui était revenu, il s'est approché de moi, le visage de nouveau tout rouge, et semblait sur le point de me frapper. Exaspéré, il nous a dit :

« Foutez tous le camp de mon bureau. J'en ai plein les couilles de vos gueules. »

Nous sommes sortis aussitôt, puis le sergent-major Risvold et l'adjudant Wilson ont rappelé l'adjudant Hill et ils sont restés encore une heure dans la salle. Quand on a pris la route du retour pour Asheville, il était 17 heures passées.

Après ça, ils m'ont fait une vie d'enfer ; ils m'ont imposé des quotas impossibles. J'avais déjà une recrue en mai, mais ils m'en ont demandé quatre pour juin. J'essayais de ne pas frauder parce que je savais qu'ils en profiteraient pour me niquer. Je n'ai eu que deux recrues en juin. Ils m'ont mis à l'essai mais, un jour, alors que j'avais appelé le bureau des effectifs pour essayer d'obtenir ma mutation de Twentynine Palms vers Camp Lejeune, j'ai appris qu'un pli de l'État-Major m'attendait. C'était mon avis de réaffectation.

Le sergent-major Risvold s'était occupé, derrière mon dos, d'obtenir mon départ du service ; j'étais surendetté et le surendettement est un motif de révocation chez les Marines. Peu après, j'ai parlé au sergent-major.

« Oui, j'ai essayé de vous virer du service de recrutement pour raisons financières, mais je ne crois pas que vous obtiendrez un bon poste. Vous allez plutôt vous retrouver avec un double rapport. »

J'ai répondu avec suffisance :

« Eh bien, faites ce que vous avez à faire, sergent-major.

– Comptez sur moi, sergent-chef, a-t-il dit froidement.

– Je n'ai pas l'intention de falsifier les candidatures ni de vous donner l'occasion de me faire passer devant une cour martiale. »

Il avait raison. J'ai eu droit à deux rapports négatifs, l'un du major Bakley et l'autre du major Dunne, autrement dit, je resterais simple chef et ne serais jamais promu E-8 ou E-9.

Ils ont dû se dire que j'essaierais de les arnaquer.

J'aurais pu être dégradé, mais je pense qu'ils ont voulu me donner une dernière chance. Ils m'ont envoyé en Irak.

Chapitre 12

Jouer les mamans en Irak

Quels négros des sables ?

Koweït, fin janvier 2003

Si quelque chose ne manque pas au Koweït, c'est bien le sable. En regardant au loin, on a du mal à distinguer la limite entre la terre et le ciel. L'horizon semble un mirage et quand vous le fixez trop longtemps, vos yeux commencent à vous jouer des tours. Il est parsemé de lignes à haute tension, aux allures de Tours Eiffel inachevées. C'est grâce à elles qu'on peut se repérer. Si on se perd et qu'on arrive à voir une ligne, on peut toujours retrouver son chemin jusqu'au camp.

Le nôtre, le LSA-7, abritait environ 6 000 Marines et personnels de la Marine. Les tentes étaient en toile de coton blanc mais, au cours de mon séjour là-bas, le blanc immaculé des premiers jours est devenu, sous les rayons du soleil, d'un jaune incertain. On comptait pour l'ensemble du camp environ trente baraquements de toile qu'on avait alignés au cordeau, pour donner une impression de propreté et d'ordre, vertus divines, bien sûr, au sein du corps des Marines. Je suis certain qu'aujourd'hui, toutes sont recouvertes de graffitis du genre « Allez vous faire foutre » et « KKK au pouvoir ».

Plus tard, en Irak, nous avons appris que les Koweïtiens avaient transmis aux Irakiens des informations sur le camp. Au ministère de la Défense, à Bagdad se trouvaient des cartes détaillées des trajectoires de vol de missiles en direction des camps américains du Koweït. Et en effet, un missile, le seul d'ailleurs, a été tiré sur Camp Doha le 27 mars [1].

Le 7ᵉ Marines est baptisé *The Cutting Edge* [2][3]. Notre convoi, 3ᵉ bataillon, 7ᵉ Marines, ou encore 3/7, devait nettoyer la route jusqu'à Bagdad et assurer une mission de reco pour ceux du 1/7, dont la réputation de guerriers

---

1. 75 000 Marines et marins ont été déployés dans le cadre de l'Opération *Iraqi Freedom* (OIF). Il s'agit de la plus importante série d'attaques coordonnées de l'histoire des Marines. Nous avons parcouru plus de 1 100 km en vingt-six jours, à peu près la distance qui sépare Washington D.C. de Jacksonville, Floride. Environ les deux tiers des forces opérationnelles des Marines ont été déployés au cours de l'OIF. Il ne restait que neuf bataillons d'Infanterie en réserve. L'arsenal des Marines était constitué de 142 chars de combat, 454 avions, 606 blindés antichar, 105 hotwitzers 155 mm, 279 blindés légers et plus de 7 000 autres types de véhicules. NdA.

2. « Le tranchant de la lame »

3. Un jeune lieutenant, en Corée, avait reçu l'ordre de ne pas tirer sur les ennemis qui se trouvaient dans sa zone de reconnaissance, parce qu'un cessez-le-feu venait d'être conclu. Le jeune lieutenant s'adapta à la situation : il donna au sergent de son peloton l'ordre de mettre les baïonnettes aux canons. S'ils ne pouvaient pas tirer sur les Coréens, ils pouvaient les tuer avec le tranchant des baïonnettes. L'attaque n'eut finalement jamais lieu, mais les Marines décidèrent d'honorer la mémoire de ce lieutenant pour le calme et la bravoure dont il avait fait preuve face au danger, en baptisant le 3ᵉ Bataillon, 7ᵉ des Marines, *The Cutting Edge*. NdA.

n'était plus à faire. Le 1/7, le 2/7, le 3/7 et le 3/4 appartiennent tous au *Regimental Combat Team 7*[1]. Derrière les lignes ennemies, nous nous trouvions toujours en pointe, 15 ou 20 kilomètres devant les autres bataillons. Le bataillon d'infanterie perdrait 80 % de son efficacité sans la présence du peloton *CAAT*[2]. On m'avait proposé de rallier les méchants, c'est-à-dire l'unité de reconnaissance des Marines[3], mais j'avais refusé parce que j'aimais bien le peloton *CAAT*. Le peloton de reconnaissance récolte des informations ; les gars prennent des photos, dessinent des plans et repassent furtivement les lignes ennemies pour informer le peloton *CAAT*. La puissance de feu du *CAAT* est extrêmement impressionnante : missiles, mitrailleuses qui crachent des grenades de 40 mm, calibres 50, missiles briseurs d'abris et snipers[4].

Comme nous avions des véhicules, nous étions très mobiles sur le champ de bataille. Nous étions les cowboys. Nous étions les Cavaliers de l'apocalypse.

* * *

La flotte mobile (*MPF*[5]), généralement appelée Marine marchande, était composée de navires civils sous contrat

---

1. « Équipe régimentaire de Combat 7 ». Équipe « choc et feu » des unités.
2. *Combined Anti-Armor Team*, escadron antichar.
3. *Marine Reconnaissance Unit*.
4. Tireurs d'élite.
5. *Mobile Positioning Fleet*.

avec le gouvernement des États-Unis et chargés de subvenir à nos besoins en chars, fusils, canons d'artillerie et
Humvee. Les Marines appellent ces navires « navires à
sucettes ». À nos yeux, ceux qui ont conçu ces bateaux ont
pensé, de toute évidence, à des campagnes courtes. Une
fois les troupes déployées, il y avait des pénuries de toutes
sortes. Je n'avais ni radio, ni aucun moyen de commu-
niquer avec mes supérieurs. Quand je suis allé demander
des comptes au lieutenant Shea au sujet du manque de
radios, il m'a répondu que je n'avais qu'à faire des allers-
retours en courant chaque fois qu'on s'arrêterait. J'ai
répondu « Oui, lieutenant » tout en pensant « Ouais, c'est
ça, je vais me taper un putain de 200 mètres à chaque
halte, tout ça pour m'entendre dire : "Non, la situation
est RAS [1]", et que mes gars me regardent en pensant "Quel
bouffon, ce sergent-chef Massey". »

En général, les sergents-chefs se déplacent à bord de
véhicules blindés. Moi pas. Nos véhicules étaient des
putains de cercueils ambulants. Le Humvee du lieutenant était le seul blindé, parce qu'il ouvrait la marche.
Au Koweït, j'ai donc demandé à mes Marines de « cus-
tomiser » ma bagnole. On a installé un plafond en contreplaqué et des étagères de stockage à l'arrière, pour les
cartes, les vivres et les batteries de radio.

Comme les cartes, au Koweït, étaient des denrées rares,
je devais pratiquer le système démerde. Autrement dit,
chaque fois que je voyais une carte dans une tente, je

---

1. « Rien à signaler ». En anglais, *Situation Normal All Fucked Up* :
situation normalement bordélique. NdA.

la volais. Chaque fois que j'avais besoin de quelque chose, des pièces pour les Humvee par exemple, je partais en mission « pas vu pas pris » vers la tente des mécanos, la nuit de préférence. Avant de partir pour ce genre d'expédition, je prévenais toujours les Marines de garde : « Ce soir, je viens voler des trucs pour mon peloton. » D'abord, je cherchais ce dont j'avais besoin pour mener à bien ma mission. Après un repérage précis, je pouvais le récupérer. En général, je m'approchais lentement, l'air de rien, je regardais partout dans la tente et, furtivement, je saisissais le truc que je planquais avant de lâcher un « Allez vous faire foutre » et de sortir à toute vitesse. J'ai volé onze cartes de cette façon. La situation était devenue si grave au sein du camp LSA-7 que le commandant du bataillon avait déclaré qu'il s'occuperait personnellement de tout Marine surpris en train de voler une carte.

Il fallait que je trimballe à l'arrière de mon véhicule des munitions, des missiles, le matériel des snipers, 400 litres de fuel, les quatre tireurs d'élite et des radios supplémentaires pour les communications avec les pilotes d'avion. Il y avait aussi le problème des cartes. Dès qu'on s'arrêtait quelque part, le lieutenant me demandait une carte. Le message m'arrivait le long de la colonne – il transitait en général par cinq hommes.

« Sergent-chef, le lieutenant a besoin d'une carte ! »

Je répondais, fumasse et en hurlant :

« Dis-lui de ramener son putain de cul ici ! »

Le servant de la mitrailleuse repassait malicieusement le message le long de la colonne, « Eh, le sergent-chef vous fait dire de ramener votre putain de cul ici ! », et j'entendais l'information se répercuter en écho jusqu'au-devant de la ligne, ce qui finissait de me rendre fumasse.

Là, je sortais de mon véhicule et je frappais les parois pour essayer de réveiller mes tireurs :

« Réveillez-vous, bande de porcs ! Sortez de là, bor-del ! »

Dès que j'ouvrais la portière, débusquant mes hommes intoxiqués au sommeil, j'étais assailli par une odeur de pieds à tomber par terre.

« Merde, sergent-chef ! Faut qu'on dorme », disaient mes gars.

Comme je faisais passer tout ce que j'avais, je ter-minais à chaque fois sans aucune carte. Sans le GPS de Clippinger, j'aurais été complètement paumé.

Nous n'avions qu'une seule mitrailleuse de calibre 50 en état de marche. Deux jours avant le départ du Koweït pour l'Irak, le peloton a enfin reçu la quantité de mitrailleuses qui était allouée. Nous ne nous sommes pas rendus compte de notre chance. Sandor Vegh, l'adju-dant du peloton TOW[1], est allé de Camp Doha à Mathilda, puis jusqu'au Koweït, pour faire installer une mitrailleuse semi-légère sur chacun des 240 Humvee. Le procédé étant assez précis, il avait demandé beaucoup de travail aux gars des équipes de support logistique ; ils avaient dû fabriquer les pièces d'affûts des mitrailleuses puis les souder aux Humvee. L'adjudant Vegh avait acquis son expérience pendant la première guerre du Golfe, il

---

1. *Tubular Optically Wire-Guided Missile System* : missiles à guidage optique.

savait que ces préparatifs étaient une condition indispensable à la réussite de notre mission en Irak. Il avait en plus de son expérience un immense savoir, et c'était sur lui que je comptais le plus.

On nous avait demandé de faire évaluer par nos Marines la qualité de l'approvisionnement fourni par le « navire à sucettes ». J'avais expliqué à mes hommes de répondre honnêtement au questionnaire. Toutefois, le lieutenant Shea les avait trouvés un poil trop honnêtes et le leur avait fait remplir une nouvelle fois, parce quelques-uns des gars avaient fait des remarques directes, du style : « Pourquoi vous vous inquiétez de ça maintenant, bordel ? C'est trop tard, on peut plus résoudre nos problèmes ! Il va falloir qu'on se débrouille avec les moyens du bord, Monsieur. »

Nous sommes restés presque deux mois au Koweït, du 17 janvier au 20 mars. Un matin de février, alors qu'officiers et sous-officiers sortaient de leur réunion habituelle, où ils avaient échangé des informations sur la situation et l'entraînement ennemis, l'adjudant-chef Humphries, un béni-oui-oui qui avait la tête fourrée en permanence dans le cul du capitaine Schmitt et masquait son accent du Sud, m'a annoncé gaiement que j'étais proposé au grade d'adjudant.

« Sergent-chef Massey, vous allez peut-être bénéficier d'une promotion. Je n'ai pas encore de date, mais faites-vous photographier pour figurer sur le tableau d'avancement. »

J'ai regardé autour de moi avant de répondre. Le sol était jonché d'affaires personnelles, d'équipements en surplus, de munitions, de radios et de rations. Je ne m'y attendais pas, mais je savais aussi que j'étais dans la merde, ils allaient m'envoyer en Irak et ne refuseraient pas un avancement à un homme au combat.

J'ai répondu sans grand enthousiasme :

« Je ne m'attendais pas à un avancement aussi rapide.

– Eh bien, en fait si. Allez-vous faire photographier. »

Tous les officiers m'ont lancé des regards envieux en sortant. Ils savaient ce qui se passait, on nous avait dit une semaine plus tôt qu'il pourrait y avoir de l'avancement.

J'ai inspiré un bon coup avant de poursuivre :

« Je ne veux pas être promu, parce que si je suis promu maintenant, j'ai peur de piquer la place à un autre Marine qui en a besoin. »

Il m'a jeté un regard fuyant en me demandant pourquoi.

« J'ai l'intention de quitter le Corps à la fin de mon engagement de quatre ans. »

L'adjudant-chef Humphries m'a regardé, l'air de dire « Vous plaisantez ? ».

J'ai ajouté : « C'est le recrutement qui m'a fait changer d'opinion sur le Corps. »

Là, il m'a regardé droit dans les yeux.

« Vous savez que j'ai été instructeur au camp d'entraînement. J'entendais tout le temps des histoires horribles sur le recrutement. Je n'y ai jamais cru, mais je me suis rendu compte qu'elles étaient vraies. Je me demandais toujours où ils avaient bien pu dégotter ces putains de recrues qu'on m'envoyait. »

J'ai hoché la tête en souriant.

Il a continué :

« La décision vous appartient. Vous devez faire ce qui vous semble juste. Je respecte votre opinion. Mais vous pouvez quand même terminer votre carrière comme adjudant. »

Nous avons tous les deux hoché la tête et nous sommes partis.

Peu après, le lieutenant Shea s'est approché de moi pour me demander :

« De quoi parliez-vous avec le major ? »

Je l'ai regardé, j'ai souri.

« Je viens de cracher dans la soupe. »

Le lieutenant Shea, comme d'habitude, est resté bouche bée, l'air stupéfait.

« Expliquez-vous », m'a-t-il ordonné.

J'ai répondu à contrecœur :

« J'avais une question à poser au major, à propos de mon avancement.

– Oh oui, c'est vrai, a-t-il marmonné avec enthousiasme, vous pourriez prétendre à un avancement.

Le lieutenant Shea était probablement le lieutenant le plus difficile à comprendre de la compagnie. Il ne pouvait pas parler distinctement, on avait toujours envie de lui demander de retirer la bite qu'il avait dans la bouche et d'articuler.

« Non, lieutenant. Je n'en veux pas », ai-je répondu fermement.

Il m'a regardé, perplexe, et je me suis retrouvé à expliquer la même chose une nouvelle fois. Je lui ai aussi dit que je me donnerais à 110 % jusqu'à la fin de mon contrat. « Vous changerez d'avis, sergent-chef », a-t-il conclu en me donnant des petites tapes sur l'épaule comme l'aurait fait un coach.

Il est parti, et je me suis éloigné. Quel bouffon ! Shea n'était qu'un jeune lieutenant tout juste sorti de l'école et auquel tout le monde faisait des courbettes simplement parce qu'il était diplômé de West Point et que son papa était un général des Marines.

* * *

En Irak, si le lieutenant mourait, mon grade de sergent-chef faisait de moi le second dans la chaîne de commandement. Les Marines sont la seule arme à donner autant de responsabilité aux sous-officiers, à cause du taux élevé de blessés dans leurs rangs. Et seuls les meilleurs deviennent sous-officiers.

Une partie de mon boulot consistait à m'assurer que mes hommes restaient concentrés. J'étais leur maman. Le lieutenant était le papa. Mon boulot, c'est de m'occuper des enfants. Alors je jouais les mamans en Irak. Voici un exemple.

Notre interprète irakien, John, était censé nous enseigner des rudiments de culture irakienne. Il ne s'appelait pas vraiment John, mais les garçons l'avaient baptisé comme ça pour s'amuser. C'était comme de l'appeler « John Doe [1] ». Un jour, le lieutenant Shea m'a dit que John allait nous donner un cours sur les coutumes, les

---

1. Référence à *John Doe*, film dont le héros ignore son identité. Le traducteur était considéré comme un traître par les hommes de Jimmy.

traditions et les formules de politesse irakiennes. Le cours a eu lieu en milieu d'après-midi, dans la *jungle*[1]. Imaginez un bateau rempli d'esclaves en route pour le Nouveau Monde, et vous aurez le topo. Je vais être plus précis : quand un Marine lâchait une caisse, les Marines à sa gauche et à sa droite sentaient les vibrations dans le sol en contreplaqué – et ça arrivait souvent. La guitoune était envahie par une bonne vieille odeur de pets, du genre de ceux qu'on lâche après avoir avalé cinq ou six œufs durs. On imagine la tension qui régnait là-dedans.

Mon peloton et deux autres étaient déjà en train de suivre le cours quand je suis arrivé. John, qui portait un pantalon de treillis, était debout, souriant, alors que de toute évidence il passait un mauvais quart d'heure. Ceux qui se trouvaient au premier rang l'écoutaient. Évidemment, mes gars étaient au fond, se moquant de lui, et chahutaient. J'ai surpris Gaumont au moment où il lançait un couteau par terre en disant :

« Bon Dieu, j'vais les tuer, ces négros des sables !

– Quels négros des sables ? ai-je demandé.

– Eh, sergent-chef, j'savais pas que vous étiez là ! » a-t-il dit, surpris, en me fixant de ses yeux de dingue.

Quelques-uns de mes gars jouaient aux cartes. D'autres dormaient. À coups de pied dans les jambes, je les ai invités à écouter.

Je ne sais pas comment on en est arrivé là, mais la culture irakienne s'est finalement limitée à quatre panneaux utilisés pour les contrôles routiers et sur lesquels étaient inscrits en arabe les mots « HALTE » et « STOP ».

---

1. Tente des hommes. NdA.

Environ une semaine plus tard, John s'est vu à nouveau confirmer son inutilité. Il était midi au LSA-7 et
j'étais dehors en train de manger ma ration quand j'ai
vu l'adjudant-chef Humphries marcher d'un pas pressé
dans ma direction. Il avait l'air furieux.

« Quelqu'un a volé le treillis de l'interprète pendant
qu'il était sous sa douche, a-t-il dit avec colère.

– Quoi ?

– Ouais, ce con est rentré le cul à l'air dans la tente
des officiers.

– Vous vous foutez de moi ?, lui ai-je demandé en
riant.

– Putain, c'est pas drôle, sergent-chef. Le commandant du bataillon va couper les burnes de quelqu'un,
a-t-il ajouté, de plus en plus furibond.

– Aucun de mes gars ne ferait un truc pareil, lui ai-je
répondu calmement, en souriant.

– Ça vaudrait vraiment mieux pour vous, bordel, sergent-chef », a-t-il conclu avant de s'éloigner.

Je rigolais encore en me dirigeant vers la tente de mes
gars, mais j'essayais de prendre un visage impassible. Les
gars étaient assis et jouaient aux cartes. Quelqu'un disait :
« Ils sont pas humains, ces enculés. On va leur exploser leur stock de gènes et ils pourront jamais plus se reproduire. »

Je me suis posté devant eux autoritairement.

« OK. Qui a volé le treillis de John ? »

J'ai aussitôt entendu rire, au fond.

« Oh, dis donc, on a volé le treillis de John ! C'est vraiment pas cool ! », a dit le soldat Ponce avec un sourire

qui dévoilait toutes ses dents. C'était un mitrailleur phénoménal.

Quelqu'un a braillé : « Qu'il aille se faire foutre, ce négro des sables !

— Si quelqu'un dit encore une fois *négro des sables*, je lui botte le cul ! », a dit quelqu'un d'autre.

Je me suis repris et j'ai regardé les sergents Ian Hogg et Ryan Westerman, que la nouvelle avait l'air de bien amuser. Tous deux étaient les *junior leaders* du peloton et des Marines du tonnerre.

« De quoi est-ce que vous parlez, bordel ? a dit Hogg.

— Je vous connais, bande d'enculés. Je sais que vous êtes dans le coup. Je n'ai aucun moyen de le prouver, mais je sais que vous êtes tous impliqués dans cette histoire.

— Si vous savez que vous n'avez aucun moyen de le prouver, alors pourquoi vous nous en parlez ? a demandé Hogg, irrespectueusement.

— Quand l'adjudant-chef découvrira qui a fait ça, il vous chopera les couilles. Si vous savez qui est dans le coup, vous feriez mieux de vous débrouiller pour que ça fasse pas trop de bruit.

— D'accord sergent-chef, on s'en occupe », a répondu Westerman.

L'interprète est parti dans un autre camp.

***

Cette nuit-là, j'écrivais à Jackie quand j'ai entendu du bordel dans la *jungle*. Le sergent-chef Hallenback, un sergent du peloton des Javelin [1], visage poupin et début de calvitie, a arrêté d'écrire et m'a regardé. D'une seule voix, on a dit : « Allons voir ce qu'ils branlent. »

En entrant dans la *jungle*, nous avons eu l'impression de nous retrouver en plein championnat du monde de lutte. L'atmosphère électrique me rappelait le film *Fight Club*. Le caporal-chef Brad Gaumont avait immobilisé le caporal-chef William Palmer avec une clef au cou ; Palmer, un Noir qui me faisait penser à Don King, était devenu gris cendre et manquait d'oxygène. En cercle autour d'eux, agitant les poings en l'air, quarante types encourageaient Gaumont à mettre Palmer KO. Gaumont répétait sans cesse, en criant : « Tu vas dormir, enculé ! » Le sergent-chef Hallenback s'est immédiatement joint aux autres en hurlant : « Putain, Gaumont, t'as la force d'un débile mental ! »

Brad Gaumont est l'archétype du tueur psychopathe. Le genre de type qu'on voudrait enfermer dans une cage de verre en lui administrant un narcotique avant d'écrire dessus en lettres jaunes « À N'OUVRIR QU'EN CAS DE GUERRE ». S'il m'entendait, il sauterait de joie au plafond et se taperait une queue en hurlant : « Affirmatif ! »

Hallenback se marrait. Gaumont n'a mis que cinq minutes à endormir Palmer. La foule faisait des bonds extatiques, quelques gars mettaient des claques à Palmer : « Réveille-toi, salope. Putain, il t'a mis KO ! » On riait encore en regagnant nos tentes.

---

1. Lance-missiles antichar.

Chapitre 13

Le Joyau de la Couronne

Vous avez une gueule de terroriste !

21 mars 2003– Tout ce qu'on m'avait raconté sur l'Irak était de la foutaise. Après avoir lu les rapports des Services secrets, je m'attendais à découvrir une zone de propagande – comme à *Freedom village*, la ville factice située entre la Corée du Nord et la Corée du Sud. Mais, dès que nos dix Humvee et nos quatre chars Abrams ont passé le barrage des Nations Unies et sont entrés dans le centre-ville de Safwan, nous avons vu exactement le contraire.

J'étais surpris des réactions très variées des Irakiens. Beaucoup de gens applaudissaient, surtout les jeunes. Les femmes étaient vêtues de noir et ne nous regardaient pas. La ville aux bâtiments recouverts de mosaïques était propre et semblait fonctionner normalement. Personne ne nous jetait de cocktails molotov ou quoi que ce soit du même genre. Quelques chiens errants nous suivaient : Brian Martens, un brave gosse, trop doux pour les Marines, a même adopté un chiot errant couleur chocolat, à l'air effrayé et aux oreilles tombantes, avec de longues pattes et des cercles clairs autour des yeux.

Il y a longtemps, Safwan était une ville de villégiature. Il était terrible de constater comme l'architecture de la ville avait dû être belle auparavant. Les mosaïques étaient encore très jolies. Je m'attendais à trouver une cité du tiers-monde, ravagée par la pauvreté et envahie de mendiants. À la périphérie, cette pauvreté était visible, mais rien de très différent de celle qu'on rencontre dans les régions déshéritées du Sud de l'Alabama ou du Mississippi.

Un incident survenu à Safwan a fait les gros titres des journaux. Nous étions partis devant pour sécuriser les points clés de la périphérie. Au check point, Westerman a couru vers moi :

« Le sergent-chef Alva a marché sur une bombe à fragmentation. Il a la jambe explosée »

Stupéfait, j'ai répondu :

« Faut le faire, marcher sur une de nos propres bombes.

– Ben, au moins il va rentrer chez lui », a dit Westerman.

J'ai haussé les épaules :

« Assurez-vous que nos gars regardent bien où ils mettent les pieds, surtout la nuit. »

Quand les garçons ont appris la nouvelle, ils étaient tristes qu'Alva ait perdu sa jambe, mais contents qu'il rentre à la maison.

Après Safwan, nous avons rejoint en moins de vingt-quatre heures la 32e brigade mécanisée irakienne, sur la route 1. Nous partagions la route avec des 4x4, des minibus, des camions, des bus et de vieilles guimbardes. En traversant la campagne, nous avons vu des gens très pauvres qui vivaient dans des tentes sans électricité où ils se précipitaient dès qu'ils nous entendaient tandis que les enfants restaient dehors pour nous saluer de la main. Nous étions sidérés de voir que le drapeau noir chiite flottait sur chaque maison irakienne.

Quelques Humvee ont été bloqués. Un hélicoptère Cobra a commencé à tourner au-dessus de nous, comme un oiseau de proie. Toutes les cinq à six minutes, il se mettait tout à coup en vol stationnaire… Et l'on pouvait voir un missile fendre l'air comme un éclair et aller frapper un char ennemi. Le caporal Jesse Schutz, surexcité, répétait : « Allez brûler en enfer, bandes de bâtards ! Crevez, enculés ! »

Quelques chars russes BMP, espacés les uns des autres d'environ 200 mètres, étaient camouflés dans le sable, ne laissant dépasser que leurs tourelles. Les missiles ne provoquaient pas d'explosions secondaires. Dès qu'on était assez près des blindés, on pouvait constater qu'ils étaient vides. Il était facile de comprendre pourquoi on les avait abandonnés : bien sûr, ils étaient opérationnels mais, comparés aux nôtres, qui ressemblaient à des Lamborghini, c'étaient plutôt des Chevrolet.

« Ce sont des tapettes, sergent-chef ! » répétait Jesse Schutz, mon chauffeur ; il était tout rond et me faisait penser à un gros chien terrier.

Je lui répondais en gueulant :

« Ferme-la, Schutz ! »

Mes tireurs d'élite dormaient encore, malgré toute l'agitation ambiante. Ces enfoirés auraient pu continuer à dormir en pleine attaque nucléaire.

Au crépuscule, on s'est arrêté devant la caserne de la 32ᵉ brigade mécanisée ; on aurait dit un camp de notre

Garde nationale. Les bâtiments et équipements sportifs étaient vieux, démodés. Même les images de propagande sur les murs des bâtiments étaient délavées. On voyait Saddam au téléphone, debout avec des lunettes de soleil, ou encore en train de tirer en l'air avec un fusil. Mes snipers se sont enfin réveillés. Les Irakiens avaient élevé une grande barricade renforcée avec de la terre pour nous empêcher d'avancer. Nos chars et nos Humvee se sont alignés et ont commencé à tirer sur les bâtiments abandonnés. Enfin, nous pouvions faire péter des trucs, et nous étions tous assez excités. J'étais en train de marcher de long en large quand j'ai entendu la voix d'Hallenback : « Eh, on va pas tarder à cartonner ! » Je suis allé voir tous mes gars pour leur dire : « La fête va commencer. Assurez-vous qu'il n'y a pas de sable dans vos armes, qu'elles sont bien lubrifiées, et quand je vous ordonne de cessez-le-feu, vous cessez le feu ! »

Mes hommes souriaient en faisant glisser leurs culasses tout en les lubrifiant. Ils se sont mis à tirer des missiles briseurs d'abris, et de l'uranium appauvri avec les calibres 50 – leur arme préférée. Ils étaient de plus en plus excités : « Ouais, prends-toi ça ! Crevez, bande d'enculés ! » J'arpentais la ligne de tir pour m'assurer qu'ils ne tiraient pas dans une direction dangereuse, et j'entendais : « Putain, c'est super beau, mec. Regarde ce merdier ! » « Ils ont aucune chance, ces bâtards ! »

Le terrain ressemblait à un chantier de démolition. Il y avait des incendies partout, de la fumée montait des bâtiments, des hélicos tournoyaient au-dessus de nous, nous étions enivrés par les odeurs fraîches de poudre, à la fois douces et acides. Un chaos orgasmique. Nous avons tiré pendant cinq minutes avant de recevoir l'ordre de cessez-le-feu. C'est alors que le lieutenant-colonel Belcher a envoyé les mecs de la Régulière [1]. Debout au sommet de la butte, je les voyais courir vers les bâtiments en formation tactique, sécuriser les toits avec les Marines au sol, appliquer la technique du « arroser et prier », qui consiste à ouvrir la porte d'un coup de pied, à jeter une grenade à l'intérieur, puis à arroser la pièce à coups de mitrailleuse avant d'entrer. Ils n'ont trouvé que des pièces d'AK-47 et des munitions. Je me disais que les Irakiens étaient des grosses tapettes ou qu'ils étaient en train de nous tendre un piège.

Une fois les bâtiments sécurisés, on nous a laissés là pour tenir la zone, et nous sommes restés sur place environ dix heures. J'ai repéré un tankiste en train de tirer sur un réservoir d'eau. Je me souviens avoir pensé : « Ce type était un sombre crétin. Les mecs ont besoin d'eau potable. » Ça m'a énervé. J'ai ramassé un caillou et je l'ai lancé sur lui de toutes mes forces. On aurait dit qu'on venait de lui tirer dessus ; il s'est arrêté, a regardé autour de lui et a commencé à s'examiner à la recherche d'une blessure. Lorsqu'il a compris qu'il n'avait rien, il a jeté un regard vers mon véhicule. J'avais déjà ramassé un autre caillou et je préparais mon lancer, comme Nolan Ryan, mon champion de base-ball préféré, et c'est alors qu'il m'a vu. Je lui ai crié : « Qu'est-ce que tu fous, salopard ? Tire pas sur le putain de réservoir ! » Il s'est empressé de trouver une nouvelle cible sur le terrain vide,

---

1. Ce terme est utilisé dans la traduction française pour désigner les unités n'appartenant pas au corps des Marines.

l'a mise en joue avec son calibre 50 et a commencé à crier
« Prend ça, enfoiré ! ».

Les blindés détruits par les bombes brûlaient encore
pendant que nous faisions route vers la 51e division
armée, qui protégeait les champs de pétrole. C'était
encore le même scénario : une ville fantôme, et nous
en train de tirer sur des carcasses vides ; quelques
Marines demandaient : « Vous êtes sûrs ? On nous
aurait quand même pas fait venir pour servir de baby-
sitters ? » Après quarante-huit heures de crapahut, nous
étions épuisés.

En traversant la campagne aux environs d'Az Zubair,
nous pouvions entendre les bombardements des avions
de combat. On voyait la lumière orangée des tirs, puis
la fumée noire surgir du désert, comme un incendie
incontrôlable, obstruant l'horizon. J'étais partagé entre
la peur et l'exaltation. C'était le point culminant de onze
ans d'entraînement.

Nous avons ensuite gagné les champs pétrolifères d'Ar
Rumaylah – notre objectif prioritaire au début de la
guerre –, à environ 40 kilomètres à l'ouest de Bassorah,
qui s'étendaient sur 7 000 kilomètres carrés de désert.
Par endroits, les champs étaient en flammes et la fumée,
noire et épaisse, semblait avoir tout envahi. Nous avons
reçu un rapport nous recommandant d'être prudents,
car les pipelines perdaient du pétrole ; les Marines du
1/7, des allumés de la gâchette, avaient tiré dessus. Le
3/4, le 2/7 et le 3/7 assuraient la sécurité pendant que le
1/7 était chargé d'investir le puits de forage le plus important, le « Joyau de la Couronne ».

Nous avons garé tous nos véhicules près de ce qui ressemblait à des bâtiments du gouvernement et d'une usine détruite par les bombes. Nous avons attendu environ une heure avant d'obtenir un feu vert pour l'attaque d'une des stations de pompage périphériques. Dès que le Humvee de Westerman a accéléré, juste devant nous, j'ai donné le « Go ! » à Schutz. Mon cœur battait à tout rompre, je ne savais pas à quoi m'attendre. Les rapports nous avaient informés des positions des mitrailleuses, BMP et autres blindés d'assaut ennemis dans le périmètre des champs de pétrole. On progressait à environ 70 km/h, les véhicules se suivaient à une centaine de mètres les uns des autres.

Schutz tenait le volant de la main gauche ; dans sa main droite, son M-16, était dirigé vers l'extérieur de la fenêtre. La cigarette qui pendouillait entre ses lèvres et ses mâchoires immobiles témoignaient de sa concentration.

« T'es inquiet, Schutz ? lui ai-je demandé.

– Non, sergent-chef », s'est-il empressé de répondre, très nerveux.

Les Marines qui nous précédaient s'étaient mis à tirer dans les pneus de blindés abandonnés alors que le convoi continuait de progresser vers la station de pompage, que nous avons atteint dix minutes plus tard. Nous avons été surpris par la crasse, l'absence d'entretien, le délabrement des petits bâtiments peints en rouge qu'on voyait autour de nous.

La zone, qui regorgeait de pétrole brut, était pétrie d'une terre boueuse qui rappelait l'argile d'Alabama. À cause de la chaleur intense dégagée par le pétrole en flammes, nous étions en nage. Mon nez était irrité et plein de poussière ; je crachais des glaires épaisses et je m'obligeais à renifler de l'eau salée toutes les demi-heures et à me mettre du collyre dans les yeux sans arrêt.

Je suis descendu d'un bond de mon véhicule et j'ai crié à mes Marines :

« Formez un périmètre de 360 degrés avec les Humvee et laissez les mitrailleuses installées sur les véhicules. »

Les sergents Westerman et Palmer et le caporal-chef Solberg se sont rués hors de leurs véhicules et ont couru, de la boue jusqu'aux chevilles. Ils ouvraient les portes d'un coup de pied, en pointe du dispositif. J'ai entendu Solberg hurler : « Eh, il y a des hadjis là-dedans ! » Solberg était tout mince, petit, compact et constamment en train de gueuler. Il me faisait penser à un roquet.

Une dizaine d'ouvriers sont sortis les mains en l'air, leurs vêtements traditionnels couverts de pétrole, de poussière et d'argile rouge. Quelques-uns souriaient, comme si notre présence leur était indifférente, d'autres semblaient énervés d'avoir été interrompus pendant leur travail. Contacté par radio, le lieutenant-colonel Belcher est arrivé cinq minutes après avec le sergent-major Lamlin.

« Sortez ces prisonniers de guerre de là !, a-t-il aboyé.

– Oui, Monsieur ! »

Le peloton des mortiers de 81 mm est arrivé dans les cinq minutes. J'ai demandé à l'adjudant Fontecchio :

« Le commandant du bataillon veut qu'on sorte les prisonniers d'ici. Vous pouvez nous aider ? »

Je respectais beaucoup l'adjudant Fontecchio, il ressemblait à Monsieur Propre et avait un grand charisme.

« Faites monter les prisonniers à l'arrière de vos véhicules. Surtout, mettez-leur les sacs et les étiquettes », a dit l'adjudant Fontecchio à ses Marines. Les Marines de Fontecchio les ont attrapés aux épaules et les ont obligés à se baisser, un Marine enfilait le sac sur la tête du prisonnier puis lui passait autour du cou une étiquette indiquant le lieu de sa capture ; l'autre Marine restait en soutien, son M-16 pointée sur le prisonnier. Toute l'opération n'a pas duré plus de vingt minutes. On a fait monter six prisonniers dans un Humvee, trois de chaque côté, et les quatre autres prisonniers dans un deuxième Humvee, gardé par un Marine. Je ne sais pas où on les a emmenés, mais je suis à peu près sûr qu'ils ont dû terminer dans un camp de prisonniers. Je ne crois pas qu'Abu Ghraib existait déjà à ce moment-là, mais j'imagine qu'ils ont probablement atterri là-bas tôt ou tard.

Nous étions soulagés d'avoir réussi à nous emparer des champs de pétrole sans avoir dû livrer de combat majeur. Nous avions accompli notre première mission en moins d'une heure. Mes gars triomphaient, mais je ne pense pas qu'ils comprenaient l'importance de l'objectif, la valeur du Joyau de la Couronne, ni l'ampleur du désastre écologique que représentait l'incendie des puits.

« À ce rythme, on va boucler cette guerre en un rien de temps », a dit Taylor.

Randal Taylor avait un air poupin, mais il me demandait sans arrêt : « Dites, sergent-chef, quand est-ce qu'on pourra en buter d'autres ? »

Tout le monde était d'accord avec Taylor.

Je riais de bon cœur mais j'étais plus sceptique qu'eux.

J'ai dit en gloussant :

« Si vous vous imaginez qu'ils vont se contenter de vous tourner le dos et de faire le mort, vous êtes pas au bout de vos surprises. »

On a quitté les champs pétrolifères d'Ar Rumaylah, il faisait sombre et l'atmosphère était glauque. Puis le soleil est apparu, peu à peu, et mes gars ont commencé à se sentir mieux. Et c'est là que c'est arrivé. Notre voyage maudit commençait.

À mesure qu'on s'approchait de Djalibah, il recommençait à faire de plus en plus sombre alors qu'il était environ midi. Nous nous sommes arrêtés à la périphérie et on ne distinguait que des immeubles décrépis en béton, peints dans une teinte qui les faisait se confondre avec le paysage. Puis il a fait complètement noir. J'ai dit à mes gars : « Putain, c'est super cool », et j'ai mis le CD *Hell's Bells*. Avec tous les cadavres carbonisés de chaque côté de la route – certains dans les véhicules, cramponnés au volant et la bouche béante – les flammes qui s'élevaient dans le désert et la fumée noire partout, c'était comme passer du paradis en enfer. L'odeur mêlée de carnage et de pétrole était insupportable et les bruits des engins de guerre nous crevaient les tympans à en devenir dingue. L'air était tellement lourd qu'on aurait cru qu'il allait pleuvoir du sang et du pétrole. J'avais une grosse boule dans la gorge, tout comme mes gars je pense : personne ne disait un mot. On avait entendu l'histoire de Jessica Lynch et, honnêtement, je peux dire que j'étais mort de trouille parce que je ne savais pas si j'allais me retrouver en enfer ou au milieu d'un déluge de balles.

Il n'y avait rien à faire pour nous délivrer de cette impression de malheur absolu. La météo a empiré à mesure que la nuit tombait. Je n'avais pas dormi depuis trois jours, depuis Safwan, et j'étais hypnotisé par l'horrible spectacle quand j'ai brusquement ressenti une secousse : j'ai réalisé qu'on avait percuté l'arrière d'un Amtrac. Schutz s'était endormi et son pied avait glissé de la pédale de frein. J'ai gueulé : « Réveille-toi, bordel ! Tu as failli détruire notre véhicule ! », en frappant le pare-brise de mon poing ganté. Schutz s'est réveillé, paniqué.

J'ai compris que le camion qui transportait notre carburant était tombé dans le fossé. Entre le raffut que faisait l'Amtrac et les décibels des Humvee, je n'entendais rien. J'ai commencé à ouvrir ma portière. C'est alors que j'ai vu, dans le rétroviseur, qu'un Humvee s'approchait. J'ai vite refermé. Je ne voyais rien. Le chauffeur, qui devait croire que la route était suffisamment large, a essayé de nous dépasser sur la droite, et le Humvee a dévalé une dune de six ou sept mètres de haut. Je me souviens avoir pensé : « Merde ! Ces types sont foutus ! »

Schutz, Westerman, six autres gars et moi, on a aussitôt descendu la dune, sur les fesses, pour rejoindre le Humvee. Le camion avait atterri sur le flanc et le chauffeur est sorti d'un bond, indemne ; mais le Humvee avait fini sa course sur le toit et face au camion. Quand j'ai vu que le voyant lumineux du 40 mm clignotait, je me suis dit : « Merde, le flingue va partir ! » et je suis resté figé pendant dix secondes, attendant une énorme explosion.

Mais rien ne s'est passé, et je suis descendu en courant. Je me suis agenouillé à côté du Humvee et j'ai demandé : « Quelqu'un s'est cassé quelque chose ? » Après un silence menaçant d'environ cinq secondes, on a entendu des voix répondre non en chœur. Nous avons alors commencé à faire sortir les quatre occupants. Ils voulaient sauter à l'extérieur, on leur a dit : « Laissez-nous vous tirer de là, vous êtes peut-être touchés à la colonne vertébrale. » Ils se sont retrouvés debout, à côté du Humvee.

J'ai demandé à un des gars :
« Pourquoi est-ce que votre flingue était armé, bordel ? »
Il m'a lancé un regard éberlué.
J'ai ajouté : « Putain, vous avez une chance de cocus. »
Un adjudant d'une autre compagnie est arrivé en nous criant : « Il faut que tout le monde aille prendre du carburant dans le camion. »
On a rempli trois bidons, puis on nous a dit de partir. Il devait être environ 22 heures. Ensuite, un rapport est arrivé, un char et ses trois occupants étaient portés disparus. Personne ne sait ce qui s'est passé, mais on pense qu'ils sont tombés dans l'Euphrate. De retour chez moi, j'ai lu quelque part que des Irakiens avaient dit aux Américains où se trouvait le char. Je n'arrivais pas à y croire : « Les Irakiens sont censés être nos ennemis, mais ils nous expliquent où retrouver nos chars. »

Nous avons rejoint nos montures et nous sommes repartis à 45 km/h. Il faisait noir et, à la périphérie d'An

Nasiriyah, nous avons été pris dans une tempête de sable, une des pires de tous les temps. Les vitres avaient beau être complètement fermées, le sable entrait de tous les côtés. Je ne parvenais pas à respirer, mes poumons me faisaient mal et chaque fois que j'essayais de me moucher, du sable sortait de mon nez. Le vent soufflait à 40 km/h et le sable empêchait de voir quoi que ce soit. La tempête était tellement énorme que Saddam Hussein avait dit qu'Allah balayait le sable de la main. Nous avons été obligés de ralentir. Je portais un keffieh que j'avais troqué contre une ration au Koweït, et j'avais mis mes lunettes à intensificateur de lumière – elles fonctionnent même à la lueur de la lune. Mes snipers dormaient. « Chef, ça craint ! », répétait Schutz de façon exaspérante. Et je n'arrêtais pas de lui dire : « Ta gueule, Schutz ! »

C'était comme si nous nous dirigions vers le cœur des ténèbres, comme si l'univers luttait contre nous de toutes ses forces. Nous avions couvert environ 15 kilomètres quand on a décidé d'arrêter pour la nuit. J'ai dû m'écrouler vers 1 heure du matin, je ne me souviens de rien. Le jour s'est levé vers 8 h 30. Avec la lumière qu'il y avait, on n'y voyait pas au-delà de 3 mètres. Le lieutenant Shea est venu me voir :

« Qu'est-ce que je vous ai dit au sujet de votre putain de foulard ? Vous avez une gueule de terroriste !

– Lieutenant, vous êtes conscient qu'il y a une tempête de sable et que vous êtes planté là sans rien pour vous protéger le visage ? »

Il est reparti sans me répondre.

Ensuite, l'adjudant-chef Humphries est venu vers moi et a frappé sur la porte en plastique du Humvee.

« Vérifiez bien que vous avez tous vos hommes. Il y en a qui sont partis couler un bronze et qui se sont perdus. »

Je savais que mes gars étaient tous là.

« Quelle idée d'aller chier en pleine tempête de sable !

– Sergent-chef, contentez-vous de vérifier que vos hommes sont tous là.

– Mais comment peut-on aller chier en pleine tempête de sable ? », ai-je répété en levant les mains.

Humphries m'a regardé quelques secondes avant de me répondre avec colère en pointant le doigt vers moi :

« Sergent-chef, vérifiez que tous vos putains de gars sont bien là, bordel !

– Oui, adjudant-chef. »

Trente minutes plus tard, un âne noir et blanc émacié faisait son apparition juste devant mon véhicule. Schutz est sorti et, après l'avoir mis en confiance, il a bondi sur son dos. Il portait son M-16 et ressemblait à un cavalier d'autrefois. Il braillait : « Allez, vieux, on va à Bagdad ! », et ensuite : « Va te faire foutre, Allah ! Va te faire foutre, Allah ! » en chevauchant son âne dans la tempête de sable.

Ensuite, on a repris la route. Le CAAT 1 était en tête. En passant, on voyait des véhicules bombardés – un tous les 7 ou 8 kilomètres – et, sur le côté de la route, AK-47, mitrailleuses, RPG [1], qu'on ne se fatiguait pas à récupérer. On avait parcouru une bonne vingtaine de kilomètres, en écoutant David Bowie avant de nous retrouver sur une autoroute. En passant devant

---

1. RPG : lance-roquettes antichar. NdA.

l'aile d'un avion des Marines, je me suis senti soulagé : le coin devait être sûr.

Environ 7 kilomètres plus loin, j'ai pu me rendre compte à quel point je m'étais trompé. Des obus de mortier ont commencé à atterrir à 10 mètres de nos véhicules et Schutz a écrasé la pédale de frein. Je suis sorti d'un bond. Des lambeaux de métal tombaient tout autour de nous. Je suis allé chercher les snipers à l'arrière. Pour une fois, ils étaient réveillés. Deux d'entre eux sont restés dans le véhicule. Cox, le sergent du peloton des snipers, a sauté dehors :

« Qu'est-ce qui se passe, chef ?

– On se prend des tirs de mortier sur la gueule : ça ressemble à une embuscade. »

Une centaine de mètres plus loin, vers la gauche, des obus ont explosé devant nos véhicules. Mes Marines ont commencé à tirer en direction des mortiers. J'ai crié à Cox :

« Ils sont sur la gauche, mais on ne sait pas ce qu'il y a à droite. On envoie un appui-feu ! »

On avait beaucoup de mal à voir, à cause des herbes hautes qui poussaient des deux côtés de la route. Cox a dirigé son arme vers la droite, j'ai pointé la mienne à gauche, et tous mes Marines tiraient à gauche pour nous dégager un passage au milieu. J'ai vidé environ cinq chargeurs. Au cinquième, un déluge de balles s'est abattu sur nous de derrière les herbes hautes. Je voyais les balles, comme dans *Matrix*, elles frappaient l'asphalte devant moi et j'en ai entendu une toucher le Humvee. Ces fils de pute étaient vraiment en train de nous canarder.

Après le dernier tir, une balle a sifflé au-dessus de ma tête. Puis on a cessé le feu et attendu cinq secondes avant d'arrêter d'épauler nos armes. Mon sniper, Travis Toney, est venu vers nous :

« Qu'est-ce que tu as foutu, mon vieux ?

– C'était une embuscade. »

Il avait mis du temps à comprendre qu'on essuyait des tirs provenant de la droite ! J'ai rejoint le lieutenant Shea :

« Lieutenant, il faut envoyer un message radio, nous avons été pris dans une embuscade.

– Vous êtes sûr ?, a-t-il demandé, sceptique.

– Vous voulez voir les impacts sur mon Humvee ? »

En voyant les marques sur le support d'antenne, nous avons conclu que des ennemis se trouvaient effectivement sur la droite.

Cet épisode m'a donné la grosse tête. Je me disais : « Wow, je m'en suis sorti. » Nous sommes remontés « à cheval » et nous avons décidé de poursuivre la mission. Les hommes étaient gonflés à bloc. Les véhicules qu'on dépassait brûlaient encore et on sentait la chair carbonisée – cette odeur douce, comme du tabac sucré, et en même temps si aigre.

Il nous a fallu plusieurs jours pour rejoindre Al Budayr, en passant par Afak. Le souvenir de cette étape est très vague : sable, vent et soleil brûlant. Une fois à Al Budayr, le lieutenant nous a dit de nous garer devant le Q.G. régional du Parti Baas. Les locaux étaient déserts. Des murs, il ne restait que des ruines noires, détruites par les missiles. Il n'y avait aucun meuble, aucune vitre aux fenêtres et des papiers partout, l'endroit avait été mis à sac par des pillards. De temps en temps, une voiture de civils s'approchait, nous faisant craindre une attaque de kamikazes. Nous sommes restés là de 21 heures à minuit. On avait l'impression d'attendre une exécution. Assis sur mon siège, les nerfs en pelote, j'ai bu le café de ma ration. En pendant que je le buvais, là, toute ma vie a défilé devant moi. Tout d'un coup, tous les détails de ce dîner magique de Noël chez les parents de Jackie me sont revenus en tête : le parfum du jambon de pays et de la purée de pommes de terre qu'elle avait préparée si tendrement avec sa Nannie et sa tante Donna, la chaleur qui régnait dans la pièce, l'odeur sucrée du bois dans la cheminée, les guirlandes clignotantes dans le sapin de Noël, les enfants courant dans la maison, le concert des cris et des rires, les yeux vert vif de Jackie et son doux sourire, sur le point de se ternir en un rictus désespéré [1].

---

1. La scène a lieu juste avant que Jacky n'apprenne le départ de Jimmy en Irak.

Chapitre 14

Dommage collatéral

Ils vont te juger comme criminel de guerre

Nous avons atteint Nu'maniyah vers midi, début avril. C'était une vieille ville de campagne, plutôt active, à l'architecture tentaculaire ; immeubles en béton, larges avenues et rues pavées. Les habitants portaient des vêtements traditionnels et priaient, chapelet à la main. On voyait à leurs vêtements que certains, les plus privilégiés, avaient été en contact avec la culture occidentale. Les immeubles étaient ordinaires, quelquefois à plusieurs étages et de nombreuses boutiques arboraient des pancartes délavées de marques américaines comme Pepsi-Cola et Coca-Cola. Sur les devantures des confiseries, on avait peint des personnages de dessin animé, Mickey, ou Blanche-Neige. Nu'maniyah était remplie de vélos, de taxis Toyota orange et blanc, de camionnettes. Une petite foule s'était rassemblée sur la place centrale et nous regardait d'un œil curieux. Des poules picoraient la poussière. L'odeur de déchets humains donnait la nausée car le réseau d'égouts était gravement endommagé.

Nous nous sommes arrêtés aux abords de la ville pour garder la route secondaire qui conduisait directement au centre-ville. Nous avons installé deux points de contrôle des véhicules, un à l'avant et l'autre à l'arrière. La chicane empêchait tout franchissement direct, facilitant la mise hors d'état de ceux qui tentait de percer le barrage. Comme d'habitude, le véhicule du lieutenant Shea, avec Gaumont comme mitrailleur, était en pointe et devait ouvrir le feu si besoin. Le mien se trouvait au milieu du convoi. En face de nous, il y avait un terrain de foot. À droite du terrain, un camion militaire irakien abandonné. Derrière la cage des buts la plus éloignée, un camion, d'un modèle plus récent, orné du losange rouge de la Garde présidentielle.

Quelques Irakiens se sont installés devant le check point pour essayer d'obtenir des informations. C'était la première fois que nous nous arrêtions et que nous communiquions avec eux. À Nasiriyah, nous nous contentions de les mettre en joue, mais, à Nu'maniyah, nous étions censés entretenir des rapports pacifiques. Un homme âgé, vêtu d'un vieux costume rayé bleu, d'une chemise blanche plus fraîche et de chaussures noires éculées s'est approché de moi en souriant et a commencé à me poser des questions :

« Quand est-ce qu'on aura de l'électricité ?

– Quand elle sera rétablie », ai-je répondu.

– De l'eau ? a-t-il ensuite demandé.

– Quelle eau ?

– Vous avez de l'eau ? a-t-il demandé, patient.

– Ouais, on a de l'eau.

– Combien de temps vous restez ?

– Pour toujours. »

Il a froncé les sourcils. J'ai décidé de lui dire la vérité.

« Longtemps.

– Saddam ? Saddam mort ?

– Non. »

Il m'a lancé un regard perplexe, comme pour me dire : « Alors, qu'est-ce que vous foutez là ? » Doc, Martens, Taylor et Stivers étaient entourés d'une trentaine de gamins et leur distribuaient des bonbons. Les gosses étaient fascinés par le MP3 de mes gars, qui leur faisaient écouter de la musique folk. Une dizaine d'enfants jouaient sur le terrain de foot.

J'ai remarqué la présence de sept ou huit hommes en civil près du camion militaire des Gardes présidentiels. Ils nous regardaient et nous montraient du doigt, je les ai observés avec mes jumelles. Ils avaient l'air de se livrer à une discussion enflammée. J'ai rejoint Gaumont, qui était assis dans la tourelle et observait aussi les alentours avec ses jumelles. Le lieutenant Shea était dans le Humvee.

« Garde-les à l'œil, Gaumont.

– Comptez sur moi, chef. »

Je suis retourné à mon Humvee. J'étais en train de manger une ration, appuyé sur le capot, quand j'ai remarqué une Toyota blanche qui s'arrêtait près du groupe d'Irakiens. Gaumont m'a crié :

« Eh, sergent-chef, venez voir ! »

J'ai balancé mon repas sur le capot et je l'ai rejoint en courant.

« Qu'est-ce qui se passe ?

– Un des types est sorti de la voiture, on dirait qu'il a un flingue enveloppé dans un tapis, a expliqué Gaumont.

– Garde-les à l'œil. »

Le lieutenant Shea a ajouté : « S'il a un flingue, dégomme l'ensemble. »

Je me suis retourné vers lui : « Lieutenant, c'est le véhicule militaire au bout du terrain de foot qui vous préoccupe ?

— Ouais, je l'ai déjà signalé par radio.

— C'est un peu bizarre qu'il soit garé devant cette jolie maison.

— Ouais, a répondu Shea en regardant dans cette direction.

— Ces types n'ont pas arrêté de marcher autour du camion et ils ont un comportement vraiment suspect. Je crois qu'on devrait leur faire une démonstration de notre puissance de feu. » « Je suis d'accord. Gaumont, balance deux ou trois rafales de MK 19 », a ordonné Shea. Gaumont, enthousiaste, a en envoyé cinq ou six.

Les enfants se sont enfuis du terrain de foot en criant. Mes gars criaient, eux aussi.

« Ouais, essayez de nous niquer, maintenant ! Vous voulez jouer ? Ouais, on va jouer ! beuglait joyeusement Palmer.

— On a des ballons de foot pour vous ! On a des putains de ballons de foot ! », a ajouté Taylor.

Deux ou trois minutes se sont écoulées, puis des hélicoptères Cobra ont surgi en tournoyant au-dessus de notre zone. Après trois passages, l'un d'eux s'est mis à en vol stationnaire juste au-dessus de nos têtes. Une femme est passée derrière le camion militaire avec un enfant. Nous regardions tous le ciel, comme aimantés.

« Qu'est-ce qui se passe, bordel ? » a demandé Schutz.

Soudain, un missile a frappé et une boule de feu a englouti le camion. On a ressenti le blast, on aurait cru que le ciel venait d'être déchiré. Les corps étaient déchiquetés, des morceaux de barbaque projetés dans les airs.

Toujours hypnotisé, j'ai demandé : « Bon Dieu, vous avez vu voler les putains de bouts de corps ? »,

Le capora-chef Eric Sutters a répondu : « C'était incroyable, putain !

– Allez, tirez-en un autre. Nettoyez tout le secteur », a lancé le caporal Stivers, envoûté. Les hommes, la femme et l'enfant avaient disparu.

Il était environ 20 heures quand je suis allé voir le lieutenant Shea, debout près de son bahut.

« C'était quoi ce truc avec les Cobras ? C'était un peu excessif, non ?

– Eh bien, on ne savait pas s'il y avait des armes ou non dans le camion.

– Les mecs de la Régulière aurait pu aller voir ; ils patrouillent dans le coin en ce moment même », ai-je dit.

Cinq minutes plus tard, j'ai rejoint Hallenback, qui se préparait une tasse de café dans son Humvee.

« Mon vieux, c'est de plus en plus le bordel. C'est ça, la pacification ? »

En haussant les épaules, il m'a répondu : « Tout ce que je sais, c'est qu'il faut qu'on s'en sorte vivants. Après, j'irai bosser au bureau du shérif de San Bernardino.

– J'ai du mal à m'y faire », ai-je dit d'une voix nauséeuse.

Il m'a regardé quelques secondes, l'air indécis, avant de me mettre en garde : « Vieux, il faut mûrir un coup. Si tu continues à faire des remous, ils vont te juger comme criminel de guerre. »

Je n'ai pas mûri. En fait, mon état s'est vraiment aggravé. J'ai passé cette nuit-là dans un fossé. J'alternais les gardes avec Hallenback. Je ne parvenais pas à dormir à cause du bruit incessant des explosions. Je me suis réveillé, je suis sorti d'un bond de mon sac de couchage, mon 9 mm à la main. J'avais rêvé que j'avais été touché par un obus de mortier.

Hallenback était réveillé.

Il m'a regardé en riant : « Je t'avais jamais vu bouger aussi vite, mon pote. »

Je me suis assis à côté de lui en remuant la tête de gauche à droite. « Je me sens pas bien, vieux. » Il y a encore eu des explosions. « Qu'est-ce qui se passe ?, ai-je poursuivi.

– La Régulière cherche les planques de RPG et les fait sauter », a-t-il répondu en me regardant. Il a essayé de me rassurer : « Laisse tomber, je te dis, c'est mieux pour toi.

– Je sais. » J'ai fait du café et je lui ai dit d'aller se reposer. Je suis resté de garde toute la nuit. Une nuit difficile.

Le lendemain, nous sommes retournés surveiller la même route. Les Irakiens sont exactement comme les Américains. Prenez une ville en otage, et les premiers à vous rendre visite seront les dingues et les putes. On pouvait voir les femmes soulever leur voile et agiter la langue d'avant en arrière. C'était plutôt drôle. Elles me rappelaient les putes d'Okinawa.

En Irak, on reconnaît facilement les notables de la communauté ; ils portent une djellaba de « mac » : des

habits de soie au lieu de vêtements en coton. L'un d'eux
– on l'appelait « Gros Papa Mac » – avait quatre femmes,
toutes couvertes de noir de la tête aux pieds. Il avait
la cinquantaine et portait un vêtement noir gansé d'or.
Il marchait la tête haute et se retournait sans cesse en
claquant des doigts en direction de ses femmes, qui le
rejoignaient en courant. Elles se rangeaient par ordre
d'ancienneté, les deux dernières étant les plus âgées.
À leurs ventres gonflés et à leurs seins flasques, on voyait
qu'elles avaient porté beaucoup d'enfants. La femme
devant elle devait avoir la trentaine ; la plus jeune, 20
ans environ, restait à côté de son mari. Elle était mince,
son corps était ferme. La plus vieille nous a regardés
en agitant sa langue. Mes Marines ont commencé à
s'exciter.

« 'Y a du cul dans le coin, les gars », a dit Stivers.

J'ai ri : « Non, non. »

Soudain, une femme brune est apparue et a fait signe
aux enfants de s'éloigner. Elle portait un jean, des ten-
nis et une longue chemise rayée rose et blanc, elle semblait plus glisser avec grâce que marcher. Nous nous
sommes tous exclamés, admiratifs : « Putain de bordel !
Le canon ! » Elle s'est dirigée droit vers Doc, qui ne portait pas d'arme. « Je suis déjà allée en Amérique », lui
a-t-elle dit en souriant. Pendant quelques secondes Doc
a semblé un peu étourdi par cette beauté, mais il s'est
vite ressaisi :

« Ah ouais ? Où ça ?

– J'ai fait des études à Chicago. J'adorerais retourner là-bas pour obtenir mon diplôme. » Son accent était
excellent. Mes Marines étaient stupéfaits et, honnête-

ment, on aurait dit une sorte d'apparition – une rose épanouie en plein désert.

« Quel genre de musique vous aimez ? » a doucement demandé Doc tout en retirant ses écouteurs pour les lui passer avec délicatesse.

« Oh, ouais, super », a-t-elle dit en écoutant la techno qui éclatait dans les écouteurs. Je regardais Doc et je voyais bien qu'il avait la trique. Il souriait, en pleine béatitude. Ça faisait longtemps que je ne l'avais pas vu sourire comme ça. Il rayonnait encore après le départ de la fille.

Un peu plus tard, un groupe d'Irakiens s'est arrêté à côté de nous. Ils étaient vêtus du costume traditionnel blanc et semblaient assez pauvres. On les a fait sortir de leur voiture en pointant nos armes sur eux. Ils ont tout de suite mis les mains en l'air. Solberg et Martens les ont palpés avant de fouiller la voiture. Il y avait un truc à l'arrière, enveloppé dans un morceau de toile blanche. J'ai désigné l'objet. Un des hommes a fait mine de se pencher. J'étais sûr qu'ils cachaient des armes. Soudain, Solberg a crié :

« Merde, il y a un enfant là-dedans ! »

Le père de l'enfant nous a regardés comme si on était une bande de crétins. J'ai compris qu'ils voulaient enterrer l'enfant et j'ai dit : « Non, vous ne pouvez pas passer », mais j'ai crié : « Envoyez le toubib ! », et mes Marines ont fait écho.

J'ai demandé au père : « Comment l'enfant est-il mort ? »

Le père a agité les mains en imitant des bruits d'explosions. L'enfant avait été sévèrement blessé par une bombe qui avait atterri près de sa chambre. Le blast de l'explosion avait irrémédiablement endommagé ses organes vitaux.

Doc est arrivé en haletant.

« Doc, il y a un gamin mort dans la voiture. Aide-moi à le sortir. »

L'enfant devait avoir 5 ans. Nous avons ôté le tissu enroulé très serré autour de sa tête et de son cou. Doc a posé le stéthoscope sur le cœur de l'enfant avant de lâcher :

« Merde, il est vivant ! »

Furieux, j'ai regardé le père, j'avais envie de le buter avec mon fusil.

« Putains de sauvages ! Il est toujours vivant ! », ai-je hurlé.

Doc a essayé de ranimer l'enfant pendant cinq bonnes minutes. Tout le monde se taisait et regardait Doc en retenant son souffle. J'en avais encore après le père. L'enfant était complètement inerte. Son teint avait pris une couleur cendre et il avait l'air très mal. Je me suis surpris à penser à mon Kurgan. Pendant quelques secondes, j'étais de nouveau sur la base de Twentynine Palms, je lui tenais la main pendant qu'il grimpait sur le char et jouait en disant : « Boum ! Boum ! » Doc m'a tiré de ma rêverie :

« C'est fini ! Il est parti ! »

Il m'a regardé, les yeux pleins de larmes. Je me suis éloigné rapidement. Mes Marines ont laissé passer la voiture du père, pour qu'ils puissent aller enterrer l'enfant.

J'avais eu hâte de me coucher mais pourtant je me
suis réveillé en pleine nuit, horrifié. Je ne sais plus quel
cauchemar j'ai fait mais, comme toujours, je me suis
assis et j'ai observé les expressions sur les visages des
Marines. Comme moi, ils s'asseyaient et regardaient
dans le vide. L'un d'eux a rêvé de la cavalerie irakienne
à dos de chameaux. On leur tirait dessus et les chameaux avalaient les balles avant de les recracher sur
nous et de tous nous tuer.

Chapitre 15

Hell's Bells [1]

Ils ne nous prendront jamais notre liberté !

---

1. « Les cloches de l'Enfer » : chanson du groupe rock AC/DC.

Il nous a fallu environ quarante-huit heures pour atteindre Salman Pak, dans la périphérie Sud-Est de Bagdad. L'endroit me rappelait un coin perdu de Caroline du Nord, le « Cudzu South ». Une zone pauvre, une autoroute jalonnée d'immeubles décrépits et abandonnés. On a disposé les Humvee en colonne, près d'une station-service abandonnée qu'une famille avait retapée pour y habiter.

Je suis entré précipitamment, 9 mm au poing, et, avec mon arme, je leur ai fait signe de sortir. L'homme le plus âgé, qui portait le costume musulman blanc, a dit quelque chose en arabe d'un ton implorant. J'ai passé mon pouce sur mon cou, ce qui signifiait : « Dépêchez-vous de sortir, ou vous êtes morts. » Il a compris.

Une femme âgée et ronde, probablement son épouse, vêtue de haillons, a roulé quelques tapis crasseux tandis que ses deux filles et ses deux jeunes fils rassemblaient leurs affaires, le tout en deux minutes. Les garçons étaient torse nu, ils portaient des pantalons de jogging et des sandales. Quand j'ai pris mon couteau pour inspecter des ampoules de verre qui étaient par terre, ils sont sortis en courant, terrifiés.

À l'extérieur, l'odeur était abominable. Trois carcasses de chèvres, qui devaient sûrement être là depuis une semaine, pourrissaient de l'autre côté de la route. Il faisait très chaud, humide et sombre, à cause de l'incendie proche d'un champ de pétrole. En plus, nous portions nos combinaisons MOPP [1], qui augmentent la température du corps de 6 ou 7 degrés. Six LAV [2] étaient garés devant nous. Les Irakiens les appelaient les « Anges de la mort », parce qu'ils tiraient toujours à l'aveuglette et souvent de l'uranium appauvri.

Je dormais dans mon Humvee quand Westerman a tapé à la fenêtre.

« Eh, Louis le dingue [3] veut vous parler.

– D'accord », ai-je dit avant de le suivre en courant.

« Qu'est-ce qui se passe ?

– Je n'ai pas arrêté d'entendre des transmissions radio qui parlaient de raids nocturnes sur Salman Pak. »

Le lieutenant Shea avait déplié une carte sur le capot de son véhicule. Il nous attendait. Solberg, Gaumont, Sutter et Stivers étaient à côté de lui. Il a commencé :

« Nous allons lancer une attaque de nuit sur Salman Pak. Le palais de Saddam se trouve là-bas. En plus, c'est un important centre de renseignements des Fedayins irakiens qui se sont entraînés ici. Il y a aussi une unité de la Garde présidentielle. Les Nations Unies ont repéré le fuselage d'un avion qui servait à entraîner des pirates de l'air. »

---

1. Tenues de protection chimiques et bactériologiques.
2. *Light Armored Vehicle* : blindé léger, également amphibie. NdA.
3. *Screwy Lui* : surnom du lieutenant Shea.

En entendant le nom de Saddam Hussein, mes gars se sont animés. Solberg, qui faisait toujours le malin, a demandé :

« Vous êtes sûr qu'ils vont sortir jouer ? »

Le lieutenant Shea n'a pas relevé. Je prenais des notes. Le lieutenant Shea a continué à exposer la mission :

« Le tir d'artillerie devrait durer vingt minutes. Après ça, ils enverront les bombardiers pilonner la place, pendant encore vingt minutes. On entrera après. A priori, nous devrons affronter un grand nombre de combattants ennemis. Une fois dans Salman Pak, vous resterez en soutien. Ceux du CAAT 2 entreront les premiers. La zone est très boisée.

– Lieutenant, comment ça se fait qu'on entre pas en premier ?, a demandé Schutz.

– La ferme, Schutz », ont répondu les autres Marines, d'une seule voix.

J'ai dit : « D'accord. Quel créneau horaire pour le départ ?

– Assurez-vous simplement que tous les gars sont dans leurs véhicules et en ordre de combat dès le coucher du soleil », a-t-il répondu d'un ton autoritaire.

Je suis retourné vers mes gars, j'ai réuni tout le monde et je leur ai tout répété. Ils étaient si excités qu'ils faisaient des bonds.

« Espérons qu'ils n'annuleront pas l'opération faute de participants », a dit Sutter.

Tout le monde a ri bruyamment. Ensuite, on a mis *Hell's Bells*, et *Paint it black* des Rolling Stones pendant une heure et l'ambiance a rapidement viré à la célébration satanique.

On s'est peint le visage en noir, en ajoutant du maquillage blanc qui nous donnait des airs de clowns sadiques, tout ça parce que psychologiquement, il est plus facile de tuer quelqu'un quand on est grimé. J'ai moi aussi participé joyeusement à ce cérémonial. Je me suis mis devant un miroir en répétant : « C'est le dernier visage que tu apercevras, enculé ! »

Le lieutenant Shea est venu me demander :

« Vous avez décidé de vous camoufler le visage, sergent-chef ?

– Ouais ; si vous voulez être des nôtres, lieutenant ! »

Il est reparti. Les gars couraient dans tous les sens, se comportant comme des sauvages, partageant des rations, échangeant des cigarettes, en une espèce de festin médiéval d'avant la bataille. Le caporal Randall Taylor s'est dirigé vers les carcasses des chèvres, il a ramassé un bout d'os et s'est mis à courir en le tenant comme une lance, puis l'a jeté sur les chèvres mortes en criant : « Crève, enculé ! Crève, enculé !

– Arrête de remuer ça, connard ! Ça schlingue déjà assez comme ça ! », lui a dit Solberg.

Soudain, Westerman a attrapé le chiot de Martens en criant :

« Donne-moi ce putain de clébard, Martens ! Pas question qu'un chien se mette à aboyer et à révéler nos positions pendant un raid nocturne ! »

Westerman lui a brisé le cou d'un coup sec. Après avoir poussé un cri à la con, le chien est resté sans vie.

Quelqu'un a dit : « Super, de toute façon il était complètement abruti. »

Martens ne bronchait pas. La tête basse, il a marché tristement jusqu'à son Humvee, s'est assis sur la tourelle en essayant de prendre un air indifférent.

J'ai pris Westerman à part : « Si jamais je te reprends à faire ce genre de connerie, j'en ferai une affaire personnelle entre toi et moi. Et crois-moi, ça veut dire que ta vie sera un enfer. »

J'ai décidé que c'était le moment de les briefer pour les remonter.

« On arrive au moment ultime, celui où tout ce que vous avez appris au sein des Marine va vous servir. Dans la vie, on trouve deux sortes d'individus : ceux qui plongent dans la piscine et ceux qui restent sur le bord en se trempant leurs orteils. C'est le moment d'être des super-héros et de briller. Je sais que chacun d'entre nous va faire ce qu'il faut, se battre dur et faire la fierté de ses parents. L'homme n'a que deux choses dans ce monde : sa parole et son honneur. On peut tout vous prendre, sauf votre honneur. Battez-vous durement. »

Après mon speech, j'ai contacté le caporal O'Shea par radio et lui ai demandé de nous faire « William Wallace ». Son discours était repris du film *Braveheart* et il le récitait de son plus bel accent écossais :

« Je suis William Wallace. J'ai tué des centaines d'hommes. Je pourrais réduire les Anglais en cendres avec les boules de feu lancées par mes yeux et des éclairs envoyés par mon cul. Je suis William Wallace et je vois une armée entière de compatriotes défier la tyrannie. Vous êtes venus vous battre en hommes libres. Vous êtes des hommes libres. Que ferez-vous sans cette liberté ?

Vous battrez-vous ? Battez-vous et vous mourrez peut-être, fuyez et vous vivrez sûrement encore un moment. Mais si, au bout de toutes ces années, vous deviez mourir dans votre lit, refuseriez-vous d'échanger tout cela, d'aujourd'hui jusqu'à ce jour-là, contre une chance, une seule chance de revenir ici et de dire à nos ennemis qu'ils peuvent prendre nos vies… mais qu'ils ne nous prendront jamais NOTRE LIBERTÉ !!! »

Après ça, on se sentait vraiment comme des cow-boys. Nous étions galvanisés, prêts à montrer de quoi nous étions faits.

Le soi-disant camp terroriste était entouré de marais ; il a fallu faire une série de manœuvres difficiles et complexes pour traverser les hautes herbes dans la nuit noire. On se serait cru dans les Everglades, en Floride ; plein de moustiques, d'herbe de la pampa et une odeur de plantes pourries. À l'intérieur d'un énorme mur d'enceinte se trouvait une zone résidentielle cossue entourée de bâtiments militaires. Les maisons étaient grandes et confortables, construites sur de vastes terrains. L'artillerie avait pilonné l'endroit pendant vingt minutes mais le soutien aérien avait été annulé. Nous avons été surpris de l'absence de résistance.

J'avais entendu se vider des centaines de bandes de calibre 50, les sons, plus sourds, des chenilles de blindés légers, qui rappellent le violoncelle, et maintenant j'avais devant moi le résultat : une quinzaine de corps éparpillés sur les bas-côtés, en position fœtale, des véhicules en flammes (certains militaires, d'autres non), des immeubles et des casernes bombardés. Les agents de la CIA étaient partout, surtout aux alentours du palais de Saddam. Les gars de la Régulière avaient lancé un raid sur le palais, mais il n'y avait rien là-bas. Deux agents se baladaient tranquillement dans leur Range Rover noire. Le palais n'était pas très grand, mais assez extravagant : hauts murs de béton couleur sable, arches sculptées, grandes portes en bois ouvragé, et une belle cour remplie de palmiers dattiers. Nous avons patrouillé dans toute la ville pendant une bonne heure et demie, en annonçant régulièrement par radio qu'il n'y avait rien là-dedans.

Vers 3 heures du matin, on a installé le bivouac pour la nuit et, à notre grande surprise, nous nous sommes réveillés le lendemain matin au milieu d'un terrain de jeux pour enfants, avec une grande roue miniature, des petites montagnes russes, des rochers, et un délicieux parfum de jasmin. Les maisons alentour étaient magnifiques. Tout était calme. Plus un cadavre en vue. Des hommes âgés nous ont apporté du thé, des dattes et du pain frais. Un jeune homme brun s'est approché de moi :

« De quelle religion êtes-vous ?

– Épiscopale, a répondu Taylor, l'église de Satan. » L'irakien me regardait, perplexe.

« Chrétien », ai-je précisé.

Un type plus âgé m'a demandé :

« Électricité ? Eau ?

– Bientôt », ai-je répondu, et comme il ne comprenait pas, j'ai regardé ma montre et j'ai ajouté : « Bientôt. Vite ! »

Il m'a souri avant de s'éloigner.

Un bel homme, très élégant, habillé à l'occidentale et qui avait l'air bien nourri, m'a amené sa fillette pour que je la prenne dans les bras. Je me suis désinfecté les mains avec mon spray avant et il a dit : « Merci. » Elle avait 3 ans, portait une barrette en forme d'agneau dans les cheveux et semblait pétrifiée dans mes bras. J'ai compris tout à coup que mon visage était encore peint comme celui d'un démon. On se regardait tous en pensant la même chose : « Qu'est-ce qu'on branle ici, bordel ? »

En partant, à l'entrée de la ville de Salman Pak, j'ai vu des carlingues de zing servant à simuler des sorties d'avions et j'ai pensé : « Oh, mais c'était donc ça, la terrible menace ! »

Chapitre 16

Le pacte du sang

Trop bon trop con

Avant d'emprunter le pont de Bagdad pour traverser le Tigre et rejoindre Bagdad, j'ai été abordé par un Irakien bien habillé, qui portait des lunettes. Il m'a demandé si nous pouvions aider sa famille à traverser le pont pour quitter la ville. Des pilleurs avaient, semble-t-il, chassé la famille de son domicile et ils vivaient depuis dans une mosquée. Il voulait me payer pour assurer leur passage. Sa femme était entièrement vêtue de noir et ses deux garçons habillés à l'occidentale. L'un devait avoir 6 ans et l'autre 14.

J'ai répondu : « On ne peut pas faire ça. On est en guerre. »

Il s'est énervé : « Vous êtes là pour nous protéger. Si vous ne pouvez pas faire ça, alors qui le pourra ? Je croyais que vous étiez là pour ça. »

Je lui ai dit qu'on ne pouvait même pas empêcher les pilleurs de détruire son pays, et je lui ai demandé pourquoi il pensait que je pouvais aider sa famille. Il m'a tourné le dos et est parti les retrouver dans la mosquée. En s'éloignant, il leur parlait en arabe en faisant des grands gestes. Ils étaient vraiment furieux.

Le soleil a commencé à décliner alors que nous approchions de l'aéroport international. D'après les rapports des Services secrets que nous avions reçus, des prisonniers américains avaient été repérés dans la zone militaire d'Al Rashid. Le CAAT 1 était chargé du périmètre de sécurité et de l'appui feu pendant leur tentative de libération. Nous avons élaboré notre plan en une heure. Le terrain était entouré de murs de béton de 3 mètres de haut et de portes métalliques ; il y avait des palmiers dattiers dans la cour et tout autour. Le centre médical d'Al Rashid, où les prisonniers de guerre américains étaient censés être retenus, ne comportait qu'un seul étage et pouvait sans doute enfermer jusqu'à deux cents prisonniers. Tout le monde a réagi très vite. La Régulière est descendu des camions et a foncé dans la prison. Nous avons entendu les explosions de C4 résonner à travers le site, tandis qu'ils ouvraient les portes en hurlant : « OK, Clair ! OK, Clair ! »

C'était une nouvelle grande déception. J'espérais vraiment qu'il y avait des prisonniers sur le site. Je croyais encore au Corps et je ne voulais pas que cette mission soit un échec, comme toutes les autres. Après avoir fouillé entièrement le camp, ils ont trouvé quelques uniformes de l'armée américaine. Alors que les tirs continuaient à faire péter des trucs dans tous les sens, j'ai appris qu'ils étaient aussi tombés sur trois camions bourrés de cadavres de soldats irakiens tués la veille. Après le raid, nous sommes retournés à notre zone d'affectation, aux environs de l'aéroport. J'ai dit à mes hommes :

« On va se coucher. Pas besoin de garde. On va laisser les *poges* nous surveiller cette nuit. »

Je les ai renvoyés en leur disant : « Vous avez bien
mérité une bonne nuit de sommeil, les gars. » On a passé
la nuit sur le tarmac.

Le lendemain, je me suis réveillé aux premières lueurs
du jour. Et déjà de mauvaise humeur, à cause du vent
qui avait perturbé mon sommeil. Le lieutenant Shea m'a
engueulé parce que j'avais ramassé une mitrailleuse sovié-
tique – une RPK – sur le bas-côté de la route. Elle était
posée sur un trépied à l'arrière de mon Humvee.

« Sergent-chef, comment les hommes peuvent-ils obéir
à mes ordres et ne pas ramasser d'armes si vous ne pouvez pas les respecter vous-même ?

– Je comprends vos ordres, lieutenant, mais je ne veux
pas laisser une mitrailleuse chargée au bord de la route
et risquer que mes hommes se fassent tirer dessus. »

Il m'a lancé un regard dégoûté avant de s'éloigner.
Schutz a ricané. Le lieutenant est allé voir le commandant de l'opération, le capitaine Schmitt. Le capitaine
Schmitt était un homme assez menu. On aurait dit qu'il
avait séjourné dans un bagne en Alabama tant ses yeux
étaient enfoncés et son visage émacié, et il avait l'odeur
de quelqu'un qui n'a jamais pris une douche de sa vie.

Un quart d'heure après, il a convoqué une réunion
près de son Humvee. Je m'y suis rendu avec mes chefs
de bord.

« Nous sommes dans une zone urbaine. Vous savez ce
que ça signifie. Il y a des Indiens partout. Ne baissez pas
votre garde une seule minute, même pas une seconde »,
ai-je dit à Westerman, Solberg, Sutter et Valerio A. Les
garçons savaient que la partie allait commencer. Le lieu-

tenant Shea avait déplié une carte sur le capot et il désignait la route qu'on allait emprunter pour rejoindre le
complexe militaire.

« On a eu des rapports sur des insurgés habillés en
civils venant du Sud de la Turquie, de Syrie et d'Iran. Ils
volent les voitures de police et les ambulances, les bour-
rent de bombes et les précipitent sur les barrages des
Marines. Les Services secrets ont aussi annoncé que les
Fedayins et la Garde présidentielle sont en train de préparer des attaques suicides contre les Américains et les
forces alliées. Contre eux, nous allons alterner tactiques
de guérilla et tactiques traditionnelles. On va traverser
une zone industrielle urbaine. Une fois là-bas, on ins-
tallera un check point, par ici. »

Il a désigné sur la carte un endroit à la droite du Tigre.
Puis il a poursuivi :

« On ne laissera passer aucun véhicule. Notre boulot,
c'est de repérer ces insurgés et les détruire, de les chercher et les anéantir. Le CAAT 2 fera la même chose 4
kilomètres plus à l'est. Il est 7 h 45. Je veux que tout le
monde soit prêt à 8 h 15, on démarre à 8 h 30. »

Nous sommes tous repartis vers nos véhicules en marmonnant. Pendant que les gars vérifiaient les niveaux
d'essence et d'eau tout en piquant des rations supplémentaires, j'ai convoqué une réunion et répété dans les
grandes lignes ce que venait d'annoncer le lieutenant
Shea, ajoutant :

« On se couvre mutuellement. Si quelqu'un a un problème, je veux le savoir MAINTENANT. Y a-t-il un
malade ?

– Non, sergent-chef.

– Des trucs que vous n'avez pas digérés ? Une merde quelconque, des saloperies ? »

Personne n'a répondu.

« Bon, qui a du whisky ? »

Westerman en avait.

« Bien, file m'en un coup. »

Sur le chemin, nous nous sommes arrêtés devant un entrepôt abandonné. Une zone industrielle vétuste et sale, jonchée de pièces rouillées, de vieux moteurs, de morceaux de ferraille, avec des chaînes qui pendaient du plafond. Gaumont était en observation. Il a scruté l'autre rive du Tigre à travers ses jumelles et a brusquement ouvert le feu avec le Mark 19, en hurlant « Bicots en vue ! ».

Nous avons tous saisi nos jumelles et repéré aussitôt deux types et ce qui restait d'un RPG. Gaumont les avait dégommés à la vitesse de l'éclair. Tous les gars des trois véhicules de tête le félicitaient :

« Super boulot !

– Tu es le meilleur !

– Merci. Ouais, je les ai eus, les enculés ! »

Nous avons atteint le site militaire d'Al Rashid par une journée couverte, sombre et glauque. On a tout de suite vu que le 5ᵉ Marines avait tout niqué. La mort de leur adjudant-chef Edward Smith, tué dans son Amtrac par des éclats d'obus, les avait dopés. Ils étaient assoiffés de sang. Toutes les fenêtres des bureaux étaient en miettes, les armoires de dossiers renversées ; le mobilier était éparpillé dans les allées ; des vagins peints à la

bombe sur lesquels on avait écrit « PUSSIES » [1] recou-
vraient tous les murs, ainsi que « FUCK YOU HAD-
JIS » [2]. On avait chié sur les bureaux et les étagères
renversées, détruit les équipements électroniques. Je me
souviens d'une bite dessinée dans la bouche d'un Saddam
Hussein peint sur un tableau d'affichage. Certains portraits, magnifiques, étaient réalisés en carreaux peints,
comme de la mosaïque. On se demandait pourquoi on
se retrouvait à chaque fois comme la dernière roue du
carrosse. Le 5e nous avait remplacé comme fer de lance.
Nous étions déclassés.

Nous nous sommes arrêtés près d'une usine à l'abandon ; l'odeur pénétrante, la chaleur étouffante et l'im-
mobilité de l'air me rappelaient Deer Park, une ville
de raffineries de la banlieue de Houston. La quatre-voies
était bordé de chaque côté d'un haut mur de béton et
passait sous un pont d'autoroute juste au-dessus de nos
têtes. Avec des bases militaires irakiennes des deux côtés,
c'était le décor idéal pour tomber dans une embuscade
ou essuyer un tir de snipers. En zone urbaine, on ne pouvait pas demander de soutien aérien sans se mettre en
danger. Mes gars commençaient à être nerveux. La compagnie Lima, nos arrières en cas de débordement, nous
cherchait à droite de la quatre-voies.

Quand nous nous sommes arrêtés, j'ai vu dix Irakiens,
à environ 150 mètres. Ils avaient moins de 40 ans, étaient
assez propres sur eux et vêtus du traditionnel habit blanc.
Ils se tenaient sur la route en agitant des bannières et

---

1. Désigne le sexe féminin en argot.
2. « Allez-vous faire enculer, les turbans. »

criaient des slogans anti-américains. Derrière eux s'étendait une banlieue résidentielle.

« Qu'est-ce que cette bande de turbans fout là ? » a demandé Gaumont.

Les quatre hommes devant portaient deux grands portraits, l'un de Saddam Hussein et l'autre d'un religieux. On progressait assez rapidement vers Bagdad et ils semblaient vouloir nous empêcher de passer. Un char Abrams des Marines était garé à l'entrée du camp, sur la droite. Avec mon 9 mm position poitrine, M-16 et masque à gaz dans le dos, j'ai rejoint le tankiste qui surveillait les manifestants aux jumelles.

« On dirait qu'ils manifestent. Ils sont restés là à gueuler. Juste une poignée de manifestants, ils n'ont pas d'armes », m'a-t-il dit, rassurant.

Je suis revenu sur mes pas, longeant sur ma droite une immense usine abandonnée percée de fenêtres, et j'ai passé en revue tous les gars, histoire de m'assurer qu'ils étaient en disposition de combat et que les mitrailleuses étaient en ordre de tir. Je leur ai dit :

« Gardez les yeux bien ouverts, surveillez surtout les fenêtres de l'usine. Mon sixième sens de Spiderman est en alerte. »

Dans la tourelle, le servant de la mitrailleuse, Martens, un gentil garçon au visage poupin, a acquiescé :

« Chef, ça pue ici. »

Je suis retourné à mon véhicule, j'avais faim et j'ai entamé une ration, ma préférée, enchilada mexicaine. C'est alors que j'ai entendu un coup de feu passer juste au-dessus de nos têtes, de droite à gauche. J'ai couru jusqu'au milieu de la route pour voir ce qui se passait. J'avais à peine rejoint Schutz que mes mecs ont défouraillé sur les manifestants. Il ne m'a fallu que trois secondes pour épauler. J'ai vérifié mes appuis et aligné mes éléments de visée sur le centre de la masse corporelle d'un manifestant. J'ai inspiré profondément et, en expirant, j'ai ouvert doucement l'œil droit et j'ai tiré. J'ai regardé les balles frapper le manifestant en pleine poitrine. Mes Marines gueulaient :

« Venez, fiottes. Vous voulez vous battre ? »

J'ai tout de suite acquis une nouvelle cible, un manifestant à quatre pattes, qui essayait de fuir le plus vite possible. Rapidement, je l'ai visé à la tête, j'ai inspiré profondément, expiré et j'ai tiré à nouveau. Une tête : Boum ! Une autre : Boum ! Le centre d'une masse, dans le mille : Boum ! Une autre : Boum ! J'ai continué jusqu'au moment où je n'ai plus perçu aucun mouvement chez les manifestants. Il n'y a pas eu de coups de feu en retour. J'ai dû tirer une douzaine de coups. Le tout n'a pas duré plus de deux minutes et demie.

Je savais qu'on leur avait aussi tiré dans le dos ; certains d'entre eux rampaient et leurs vêtements blancs avaient viré au rouge. La 5,56 des M-16 est une balle méchante : elle ne tue pas sur le coup. Par exemple, elle peut entrer dans la poitrine et ressortir par le genou en déchirant tous les organes internes sur sa route. Mes gars sautaient dans tous les sens. Taylor et Gaumont beuglaient : « Revenez, chochottes ! » « Ils ne savent pas se battre, ces enculés ! Putains de lavettes ! » Ils se donnaient des tapes dans le dos en échangeant des « Super boulot », mais ils étaient frustrés parce que certains manifestants avaient quand même réussi à s'enfuir. Je voulais continuer à tirer, je n'arrêtais pas de me dire : « Mon Dieu, il doit y en avoir d'autres. » C'était comme de manger la première cuille-rée de votre glace préférée. On en redemande.

Le lieutenant Shea est venu vers moi :
« Sergent-chef, je veux prendre Westerman et deux autres véhicules. Vous, vous restez ici avec le peloton. On va faire une reconnaissance sur zone.
– Westerman peut rester, je viens avec vous. »
Personne n'a demandé pourquoi les tirs avaient éclaté, mais quelque chose clochait. Je me sentais mal à l'aise, je voulais être certain d'avoir tué proprement, et que nous avions respecté les règles d'engagement de la Convention de Genève et les procédures opérationnelles standard.

J'ai dit très vite : « On va voir s'ils étaient armés, après on grimpera sur la passerelle pour vérifier qu'il n'y a pas de sniper sur le pont. »
J'ai ajouté pour Schutz : « Faut se dépêcher de rame-ner nos fesses par là-bas. »
Debout à l'arrière du Humvee, complètement exposé, je me tenais à la barre de la capote. Nous avons avancé vers l'autoroute sur 200 mètres à peu près, à 50 km/h ; en tournant, nous sommes descendus à 40 et j'ai vu quatre corps étendus les uns sur les autres, dans une mare de sang. On aurait cru que quelqu'un avait plongé leurs vêtements dans un bain de teinture rouge. Les deux pan-cartes en arabe et en anglais avec « Go home » et « Bush bad », leurs vêtements, tout était couvert de sang. J'ai réussi à effacer leurs visages de ma mémoire. J'ai cher-ché des armes, il n'y en avait pas.

En retournant au camp, j'ai vu le survivant. Il se cachait derrière un pilier en béton, sous l'autoroute, à environ 10 mètres des manifestants. J'ai lancé « Stop ! » à Schutz. Une vingtaine d'années, bien habillé, à l'occidentale. Il portait le bouc. Ses yeux sombres étaient écarquillés d'horreur. Je lui ai fait signe, il a avancé vers moi en sautillant péniblement sur le pied droit tout en traînant le pied gauche dont la moitié avait été arrachée par un tir. C'était une purée de chair et de sang. Muscles, nerfs et tendons pendaient. Ses yeux élargis me suppliaient de lui laisser la vie sauve. J'ai beuglé dans la radio : « Ne tirez pas ! Ne tirez pas ! » en lui faisant signe de s'éloigner tandis qu'il continuait à sautiller sur le pied droit. O'Shea et ses gars criaient joyeusement : « Regardez-le, cet enculé ! »

Nous sommes allés sur le pont, avons avancé d'1,5 kilomètre et sommes retournés sur nos pas. En contrebas, j'ai vu trois ou quatre RPG contre le mur, à 150 mètres des manifestants ; ils étaient prêts à tirer, missiles chargés. Les manifestants auraient pu nous aligner dès notre arrivée, mais c'étaient de simples porteurs de pancartes. Ils avaient dû croire à la propagande qu'on balançait de nos avions : « NOUS ALLONS RENVERSER SADDAM HUSSEIN. SI VOUS DÉPOSEZ LES ARMES, NOUS VOUS LAISSERONS TRANQUILLES. LAISSEZ LES ÉCOLES OUVERTES. LAISSEZ LES ROUTES OUVERTES. CONTINUEZ À MENER VOTRE VIE DE TOUS LES JOURS. LAISSEZ LES INSTALLATIONS DE TRAITEMENT D'EAU OUVERTES. L'ÉLECTRICITÉ ET L'EAU

SERONT BIENTÔT RÉTABLIES. NOUS SOMMES VENUS ÉTABLIR LA DÉMOCRATIE. »

En revenant au check point, j'ai demandé à mes gars :

« Qui a ouvert le feu, bordel ?

– On a entendu un tir isolé.

– Quelqu'un a repéré d'où venait le tir ?

– Non, ça nous a filé juste au-dessus de la tête. »

Je n'ai pas insisté mais je me disais que si j'étais un terroriste, je n'aurais pas ouvert les hostilités par un tir isolé. J'aurais commencé par un déluge de balles.

Nous nous sommes garés en quinconce. J'étais au milieu du convoi, du côté droit de la route, près de Westerman. À côté du char Abrams, il y avait un camion militaire abandonné, bourré de mines antipersonnel, de grenades à main, d'AK et de RPG – assez d'armes et de munitions pour approvisionner une escouade d'Irakiens. Le véhicule semblait être tombé en panne.

Je suis allé jusqu'au véhicule du lieutenant Shea : « Lieutenant, qu'est-ce que vous comptez faire de ce véhicule ?

– Que voulez-vous que je fasse, sergent-chef ?

– On pourrait appeler un bataillon et faire venir un cinq tonnes pour remorquer ce camion jusqu'à Al Rashid. Il y a assez d'armes et de munitions là-dedans pour nous effacer tous.

– Je ne peux pas m'occuper de ça maintenant, sergent-chef.

– Bon, alors je m'en occupe. »

J'ai appelé Stivers, Howard et Martens :

« Commencez à décharger le camion. Les armes en état de marche dans nos véhicules. Les grandes caisses de grenades et de mines dans le mien, et les AK chez vous. »

Quand le lieutenant Shea est arrivé, un peu plus tard, il a eu l'air surpris :

« Pourquoi leur avez-vous dit de décharger le camion ?

– Je vous ai dit que je m'en occupais, lieutenant.

– Je croyais vous avoir dit que je ne voulais pas d'armes récupérées à l'arrière de votre voiture ? »

J'étais vraiment furibard.

« Et moi, je vous ai répondu que je ne voulais pas laisser des armes traîner dans notre dos ! »

Il m'a jeté un regard haineux avant de s'éloigner.

« Dites, chef, j'avais encore jamais entendu un sous-officier parler comme ça à un lieutenant !, a dit Schutz, stupéfait.

– À votre avis, qui est-ce qui entraîne les officiers à Quantico [1] ? », ai-je répondu en haussant les épaules.

Les gars déchargeaient encore le camion quand un camion tracteur orange sans remorque a déboulé au coin de la route en crissant. Il roulait à 60 km/h, ce qui est assez rapide sur ce genre de route. Tout le monde pissait de trouille et se disait qu'il était sûrement bourré d'explosifs. Sutter était planté au milieu de la route, le poing levé, et faisait signe au chauffeur de s'arrêter – on n'avait pas de barrières pour bloquer le passage – mais, dès que le véhicule a passé le coin de la route, Westerman a ouvert le feu. Une pluie de balles incendiaires anti-blindage de

---

1. École d'officiers.

50 mm a touché le réservoir, qui a explosé. Nous avons tous ouvert le feu. Sans sommation. J'ai tiré sur la cabine, qui a pris feu.

Le véhicule s'est arrêté au milieu de la route, de l'autre côté. Un homme en feu, d'une soixantaine d'années, a sauté de la cabine et s'est mis à courir vers l'autoroute à droite, en essayant d'éteindre les flammes. Mes Marines se donnaient des claques dans les mains en disant :

« T'as vu ça, mec, comment il a explosé cet enfoiré ? T'as vu comment il a sauté, le vieux ? »

Ça m'a fait rire, moi aussi : « L'enculé, on aurait dit Michael Jackson dans la pub Pepsi.

– De quoi vous parlez, sergent-chef ? », a demandé Howard, intrigué. Je me suis senti comme un vieux con :

« Laisse tomber, Howard. C'est pas de ton époque. »

L'odeur de carburant et de caoutchouc brûlé qui s'échappait du camion me rappelait à nouveau les odeurs des raffineries de Deer Park. La fumée épaisse et noire qui se dégageait me faisait penser à *La Nuit étoilée* de Van Gogh. J'avais une boule dans la gorge. C'était comme si mon estomac était vide, comme si soudain je ne pesais plus rien.

Il n'y a pas eu d'autre explosion. Aujourd'hui encore, je pense que ce camion était l'outil de travail de ce vieux, et qu'il essayait simplement de fuir cet endroit.

Je me suis allé voir le lieutenant Shea : « Il faut mettre en place une espèce de système qui évite les victimes civiles, et qui nous aide à faire la différence entre les terroristes et les autres. De toute évidence, le type du camion n'en était pas un.

– On n'a qu'à établir une zone verte et une zone rouge devant et derrière les points de contrôle des véhicules. Quand ils entrent en zone verte, on fait un tir de sommation, on lève le poing et on gueule STOP. On espace les deux zones de 50 mètres et on place des pancartes à l'entrée et à la sortie de la zone verte. Si le véhicule entre en zone rouge, on tire. Vous avez assez de pancartes ?

– On n'en a que deux, on n'avait pas la place de prendre celles qu'on avait déjà faites au Koweït. Je vais dire à Schutz de vous les apporter. »

– Ça, ça ne va pas, sergent-chef.

– Je regrette, lieutenant, mais je ne pouvais pas charger 25 panneaux de 60 x 120. J'ai déjà dû trouver de la place pour les vivres supplémentaires, le carburant, l'eau, les munitions et les caisses de mortier de 81 remplies de cartes, plus mes quatre snipers et tout leur matos.

– Dites à Schutz de m'apporter les panneaux que vous avez.

– Si vous installez ça ici, lieutenant, permettez-moi d'aller informer les soldats à l'arrière. »

J'ai réuni les chefs de bord, Solberg, Johnson, O'Shea et Palmer et je leur ai expliqué notre nouvelle stratégie.

« En cas d'attaque suicide, on laisse la ligne de tir ouverte pour ne pas toucher d'autres Marines. Assurez-vous que vos véhicules restent en quinconce, ce sera plus facile de manœuvrer en cas de besoin. »

Ils ont tous marmonné.

Vers 15 h 30, une Toyota Corolla blanche est apparue sous la passerelle de l'autoroute, avec deux occupants. Elle roulait à 45 km/h environ. Gaumont était dans la tourelle ; Sutter, le chef de bord, se trouvait au milieu de la route. Encore aujourd'hui, je ne sais pas s'ils se sont servi des panneaux que j'avais donnés au lieutenant Shea. La voiture est entrée dans la zone verte sans ralentir, mes deux hommes avaient les poings levés et criaient « STOP », pour les arrêter. Un de mes gars a effectué un tir de sommation mais la voiture a continué en zone rouge. Westerman a ouvert le feu avec son 50 mm. On a tous tiré sur le véhicule à tour de rôle. J'ai pointé mon M-16 sur le pare-brise, j'ai ajusté le centre de la masse corporelle du chauffeur et du passager, deux rafales pour le premier, deux pour le second et ainsi de suite.

Après six rafales, j'ai regardé le lieutenant Shea. Il ne tirait pas et ça m'énervait. Je me suis dit : « Parfait, si tu tires pas, je tire à ta place. » J'ai balancé au total douze rafales. J'ai eu l'impression d'une éternité mais l'opération a dû prendre tout au plus deux minutes. Les deux occupants étaient morts, la voiture s'était arrêtée. À nouveau, on n'a pas entendu d'explosion secondaire. Cette fois, plus aucun de mes gars n'était excité. Tout le monde se demandait : « Bordel, qu'est-ce qui se passe ? »

Sutter et Howard sont allés sortir les cadavres de la voiture. Ils avaient tous les deux une vingtaine d'années, portaient une moustache et un bouc et étaient vêtus à l'occidentale. Le chauffeur avait la bouche ouverte, le passager s'était effondré sur le tableau de bord, à eux deux ils avaient reçu au moins deux cents balles. On les a laissés sur le bas-côté.

Ça commençait à ressembler à une zone de guerre. La mort était partout. Je suis retourné auprès du lieutenant Shea, il m'a dit qu'il allait poster Winterley à côté de son véhicule, pour qu'il puisse tirer dans le moteur de tout véhicule qui violerait un ordre de s'arrêter.

« Vous croyez vraiment que c'est une bonne idée de le mettre au milieu de la route ? » ai-je demandé, sceptique.

– Ouais.

– OK, c'est vous le patron. »

Je suis reparti.

Environ trente minutes plus tard, Winterley était au milieu de la route. Il avait 23 ans, c'était un géant couvert de tatouages. Je vérifiais les secteurs de tir et le moral de mes hommes quand j'ai entendu un coup de feu à l'avant, puis : « Envoyez le toubib ! Envoyez le toubib ! » Je suis arrivé en courant, j'ai vu le sniper roulé en position fœtale. J'ai d'abord cru qu'il était mort, mais il se tenait la joue gauche de la main droite en gémissant de douleur. Doc est arrivé, essoufflé. Il a rapidement mis un pansement sur le visage du sniper, puis a ouvert son treillis pour vérifier qu'il n'avait pas d'autres blessures. Il n'en avait pas mais, évidemment, il était incapable de parler.

Paniqué, le lieutenant Shea a rendu compte à Weapon 6 [1] : « Un Marine à terre. Touché au visage. État stationnaire. Évacuation sanitaire vers le bataillon médical. »

La balle lui avait arraché plusieurs dents et elle était ressortie pas la joue. On ne savait pas d'où elle était venue.

---

1. Gradé E6 de la compagnie.

Gaumont était très perturbé. Il se frappait la paume gauche du poing droit.

« On ne prend plus de gants. Ces enfoirés sont morts. Trop bon trop con. »

J'étais d'accord.

Il devait être 19 heures. Le soleil se couchait et la fraîcheur du soir commençait à tomber quand un pick-up Toyota blanc est arrivé et a foncé dans la zone verte à environ 60 km/h. Avant qu'on ait pu l'avertir, avec nos mains ou un tir de sommation, Gaumont a attrapé un AT-4 [1] et tiré le missile mais en manquant sa cible. Au lieu de toucher le pick-up, il a rebondi sur le sol et frappé à côté de la Corolla. La distance était trop courte pour que le missile s'arme, et il n'a pas explosé. J'ai entendu deux des servants de TOW du caporal Johnson crier : « Je suis touché ! Je suis touché ! »

On a regardé le véhicule du caporal-chef Johnson, pétrifiés, et on a hurlé :

« Gaumont, espèce de connard, qu'est-ce que t'as branlé ? »

Sutter, qui se tenait à côté de Gaumont, a bondi sur son Humvee, l'a attrapé en gueulant :

« T'as failli me tuer, bordel ! Et la procédure avant un tir de missile, on t'a pas appris ça dans ta putain d'école d'infanterie ? »

Howard est descendu d'un bond de son véhicule pour les séparer. Le lieutenant Shea s'est contenté de rester

---

1. Lance-roquette. NdA.

assis à côté de Gaumont. Il avait complètement perdu ses moyens.

Le passager du pick-up a profité de ces quelques secondes pour sauter de son véhicule, qui se trouvait désormais en zone rouge. Il se tenait environ à 75 mètres du véhicule de Gaumont, mains en l'air, bouche ouverte… Engourdi par la peur. Il n'avait pas 35 ans, était vêtu à l'occidentale. Nous lui avons tous tiré dessus avec nos M-16. Il est tombé, puis s'est mis à ramper sous le véhicule dont la portière était toujours ouverte. On a continué de tirer, mais le servant TOW de Johnson a ouvert le feu avec sa 240 Gulf[1]. J'ai cessé le feu en pensant qu'il devait être complètement fini. Mes gars ont continué.

Quand l'homme a cessé de bouger, on a tous applaudi.

« Voilà pour Winterley, enfoiré !, criait Gaumont.

– Ouais, Winterley a eu sa revanche », ai-je ajouté.

J'ai entendu un de mes gars dire : « Œil pour œil, dent pour dent. » J'ai rejoint l'endroit où se trouvaient les deux servants blessés. Doc était en train de les bander. Leurs blessures étaient superficielles. Soudain, un adjudant de la compagnie Lima a déboulé sur Westerman et lui a demandé :

« Où est le lieutenant ? »

Westerman a désigné le véhicule du lieutenant, à sa gauche. L'adjudant s'est mis à crier en direction du lieutenant Shea :

---

1. Mitrailleuse de calibre 7,62 mm, capable de tirer 500 coups par minute avec une portée de 1000 mètres. NdA.

« Vous avez tous tiré sur un type qui avait les mains en l'air ! J'ai tout vu avec mes jumelles. J'ai déjà prévenu le commandant du bataillon par radio. Il arrive. »

Le lieutenant Shea avait l'air mort de trouille. Il n'a rien dit sur le moment, mais ils ont entamé une discussion enflammée peu après. J'ai entendu le juteux dire : « Qu'est-ce que vous foutez, lieutenant ? Vous avez passé la journée à vous comporter comme une bande de cow-boys. »

Cette nuit-là, le lieutenant Shea a été relevé de son commandement sur zone et le peloton a été remplacé par la compagnie Lima, avec l'ordre de se replier sur Al Rashid. Nous avons chargé nos montures, d'assez mauvaise humeur.

Après avoir démarré, au coucher du soleil, nous avons entendu des tirs, au moins une centaine. La compagnie Lima avait ouvert le feu sur un véhicule. J'ai appris plus tard qu'il y avait à l'intérieur trois femmes et un enfant. Autant que je sache, il n'y a jamais eu d'enquête.

Gaumont a pété un câble ce jour-là. Un AT-4 a un rayon léthal d'environ 100 mètres et peut blesser jusqu'à 200 mètres ; Gaumont avait tiré sur un véhicule qui se trouvait à 75 mètres de lui. Il aurait pu liquider la moitié du peloton. Les gars étaient furieux. Sutter est venu me voir le premier et m'a dit, très direct : « Gaumont doit partir. » Westerman et Johnson ont demandé la même chose. Je l'ai renvoyé vingt-quatre heures. J'étais furieux moi aussi, encore plus depuis que j'avais entendu le sergent-major Hallenback parler au lieutenant Shea de leur atroce découverte, une morgue de fortune :

« J'ai vu un camion tracteur avec des douzaines de cadavres en décomposition empilés les uns sur les autres. Et il y avait d'autres cadavres de civils, empilés sur des palettes dans d'anciennes chambres froides. Mon vieux, nos pilotes ont fait leur boulot. On les a frappés fort. »

Ces manifestants étaient les premières personnes que je tuais. J'en avais sûrement flingué un et ça m'avait fait un putain d'effet. Quelle montée d'adrénaline, la vache ! La peur devient un moteur. Elle vous pousse. Ça me faisait plus d'effet que la meilleure herbe que j'avais fumée. C'était comme si tous ceux que j'avais haïs, toute la colère qui s'était accumulée en moi s'étaient retrouvés dans cet être-là ; on a l'impression d'absorber la vie, comme un cannibale. On est vraiment content de soi, on se sent puissant et tout devient clair. On atteint le nirvana, comme un espace d'un blanc lumineux. Mais, au fil des heures, on redescend du nirvana et on se retrouve dans des eaux sombres ; on nage dans une mare de boue et le seul moyen de retrouver cette impression, c'est de tuer à nouveau.

Chapitre 17

Overkill

Je ne suis pas un terroriste !

Le lendemain matin, quand nous nous sommes réveillés sur la base militaire de Rashid, on aurait presque cru que rien ne s'était passé. Les gars ont suivi leur routine habituelle : chiottes, douche, rasage. Bien sûr, la douche se réduisait à un bidon d'eau et à une savonnette : on se lavait la queue, les couilles, le cul et les aisselles. On mangeait nos rations, on contrôlait nos Humvee, on refaisait le plein d'essence et d'eau, ce qui prenait environ trente minutes. Les activités habituelles. Personne ne faisait de commentaire sur ce qui s'était passé la veille, mais j'étais agité, tellement même, que j'avais dormi avec mon 9 mm chargé et, à portée de main, une balle dans la chambre.

La réunion Plan de bataille du jour se tenait à 7 h 30. Le lieutenant Shea nous a expliqué la mission, à mes chefs de bord et à moi-même :

« Nous allons assurer la sécurité du convoi du 3/7 et peut-être une reconnaissance pour le bataillon. Nous allons chercher à aller au contact avec l'ennemi, ce qui est très probable. Soyez prêts à partir à 8 h 00.

– Oui, lieutenant », ont répondu les chefs de bord.

Je les ai regardés et j'ai pointé le pouce vers mon véhicule :

« Si vous n'avez rien à dire au lieutenant, rejoignez mon véhicule.

– Oui, sergent-chef. »

Une fois là-bas, j'ai commencé :

« Je vous préviens tout de suite : si vous répétez ce que je vais vous dire, putain je nie tout en bloc. »

Ils m'ont regardé, perplexes.

« Ce merdier qui est arrivé hier ne va pas se reproduire. Vous avez intérêt à vous réveiller et à vous sortir les doigts du cul. J'ai vraiment les boules après la fusillade d'hier. Si le lieutenant ne veut pas bouger et prendre le contrôle de la situation, vous devrez le prendre vous-mêmes. À partir de maintenant, ces conneries d'*Overkill*, c'est fini. On ne va pas tuer des femmes et des enfants comme la compagnie Lima. Dès qu'on installe un check point, débrouillez-vous pour éviter les pertes civiles. Si nous sommes de nouveau impliqués dans une tuerie de civils, vous avez intérêt à compter vos douilles. »

Ils me regardaient, bouche bée. J'ai décidé de leur faire peur :

« Les Marines ont ouvert une enquête sur les incidents d'hier. Des trucs que vous n'avez pas digérés ? Une merde quelconque, des saloperies ? »

Tout le monde a dit :

« Non, sergent-chef. »

Et ils se sont éloignés.

En route vers les abords du stade de Bagdad, nous avons croisé un char Abrams abandonné à gauche de la route. Il y avait un trou sur le côté gauche, sous la tourelle. C'est la que se trouve le point faible, la partie la moins blindée du char. Celui qui avait tiré savait ce qu'il faisait. Le char Abrams est censé être impénétrable, et nous avons pris un gros coup au moral.

« Merde ! Ils connaissent nos points faibles ! », a dit Westerman.

Personne n'a rien ajouté. 8 kilomètres plus loin environ, nous nous sommes arrêtés le long du stade.

C'était une nouvelle journée de soleil et de chaleur moite, je sentais les gouttes de sueur rouler dans mon dos sous ma combinaison MOPP. Nous nous sommes à nouveau installés en quinconce sur une autoroute à quatre voies. Sur la gauche, il y avait une rangée d'immeubles résidentiels assez hauts, dont quelques-uns de dix étages. Des curieux s'étaient rassemblés sur le bas-côté de l'autoroute, près d'une clôture en grillage qui nous séparait d'eux. Plusieurs petits garçons sautaient sur la clôture et s'agrippaient en hurlant furieusement, en chœur avec les adultes : « Americans, go home ! » Sur le pont piétons qui traversait l'autoroute, en face de nous, des journalistes britanniques prenaient des photos. À droite, à l'endroit où le 3/7 prenait position, un camp militaire de fortune, abandonné, était parfaitement camouflé sous des hautes herbes. Il avait été fortifié avec des sacs de sable, les tentes militaires étaient installées ici et là. Plus loin sur la droite, une clôture grillagée séparait un fossé d'évacuation d'une rangée de maisons, modestes mais très colorées, et de complexes d'appartements.

Cette fois, nous avons installé des check points à l'avant et à l'arrière. Le check point avant était à environ 40 mètres de la passerelle et à 75 mètres du véhicule de tête du lieutenant Shea. Smith avait remplacé Winterley au poste de super sniper ; Howard, Gaumont, Sutter et le lieutenant Shea étaient à l'avant du premier check point. Le véhicule de Solberg était en bout de dispositif et suivait les mêmes consignes que celui du lieutenant Shea. Les procédures des zones vertes et rouges restaient identiques à la veille. Mon véhicule était au milieu du convoi.

Le lieutenant Shea avait repéré deux Irakiens équipés de RPG à travers ses jumelles. Ils se trouvaient sur notre droite et s'approchaient furtivement des Amtrac du bataillon, à travers les herbes hautes et épaisses. Gaumont a fait rapidement pivoter le MK-19 vers la droite, a mit en ordre de tir et lâché cinq ou six rafales de 40 mm. Il les a effacés dès la première. C'est arrivé tellement vite que je n'aie même pas compris ce qui se passait.

J'ai couru jusqu'au véhicule du lieutenant et j'ai demandé à Gaumont : « Qu'est-ce qui se passe ? »

Le lieutenant Shea était à la radio, il recevait le rapport du AT-1.

« Le lieutenant Shea a repéré deux turbans avec des RPG. Je sais que je les ai eus, ces fils de pute. »

Je lui ai donné une tape dans le dos.

« Beau travail. Je suis content de t'avoir posté ici, derrière le flingue. Tu as sauvé le bataillon.

— Merci, sergent-chef, a-t-il répondu, visiblement ravi.

— Mais si tu touches encore une fois au AT-4, je te brise les doigts, l'ai-je averti.

— Bien reçu, sergent-chef », a-t-il répondu en souriant.

Après ça, une transmission radio est arrivée pour le lieutenant Shea :

« CAAT 1, en attente pour le compte-rendu [1]. Deux hadjis tués. Un décapité. Il ne reste que de la purée rouge. Beau travail. »

J'ai regardé Gaumont et je lui ai dit « Je te dois une caisse de bières », avant de m'éloigner pour rejoindre mon véhicule. Après avoir été un zéro, Gaumont était à nouveau un héros.

On assurait la protection d'une unité du génie combattant qui transportait des engins de terrassement. Le sergent de l'armée de terre qui conduisait le camion était en train de discuter avec Taylor quand un vieux camion Mercedes blanc est arrivé plein pot à l'arrière du barrage et a pénétré en zone verte à 60 km/h. Taylor a levé le poing, Valerio a tiré son coup de sommation ; tous les deux ont crié « STOP ! » mais le camion ne s'est pas arrêté. Il était toujours en zone verte quand le sergent a tiré plusieurs coups sur la cabine avec son M-16. J'ai couru vers le barrage en hurlant : « Putain, qu'est-ce qui se passe ? » Je m'approchais du véhicule de Taylor quand j'ai vu le camion rentrer dans la barrière de sécurité. Il était passé en zone rouge. Je me suis arrêté net et j'ai encore hurlé : « Putain, qu'est-ce qui se passe ? », puis : « Qui a tiré ? » Taylor, qui était toujours dans la tourelle, s'est tout de suite mis sur la défensive :

« C'est pas nous, sergent-chef. C'est la Régulière. » Il montrait du doigt le sergent-chef de l'armée, qui aidait à tirer le type hors du camion.

---

1. *Battle Damage Assessment* : évaluation des dommages.

Touché en plein cœur, le chauffeur était mort ; il avait la cinquantaine et portait des vêtements occidentaux ; la vue du sang frais et rouge sur sa chemise blanche me rendait nerveux. Mais quand j'ai vu que le vieil homme avait décoré sa cabine comme le faisait mon père, j'ai perdu tous mes moyens ; il l'avait tapissée de velours rouge et avait scotché des photos de famille sur le tableau de bord. Comme mon père, c'était un passionné de camions. Anéanti, je me suis lâché sur le sergent-chef de l'Armée : « T'es un putain de gros connard. »

Je suis retourné à mon Humvee, furibard. J'étais debout près de mon véhicule et j'observais les environs aux jumelles quand une vieille Toyota Corolla blanche a foncé sur le check point arrière et a pénétré en zone verte à environ 45 km/h. Howard, Gaumont et Sutter avaient levé le poing mais, avant le premier tir de sommation, Smith avait déjà touché le bloc-moteur avec son fusil de 50 mm. Le chauffeur s'est aussitôt arrêté avant de faire demi-tour dans un bruit de ferraille, à 15 ou 20 km/h. On aurait dit que les pistons allaient faire exploser le cache-soupape. On a tous éclaté de rire. Quelqu'un a dit : « Son ange gardien, aujourd'hui, c'était le sniper. »

Quarante-cinq minutes plus tard, une Kia Spectra rouge est arrivée vers nous à environ 60 km/h. Elle a pénétré en zone verte, quelques-uns de mes Marines ont lâché un tir de sommation et le sniper a tiré dans le moteur, mais les dégâts n'ont pas empêché le véhicule de continuer en zone rouge. Les véhicules installés à l'arrière ont aussitôt ouvert le feu avec leurs 240 Gulf, nous avons enchaîné avec nos M-16, visé la voiture et tiré au moins deux cents bastos à toute vitesse. La Kia s'est arrêtée dans un crissement à environ 25 mètres de mon Humvee, et mes Marines ont fondu sur le véhicule et ont commencé à en extraire les quatre Irakiens blessés. Les occupants, des hommes jeunes vêtus avec goût, saignaient abondamment. J'ai couru vers la voiture et j'ai commencé à paniquer. J'ai demandé le brancardier en hurlant, j'ai regardé autour de moi et j'ai repéré le lieutenant Shea, qui communiquait avec le bataillon par radio. Il marchait comme un fou, en agitant frénétiquement son fusil en l'air. Comme par réflexe, mes Marines ont commencé à s'occuper des blessés, essayant de les empêcher de tomber en état de choc. Six brancardiers sont arrivés avec des civières et les ont emmenés.

C'est à ce moment que j'ai remarqué le chauffeur. Il était assis dans le virage, la tête entre les mains, se balançant d'avant en arrière en marmonnant. Ça m'a énervé et j'ai crié aux toubibs qui emportaient les corps : « Dépêchez-vous, putain, amenez-les au médecin du bataillon ! »

Le survivant est alors venu vers moi en gémissant, une expression torturée lui barrait le visage. Il regardait en l'air, les mains levées : « Pourquoi vous avez tué mon frère ? On ne vous a rien fait. Nous ne sommes pas des terroristes. »

Je me suis éloigné sans rien lui dire et je suis allé m'asseoir dans mon véhicule, abattu. Je suis ressorti en entendant les Marines et les brancardiers ramener les occupants de la Kia.

« Mais, putain, pourquoi vous les ramenez ?

– Sergent-chef, le MO [1] a dit qu'il ne pouvait rien faire pour eux. »

J'ai regardé les Irakiens, contenant difficilement ma colère. Ils gigotaient, gémissaient, mourant à petit feu et dans la souffrance.

Pendant un instant, j'ai repensé aux deux geais bleus tranquillement installés sur une ligne électrique chez mon grand-père. J'avais tiré sur eux avec mon pistolet à air comprimé. Quand l'un des deux était tombé, blessé, je m'étais précipité et, choqué, j'avais assisté au spectacle de sa mort : il battait des ailes. J'étais pétrifié et, brusquement, l'autre geai était passé en rase-mottes au-dessus de ma tête comme un bombardier B-25. J'avais couru vers la maison et expliqué à mon grand-père que j'avais tiré accidentellement. Il n'avait pas marché :

« Ça n'existe pas, un tir accidentel. »

Dans le quart d'heure qui suivait, j'étais de nouveau dehors et j'enterrais le geai bleu, rongé par la culpabilité.

Le hurlement de désespoir du survivant m'a rappelé à la réalité irakienne.

« S'il vous plaît, aidez mon frère ! »

Je l'ai regardé, impuissant. J'étais incapable de l'aider, physiquement ou émotionnellement. Il n'arrêtait pas de répéter :

« C'est vous qui avez fait ça. Vous avez causé la mort de mon frère. »

Je n'arrivais pas à parler. Je suis allé regarder l'intérieur

---

1. *Medical Officer* : officier médical. NdA.

de la voiture. Évidemment, il n'y avait ni armes, ni explosifs. J'étais de plus en plus dégoûté.

Soudain, un camion de déménagement Nissan blanc est entré dans la zone verte à 45 km/h environ. Sutter, Gaumont et Howard ont levé les poings et procédé aux sommations au moment où Smith balançait un tir de 50 mm dans le moteur mais, encore une fois, le véhicule est entré en zone rouge. Philips, Johnson et Richardson l'ont canardé avec leurs M-16 et leurs mitrailleuses 240G. Ils tiraient sur le chauffeur au coup par coup à travers le pare-brise. Les M-16 et les 240G ont trois modes de tir : soutenu, rapide, au coup par coup. Coup par coup, quand on veut viser précis et hors urgence ; rafales contrôlées, quand on attaque un ennemi qui avance rapidement ; rafales illimitées quand il est déjà trop tard, que l'ennemi est là et que l'étape suivante est le corps à corps.

Le véhicule a heurté l'avant du Humvee du caporal-chef Philips. Le caporal-chef Johnson a été violemment projeté en avant et s'est cogné la tête contre le toit de son véhicule. Heureusement, il avait attaché sa mentonnière. Schutz et moi avons aussitôt couru vers le camion. Le chauffeur était un Irakien très élégant, d'âge moyen, habillé à l'occidentale. Il avait les yeux et la bouche ouverts. Il devait avoir au moins trente balles dans la poitrine, le sang coulait des trous pendant qu'on sortait le corps. Quand on s'est rendu compte qu'il était mort, on l'a laissé sur l'asphalte et on a couru vers le Humvee de Philips.

Johnson ne souffrait que d'une légère contusion et de lacérations au visage. Doc l'a emmené voir le MO. Après

avoir fouillé le camion, Westerman, Clippinger et
Howard sont revenus vers moi, les mains vides :

« Il n'y a rien dans ce putain de véhicule, sergent-chef,
a dit Westerman.

– Je croyais vous avoir demandé d'attendre l'EOD [1].
Le camion aurait pu être piégé.

– Il n'y a rien à l'arrière », a dit Westerman.

– Mais sortez-vous les doigts du cul. Vous avez de
la chance d'être encore là. »

Ils n'ont pas répondu. Je suis retourné au Humvee et
j'ai dit à mes hommes :

« Ramassez tout ce qui traîne ; prenez les affaires personnelles des gars et mettez-les dans mon Humvee. »

Le lieutenant Shea est arrivé, l'air vraiment préoccupé.

« Dégagez les corps de l'autoroute et jetez-les dans
le fossé. On part dans vingt minutes. »

Tous mes Marines couraient ici et là pour accomplir leurs tâches, mais Schutz se contentait de fixer les
morts irakiens. Quand je me suis approché de lui, je l'ai
entendu marmonner : « Je sais que je l'ai tué. Je sais que
je l'ai tué… » J'étais mal pour lui.

« Il faut que tu fasses redémarrer Général Lee [2]. C'est
toi qui as tiré, mais je t'aide à déplacer le corps.

– D'accord, aidez-moi, je vais aller chercher le véhicule », a-t-il répondu en continuant à fixer un cadavre
du regard, immobile, en fronçant les yeux.

J'ai amorcé le mouvement en attrapant le mort par
sa chemise. Schutz lui a pris les chevilles, à contrecœur.

---

1. *Explosive Ordinance Disposal* : les démineurs. NdA.
2. Désigne le Humvee.

J'ai lancé : « Un, deux, trois » et on a traîné le cadavre sur le bord de la route. Les autres Marines étaient déjà en train de démarrer leurs Humvee, près à rejoindre le stade de Bagdad.

Chapitre 18

Prise de guerre

Les grosses aussi ont besoin d'amour

Il était environ 16 heures quand nous avons rejoint le stade. C'était une enceinte très moderne, sur le modèle olympique, avec un terrain de football entouré d'une piste de fond, une piste d'élan pour le saut à la perche et des fosses de réception pour le saut en longueur. Une piscine olympique se trouvait à l'extérieur des portes principales. Il y avait une magnifique fontaine d'une centaine de mètres de long, mais le système de pompage ne fonctionnait plus : la fontaine était à sec depuis la première guerre du Golfe.

J'étais debout, en train de la regarder, quand le capitaine Schmitt s'est dirigé vers moi et m'a demandé, très posément :

« Vous allez bien, sergent-chef ? »

Un peu surpris, je l'ai regardé pour essayer de deviner ce qui se cachait derrière son expression impassible. Il était petit, la trentaine, cheveux blonds grisonnants, il vous regardait souvent par en dessous. J'ai répondu au bout de quelques secondes :

« Non, capitaine. Ça ne va pas.

– Pourquoi ? »

J'ai répondu sans hésitation :

« C'est une mauvaise journée. On a tué beaucoup de
civils innocents.

— Non. C'est une bonne journée », m'a-t-il rétorqué
d'un ton autoritaire. Avant que j'aie le temps de répondre,
il s'était déjà éloigné, d'un pas sûr.

Je suis allé dans le coin des mécaniciens pour essayer
de trouver le sergent-chef Cates. Ce dernier était un grand
gars de la campagne élevé au maïs, il devait avoir 30 ans
et était d'un naturel plutôt engageant. J'ai décidé de jouer
au plus malin :

« Salaam alaikum. Je m'appelle Mohammed, je suis
venu troquer des chameaux avec toi. »

Il m'a souri : « Qu'est-ce que vous racontez ? Vous
voulez quoi, sergent-chef ?

— Je suis venu faire une petite affaire avec vous. J'ai
un sabre d'officier irakien qui rêve de vous appartenir.
Tout ce que je veux, c'est un alternateur pour le véhicule
de Westerman.

— Vous avez quoi dans votre manche, sergent-
chef ?

— J'ai au moins quatre as.

— C'est impossible. Il n'y en a pas autant dans un
paquet de cartes.

— Il suffit de tricher », ai-je répondu en lui montrant
le tatouage de quatre as sur mon avant-bras.

On s'est assis et on a ri quelques minutes.

« Vous voulez du whisky, sergent-chef ?

— Bien sûr, mais pas maintenant. J'ai encore des affaires
à régler. Écoutez, vous pouvez récupérer le sabre dans
vingt minutes si vous réussissez à installer mon alternateur d'ici demain matin. »

Je suis parti, en pensant au coup de whisky que je boirais après le rompez [1].

Je regagnais mon véhicule quand le lieutenant m'a arrêté et m'a dit d'un ton péremptoire : « Demain matin, dès le réveil, nous rassemblons toutes les armes confisquées en route et nous les mettons dans une caisse de transport maritime.

– Qu'est-ce que vous allez en faire ?

– On va s'en servir pour équiper la nouvelle armée irakienne », a-t-il répondu, très détaché comme à son habitude.

Je n'ai pas marché.

« Honnêtement, Vous croyez ça, lieutenant ? D'abord, sans moi, nous n'aurions pas autant d'armes, puisque vous m'avez même rappelé à l'ordre pour les avoir récupérées. Ensuite, je vous ai déjà expliqué ce que je veux en faire. Je vais les détruire dès demain matin. Enfin, ça me ferait bien chier que les armes ramassées par mes gars servent à la cérémonie de retraite d'un quelconque général de brigade. »

Je pouvais lire la colère sur son visage, qui a brusquement tourné au rouge vif.

« Sergent-chef, contentez-vous de vous assurer qu'on les met en caisse.

– Bien, lieutenant. »

Je me suis dirigé vers le véhicule de Westerman. Il faisait assez noir, il n'y avait pas un nuage et je me souviens

---

1. COB, *Close of Business*.

avoir pensé que c'était une nuit idéale pour regarder les étoiles.

« Demain matin, je veux que toutes les armes confisquées et qui sont hors d'usage soient placées dans une caisse de transport maritime. Fais savoir à tous les chefs de bord que je ne veux dans la caisse que les armes cassées ou qui ne peuvent plus tirer.

– Très bien, chef. Qu'est-ce qu'on fait de celles qui marchent ? »

– Dis aux gars de les mettre à l'arrière de mon véhicule. »

Westerman m'a regardé en me lançant un sourire complice : « Entendu, chef. »

J'ai rejoint les tankistes et j'ai demandé à un des commandants de char : « Dis donc, vieux frère, tu veux bien me rendre un service ! Demain matin, vers 7 h 30, il faudrait que tu me rejoignes du côté des véhicules du CAAT, et que tu roules sur les armes abandonnées qu'on a confisquées ?

– Ça marche. Ça vaut mieux que de les laisser s'en servir pour me tirer dessus.

– Tout roule, mon frère. On se voit demain matin. » J'étais très satisfait en repartant et je me disais : « Je vous ai bien niqué. »

Cette nuit-là, après avoir bu un coup de Johnny Walker Black label avec Cates, j'ai regardé les étoiles, heureux, le scotch dansait dans ma tête et les explosions de Blink 182[1] me tapaient dans les oreilles et, pour la

---

1. Groupe de punk-rock américain.

première fois depuis que j'étais en Irak, je me sentais satisfait. J'assurais. Je me suis pieuté à 20 heures et je me suis endormi tout de suite. Tout le monde dormait dans des sacs de couchage, à côté des véhicules, sur les trottoirs du stade de Bagdad. Le lendemain, je me suis réveillé revigoré. Après la routine matinale, j'ai entendu le char démarrer pendant que je mangeais le quatre-quarts de ma ration ; j'ai souri, très sûr de moi, et j'ai levé ma tasse de café pour porter un toast au commandant de char, qui se dirigeait avec diligence vers mon véhicule.

Mes Marines ont aligné toutes les armes (fusils AK, mitrailleuses RPK soviétiques, RPG, sabres d'officiers irakiens, masques à gaz irakiens), dans l'axe des chenilles du char et sur une distance d'une trentaine de mètres. Les véhicules de commandement étaient garés à notre gauche, dans un coin rempli d'herbe. La caisse de transport maritime se trouvait derrière. Le char, qui venait d'un parking adjacent, a descendu la colline et s'est arrêté en attendant mon signal. Dès que la dernière arme a été déposée, j'ai levé le poing, pouce vers le haut, et j'ai fait signe au char d'avancer. Le tankiste a accéléré un peu avant de commencer à rouler sur notre arsenal de contrebande. Devant cet acte de défi, le CAAT 1 était tordu de rire. Mais l'adjudant-chef Humphries et le capitaine Schmitt n'étaient pas contents du tout.

Toute notre bonne humeur s'est volatilisée d'un coup. Les deux hommes ont contourné les véhicules et ont fait cesser le massacre et gueulé :

« Ce n'est plus acceptable. Si un Marine se fait prendre avec une arme non réglementaire, il sera jugé selon le code de justice militaire. »

L'adjudant-chef Humphries a sorti un AK-74 du Humvee de mes gars et l'a jeté près de mon véhicule.

« Sergent-chef, je croyais que les ordres du capitaine concernant les armes récupérées étaient clairs.

— En fait, adjudant-chef, ils étaient clairs comme de l'eau de roche. Je suis désolé ; mes Marines n'ont dormi que deux ou trois heures depuis plusieurs nuits. »

Je me suis tourné vers Westerman et j'ai dit, en souriant :

« Je croyais que j'avais été clair au sujet des armes que nous avons récupérées. Vous avez vérifié tous les véhicules ce matin ?

— Oui, sergent-chef. Mais je crois bien que ce sont les armes des Marines qui étaient de garde pendant la nuit, ils ont appris les ordres plus tard.

— Vous vous foutez de ma gueule tous les deux, espèces d'enfoirés.

— Non, adjudant-chef. Certains de mes Marines n'ont pas dormi depuis plus de quarante-huit heures et les armes de contrebande sont le dernier de leurs soucis. Ce qui les inquiète, c'est d'être encore vivants au printemps. »

Ma réponse l'a mis en rage. Il s'est tourné vers mes gars et leur a ordonné sur un ton impérieux :

« Marines, mettez toutes les armes de contrebande près du véhicule du sergent-chef Massey. »

Il a ajouté, en pointant son doigt sur moi : « À vous de jouer, sergent-chef. »

Ce jour-là, vers 12 h 30, un service religieux a eu lieu dans le stade. Nous étions tous assis sur des gradins en plastique fixés dans le béton, en face d'un autel de fortune. Sur tout le 3/7, nous n'étions qu'une quarantaine. Les hommes portaient leurs armes sur eux, mais j'avais posé la mienne contre un siège, à côté de moi. Les hommes, recueillis, écoutaient l'aumônier qui lisait son sermon : « Dieu de vérité, Père, Fils et Saint-Esprit, entendez nos prières pour ceux qui ne vous connaissent pas, afin que votre nom soit loué par tous les peuples de la terre. Soutenez et inspirez ceux de vos serviteurs qui leur apportent l'Évangile. Ranimez la foi qui faiblit ; soutenez notre foi lorsqu'elle est fragile. Renouvelez notre ardeur de missionnaires. Faites de nous les témoins de votre bonté, pleins d'amour, de force et de foi, pour votre gloire et le salut du monde. Amen. »

L'adjudant-chef Humphries s'est approché de moi pendant le sermon. Il avait l'air encore assez furieux. Sans un mot, il a pris mon fusil et me l'a enfoncé dans le ventre, comme si j'étais une recrue au camp d'entraînement. J'ai saisi sa main crispée sur la poignée du garde main et j'ai dégagé l'arme, la repoussant vers lui. J'ai attendu plusieurs secondes avant de réussir à dire quelque chose :

« C'était un peu exagéré, adjudant-chef, vous ne trouvez pas ? »

Il a enfin lâché le garde-main. J'ai pris ça pour un avertissement et j'ai suivi la fin de l'office en état de choc.

À la fin, je me suis rendu dans une tribune qui dominait le terrain de foot et, pensif, j'ai regardé un trou au milieu du terrain. Il faisait environ 30 mètres carrés. Il avait été creusé par un missile anti-abri pendant la campagne « *shock and awe* ». Les Services secrets américains avaient reçu des rapports selon lesquels Saddam Hussein avait fait construire un complexe militaire souterrain sous le terrain – un de ces soi-disant complexes censés renfermer des stocks d'armes chimiques et biologiques. Avant l'arrivée du 3/7 sur le site, on avait envoyé la Régulière chercher les accès secrets au complexe souterrain, mais ils n'avaient rien trouvé. Enfin, pas exactement. Ils avaient découvert une Cadillac noire de 7 mètres de long, et en superbe état. L'intérieur était en cuir noir, et la carrosserie était si bien lustrée que sous les rayons du soleil, on pouvait croire qu'elle était humide.

On nous a donné quartier libre pour le reste de la journée : nous avons mangé et dormi, nous nous sommes masturbés. Il ne faut pas oublier que mes gars avaient quitté Twentynine Palms le 23 janvier. Autrement dit, ils étaient privés de femme depuis plus de deux mois. Assis dans mon Humvee, mangeant une ration d'enchilada, je les voyais entrer et sortir des gogues du stade. Tout le monde tenait un exemplaire de *Plumpers* ou de *Hustlers*[1].

Quand j'ai vu Howard sortir des chiottes, sa revue sous le bras, je lui ai crié : « Howard, ramène-toi ! » Il a gentiment répondu : « Oui, sergent-chef » et s'est rapidement approché.

« Explique-moi, batman. Depuis vingt minutes que je suis assis ici, j'ai vu la moitié de mon peloton CAAT entrer et sortir des gogues, du matos porno sous le bras,

---

1. Revues pornographiques. *Plumpers* comporte des photos de femmes rondes.

et tirant la tronche de mecs qui viennent de sauter Madonna ? »

Howard a souri quelques instants, puis il a regardé à gauche et à droite avant de répondre :

« Eh bien, sergent-chef, au cas où vous ne sauriez pas, les gogues sont devenus officiellement le branlodrome du peloton CAAT. » Il m'a regardé innocemment avant d'ajouter « Vous voulez une revue, sergent-chef ? » et de me tendre *Plumpers*.

Sur le ton de la rigolade, j'ai répondu :

« Tu sais quoi ? T'es un putain de malade. Non seulement tu te branles dans des chiottes sans eau courante depuis dix ans, mais en plus tu te branles sur *Plumpers*.

– Eh ben quoi, merde, sergent-chef. Les grosses aussi ont besoin d'amour. »

***

Le lendemain, on nous a confié une nouvelle mission : on a quitté le stade à 9 heures et nous avons pris la direction de l'ouest. Il fallait sécuriser un complexe militaire irakien situé près du ministère de la Défense. Ce complexe était constitué d'énormes barricades en béton. À l'intérieur, les baraquements devaient pouvoir héberger cinquante hommes chacun environ, probablement tous des mécanos. Les murs étaient peints en blanc, les matelas faisaient 5 centimètres d'épaisseur et au mur on avait accroché des portraits de Saddam dans des costumes variés. Il y avait aussi pas mal d'affiches médicales décrivant différents scénarios possibles en cas d'exposition à des produits chimiques dangereux. Le site avait été conçu pour réparer des chars d'assaut. On aurait dit une casse de chars : deux BMP russes, deux T72 russes, complètement démontés, et dix Howitzers [1] américains. Les chars américains avaient été fournis aux Irakiens pendant la guerre Iran-Irak. Sans compter des centaines de caisses de munitions inutilisées « Made in U.S. » sur lesquelles étaient peints des drapeaux américains. Sur quelques caisses, le drapeau américain était dessiné au milieu d'un cœur. On ne pouvait rien voir par-dessus les murs mais, à l'extérieur, l'atmosphère était électrique : on entendait les tirs sporadiques d'armes légères, de temps en temps le son grave et sourd d'un 50 mm ou l'explosion d'une roquette tirée par un hélicoptère Cobra, des cris, des rumeurs de liesse. On ne savait pas encore que Bagdad était tombée aux mains des forces américaines, en même temps que la statue de Saddam s'était effondrée.

---

1. Obusier automoteur.

Chapitre 19

Feux d'artifice

Vol au-dessus d'un nid de coucou

En approchant de l'Institut de la Mode de Bagdad, nous avons vu une trentaine d'adolescents sortir précipitamment, par grappes de cinq ou dix, en traînant des caddies chargés de tables, de tapis, de cordons de téléphone, de lampadaires. Ils avaient l'air enchantés.

Le bâtiment me rappelait le style de Frank Lloyd Wright. Énorme, très moderne et fonctionnel, il offrait une architecture en complète harmonie avec le paysage. Il y avait des arbustes et des pelouses impeccables, les vestiges de parterres de fleurs qui avaient dû être magnifiques. La structure, ornée de balcons à plusieurs niveaux, était percée de fenêtres bleues. À dix heures, quand le soleil a frappé les vitres, une lumière électrique, comme celle d'un néon bleu, a inondé le sol. La beauté du bâtiment était à couper le souffle, malgré le contraste marqué entre sa modernité et l'architecture traditionnelle. C'était comme un nouveau Jardin suspendu de Babylone.

Il y avait aussi une très belle piscine couverte, grande comme un demi terrain de football, équipée d'une machine à faire des vagues. Éparpillés dans le bâtiment, des documents expliquaient que l'Institut avait réalisé tous les costumes de la parade de Nabuchodonosor ; on pouvait aussi y lire aussi les noms d'anciens invités de l'Institut, comme Cat Stevens, Madonna, Sean Penn, ainsi que ceux de nombreuses personnalités, passées et présentes, venues du monde entier.

La structure, malheureusement, avait été gravement endommagée et le lieu mis à sac. L'étage inférieur avait pris feu mais l'incendie avait été maîtrisé. Le bâtiment, qui n'était plus sûr, devrait probablement être rasé et reconstruit.

Je suis monté, emportant avec moi les documents que je continuais à lire. Au troisième étage, le lieutenant Shea est arrivé derrière moi :

« Qu'est-ce que vous lisez, sergent-chef ?

– De la documentation sur cet endroit, ce à quoi il était destiné. »

Il a semblé intrigué.

« J'ai une question à vous poser, lieutenant. Qu'est-ce qui s'est passé ici ?

– Saddam a relâché tous les prisonniers quand la guerre a commencé. Il en a payé certains pour mettre à sac et piller tous les bâtiments administratifs. »

C'était à mon tour d'être intrigué.

« Pourquoi les Irakiens voudraient-ils piller et incendier un bâtiment créé pour leur faire découvrir l'art, la culture et l'humanité ? Tout ce à quoi cet endroit servait est expliqué là-dedans. »

Il m'a regardé, d'un air imperturbable, et il a finalement ajouté : « Sergent-chef, au lieu d'étudier l'art et la culture d'Irak, vous feriez peut-être mieux de vous occuper de votre peloton.

– Je crois que ce serait un échec de notre part de ne pas apprendre la culture irakienne et essayer de la comprendre. Comment pacifier ou occuper un pays sans en connaître l'idéologie ?

– Vous n'avez toujours pas répondu à ma question : est-ce que vous savez ce que votre peloton fait en ce moment ?

– Oui, lieutenant. Ils s'éclatent un peu. Ils sont partis nager et se rafraîchir dans la piscine.

– Il me semble que le capitaine a interdit l'accès à la piscine.

– Oui, lieutenant. Mais je ne vais pas laisser pourrir les pieds de mes gars, ils souffrent tous du « pied des tranchées » à cause du manque d'hygiène [1]. Lieutenant, vous préférez un peloton d'hommes sains et vigoureux, ou des types en train de se décomposer ?

– Sergent-chef, faites ce que vous avez à faire », a-t-il dit avant de s'éloigner.

En bas, mes gars s'amusaient comme des fous, malgré la fraîcheur de l'eau. Taylor, Gaumont, Schutz, O'Shea et quelques mécanos du transport motorisé se lavaient avec des savonnettes en s'éclaboussant. « Ça fait du bien, putain !

– Eh, sergent-chef, sautez !

– Pas question ! Je vous parie que ces bâtards ont balancé de l'anthrax dans la piscine. Vous allez y laisser vos bites ! Je vous préviens, si cet enfoiré de capitaine Schmitt ou le sergent-major vous chopent ici, je vous écrase les couilles. »

En m'éloignant de la piscine, j'ai vu des hommes du

---

1. Mycose provoquée par la chaleur et la macération, également connue sous le nom de « pied d'athlète ».

peloton de mortiers de 81 mm briser les vitres bleues et réduire en bouillie tout ce qui leur tombait sous la main. De plus en plus énervé, je donnais des coups de pied dans les débris qui jonchaient le sol en repensant à ma conversation avec le lieutenant Shea. Et dire qu'on nous avait appris qu'on ne devait détruire que pour les besoins de la mission !

Les scout snipers [1] se sont postés sur le toit, en observation : ils devaient surveiller la ville en contrebas, installer au sommet de l'immeuble un relais radio pour améliorer les communications avec le bataillon et organiser un tour de garde aux quatre coins du site. Puis nous avons vérifié les Humvee et les armes. L'Institut était devenu une véritable forteresse pour les Marines.

Vers 19 heures, alors que nous nous étions prêts au départ, un autre bataillon de Marines est arrivé. Nous avons reçu l'ordre de nous tenir prêts à repartir le lendemain matin pour une destination secrète, et on nous a demandé de nous préparer à un raid éclair, de nuit.

Je n'avais aucune information sur le raid. Le capitaine avait gardé le secret, mais, à son ton, j'ai compris que c'était important. Il m'a abordé d'un air extrêmement sérieux, tout en mastiquant une énorme chique Copenhagen [2] – à l'intention de ceux qui ne mâchent pas de tabac : plus la chique est grosse, plus la situation est grave. Il m'a regardé, l'air sûr de lui : « J'ai une mission pour vous, sergent-chef. Que trois véhicules soient

---

1. Tireurs d'élite des unités de reconnaissance.
2. Marque de tabac à chiquer.

prêts au départ dans quinze minutes, avec leurs équipages au complet, et retrouvez-moi ici dès que c'est fait. »

J'ai rapidement convoqué mes chefs de bord, Westerman, Solberg et leur équipage, Clippinger et Martens, Taylor et Janez. Schutz et O'Shea étaient dans mon véhicule. « Préparez les véhicules. Départ dans quinze minutes. Dès que les engins sont prêts, rejoignez-moi ici pour le briefing de mission avec le capitaine. »

Le capitaine Schmitt nous attendait dans le parking de l'Institut de la Mode, une carte dépliée sur le capot de son Humvee. « Content que vous ayez pu venir, sergent-chef. Je commençais à me faire du souci pour vous.

– Je ne voudrais pas rater ça, capitaine.

– Bon, dépêchons-nous de terminer. Je vais vous dire pourquoi vous êtes là. Quand nous étions au stade, je suis parti en patrouille avec le 81e. Dans la rue, un type est venu en courant vers mon Humvee ; il m'a dit qu'il était citoyen américain, qu'il avait été emprisonné par Saddam et qu'il cherchait à sortir d'Irak. C'est un agent de la CIA, il a été recruté pas la CIA en Jordanie et entraîné par les Services secrets à Washington. »

J'ai regardé mes gars. Leurs regards s'étaient allumés au mot CIA. Le capitaine Schmitt l'a remarqué. Il a poursuivi. « Notre mission de ce soir consiste à nous rendre dans une zone résidentielle, ici [il a désigné un point sur la carte]. Nous allons nous arrêter devant la résidence du type et les ramener au stade, lui, son fils et sa fille. Une fois là-bas, on le remet au Psy/Ops[1] ou aux Services de renseignement des Marines qui se chargeront de le rapatrier. J'ai déjà obtenu le feu vert du haut commandement pour cette mission. Je veux un véhicule en tête et un autre en queue. Sergent-chef, vous serez au milieu. Dès que j'aperçois vos phares, je sors du véhicule et je les préviens que nous sommes venus les chercher. Sergent-chef, à ce moment-là, vous devez déjà être sortis de votre véhicule et leur faire signe d'approcher. Ensuite, vous les faites monter à l'arrière de votre Humvee et vous déployez la capote. On s'arrache et on fonce au Stade. Vous avez quelque chose à ajouter ?

– Oui, capitaine. Dès qu'on arrive sur zone, assurez-vous qu'il y a une mitrailleuse derrière et une devant. Les chauffeurs restent au volant sans couper le moteur. Les chef de bord sortent des véhicules et assurent leur sécurité.

– Des trucs que vous n'avez pas digérés ? Une merde quelconque, des saloperies ?, ai-je demandé à mes gars.

– C'est parti.

– Il est 19 h 55. Mettez les moteurs en route. On démarre dans cinq minutes », a dit le capitaine Schmitt.

Mes hommes étaient en pleine extase. Ils frappaient leurs casques de leurs chargeurs et lubrifiaient leurs calibres 50 avec du CLP[1], également appelé chez les Marines « gelée KY ». Nous avons vérifié les communications radio entre les véhicules.

---

1. *Psychological operations* : opérations psychologiques, service rattaché aux Services secrets. NdA.

2. *Cleaning lubricant protector* : nettoyant lubrifiant. NdA.

« Whiskey Un, ici CAAT 1 *check radio over.* Comment recevez-vous, à vous.

– *Check radio Roger.* Bien reçu. Idem. Et vous, *over.*

– Bien reçu idem. CAAT 1 terminé. » Puis les moteurs diesel des Humvee se sont mis à vrombir. J'ai entendu Taylor pousser le hurlement des rebelles sudistes : « Yiiii haaaaaaa. » J'étais fier de mes gars.

Nous sommes arrivés à destination, une zone d'habitation pour classes moyennes, dans la banlieue nord de Bagdad, en vingt minutes. Dans le coin où nous nous sommes arrêtés, il y avait des maisons sans crépi et à un seul niveau du côté droit de la rue et, sur la gauche, un drôle d'atelier de mécanique sur lequel on avait peint des logos Mercedes. La rangée de maisons était coupée par une rue perpendiculaire où stationnait une voiture japonaise noire, qui nous attendait. Des hommes habillés à l'occidentale, portant bouc et moustache, étaient postés à chaque coin de la rue, sortant de l'ombre pour y replonger aussitôt. L'homme de droite fumait une cigarette en essayant d'avoir l'air naturel, mais un autre, posté près de l'atelier, portait un AK-47 à l'épaule droite.

Les phares de la voiture japonaise nous ont aveuglés. Nous ne pouvions pas voir ce qui se passait en bas de la rue. J'étais inquiet. Mais quand j'ai vu un homme rondouillard en chemise de soie, pantalons kaki, gourmette et chaîne en or clinquants, embrasser sa famille pour lui dire au revoir, accompagné de deux adolescents, une fille et un garçon, j'ai su que nous n'étions pas tombés dans une embuscade. J'avais tout de même du mal à croire que ce type de toute évidence bien nourri avait pu passer des années dans les prisons de Saddam. Je suis rapidement sorti de ma voiture et leur ai fait signe de venir vers moi. Ils m'ont rejoint en courant. L'homme a voulu me serrer la main et a commencé à me remercier, mais je l'ai coupé net : « Vous me remercierez plus tard. Montez dans le camion. Je vais vous recouvrir tous les trois avec la capote. » O'Shea m'a aidé et nous avons immédiatement quitté la zone pour foncer vers le stade de Bagdad. La mission n'avait pas duré plus de trois minutes.

Une fois dans le parking attenant à la piscine olympique, le capitaine Schmitt m'a fait signe de rejoindre l'équipe des Psy/Ops. À l'intérieur de la tente, il parlait à voix basse avec un adjudant. Je n'entendais pas ce qu'il disait. Un des sergents-chefs, collaborateur des Psy/Ops, s'est approché : « C'est vous qui avez amené la famille ? Bien, où sont-ils ?

– Dans le véhicule. »

Il est sorti, je l'ai suivi. Schutz était avec le type et lui offrait une cigarette. Le sergent-chef et l'homme ont discuté en arabe pendant cinq minutes environ. À la fin de la conversation, l'Irakien s'est adressé à ses enfants en anglais : « Restez ici avec eux. Je reviens dans vingt minutes. » Il a suivi le sergent-chef dans la tente des Psy/Ops où il est resté avec le capitaine et le juteux.

Je suis allé chercher des bonbons et des rations pour les deux adolescents, qui regardaient nerveusement autour d'eux. Leur père est revenu, l'air un peu hébété et, en posant la main sur son épaule, il a demandé à sa fille, tout en la rassurant, de venir dans la tente avec lui : « Ça va aller, tout va bien se passer. » Schutz lui a donné une autre cigarette en lui posant des questions : « Vous avez passé combien de temps en prison ?

Dix ans.

Ils vous ont torturé ?

Oui.

Comment ?

Ils me frappaient la plante des pieds avec des tuyaux en caoutchouc.

Vous êtes en de bonnes mains, maintenant. Vous êtes avec les Américains. »

Il a opiné en signe d'approbation en tirant de longues bouffées sur sa cigarette. Sa fille est revenue et ils ont interrogé son fils, pendant cinq minutes encore. Le capitaine Schmitt est revenu : « C'est bon, les gars. On y va. On a fait un super boulot. On retourne à l'Institut de la Mode. »

Nous ne sommes pas arrivés avant 23 heures. Le capitaine Schmitt a fait le debriefing de la mission : « Écoutez, Marines, je suis très satisfait de la façon dont vous vous êtes acquittés de cette mission. Il a fallu beaucoup de courage pour mener à bien une opération comme celle-là dans un délai aussi court. Si j'avais de la bière, je vous en donnerais. » Westerman l'a interrompu : « Eh, Monsieur, vous voulez du whisky ?

– Ouais, je crois que je vais accepter votre offre, Westerman. »

Cette nuit-là j'ai dormi à l'arrière de mon Humvee et je me suis surpris à chercher du réconfort parmi les étoiles en pensant au merveilleux moment que j'avais passé avec Jackie. J'étais revenu au 4 juillet 2002. Jackie et moi, on ne se fréquentait que depuis trois mois. Sa grand-mère, toujours d'une humeur de fête les jours fériés, avait invité la famille à dîner. Un délicieux repas de fête nationale : hamburgers, hot-dogs, salade de pommes de terre, haricots à la tomate, frites, gâteau au chocolat et flan à la banane faits maison.

Après ce repas, Jackie et moi sommes allés nous balader au bord du lac Junaluska, près de Waynesville, pour regarder les feux d'artifice. Nous avons étendu une couverture à quelques mètres de l'eau et nous nous sommes assis, main dans la main. Elle s'était blottie entre mes jambes ; je l'avais entourée de mes bras, et je respirais son parfum de jasmin et de bois de santal.

« Ce ne serait pas génial si c'était toujours comme ça ? » Sa voix était presque inaudible. « Oui », ai-je répondu, envoûté par la lumière pâle et argentée de la lune. Puis je lui ai demandé : « Tu as déjà dansé avec le diable, sous la lumière pâle de la lune ? » En riant comme une enfant, elle a dit : « Noooon… Dites-moi, Monsieur, seriez-vous en train de m'inviter à danser ?

– Oui. Dansons toute la nuit et allons nous perdre dans les feux d'artifice.

– J'aime déjà la façon dont tu parles, cow-boy, » a-t-elle ajouté gaiement.

J'ai commencé à chanter *Summer Breeze*, je me suis levé et je lui ai pris la main : « Madame, m'accordez-vous cette danse ? »

Nous avons dansé quelques minutes serrés l'un contre l'autre. En la regardant dans les yeux, j'ai dit : « Ce moment vivra toujours dans mon cœur. »

* * *

En me réveillant le lendemain matin, je me sentais au plus mal. J'avais rêvé que j'avais été enlevé par un groupe de hors-la-loi irakiens habillés tout en noir. Leurs visages étaient cachés par leurs keffias, leur regard sombre et glacial. Deux d'entre eux me tenaient les jambes, deux autres les bras. Le cinquième me couvrait la bouche en riant et me forçait à tourner la tête vers le peloton du CAAT : « Tes amis ne peuvent rien pour toi, maintenant. Ils t'ont abandonné. » Il riait d'un rire sadique. Puis on m'a enfermé dans un cercueil percé d'une ouverture en forme de croix. J'ai levé les yeux et j'ai vu les Irakiens rire de moi. Ensuite, j'ai senti quelque chose ramper sur ma main. Dans la lumière qui entrait par la croix, j'ai vu un scorpion noir, qui m'a piqué sur le tatouage de ma main. Je me suis réveillé en hyperventilation, et je suis resté à cran avec mes gars toute la matinée.

Ce matin-là, nous avons quitté l'Institut de la Mode et pris la direction de l'université de Bagdad, au sud-ouest de la capitale. Le trajet a duré environ une heure, à cause de la circulation. L'architecture de l'université me faisait penser à un campus britannique : très ordonné, symétrique, murs de briques et cadres de fenêtres en bois. Il y avait trois systèmes de missiles F.R.O.G. [1] et un abri souterrain anti-atomique au milieu du campus. Sa superficie devait représenter environ le quart d'un pâté de maison et il pouvait héberger une bonne centaine de

---

1. *Free Rocket Over Ground* : missiles russes à faible portée.

personnes. Il y avait des salles de classe avec des tableaux noirs intégrés aux murs, une cuisine, des douches et des dortoirs.

Malheureusement, l'université avait déjà reçu la visite du 1/7, qui avait fait des putains de dégâts. À notre arrivée, le doyen, un homme soigné à l'allure distinguée, vêtu d'une chemise et d'un pantalon habillé, est sorti nous saluer, serrant chaleureusement les mains des sous-officiers et des officiers : « Bienvenue, c'est bien que vous soyez là. Entrez. » Nous l'avons suivi dans le hall d'entrée et il a désigné son bureau, à gauche du foyer : « Regardez, il est entièrement détruit. » À l'intérieur, les meubles avaient été renversés, les tableaux brisés, et un grand vagin était bombé sur le mur du fond, à l'endroit où l'on accrochait habituellement le portrait de Saddam. Il nous a montré la bibliothèque, dont les étagères, longues de cinq mètres, avaient été retournées comme des dominos. Des fenêtres étaient cassées, les bureaux retournés eux aussi, et sur le mur on avait peint une énorme bitasse avec cette légende : « Suceurs. » Les salles de classes avaient été également mises à sac.

Devant l'ampleur des dégâts, le doyen se tordait les mains. Il nous a suppliés de remettre tout ce bordel en état : « S'il vous plaît, Monsieur, pouvez-vous nous aider ? » Le lieutenant Shea et le capitaine Schmitt ont voulu jouer les petits malins : « Oui, bien sûr Monsieur, aucun problème. Eh, adjudant-chef Robertson, est-ce qu'on peut s'organiser pour nettoyer tout ça ?

– Oui, lieutenant, on peut s'en occuper tout de suite. » Aussitôt que le doyen leur a tourné le dos, lancé dans une nouvelle explication, j'ai entendu Shea demander à

voix basse au capitaine Schmitt : « OK, capitaine. Qui
fait le bon flic ? Et qui fera le méchant flic quand il verra
qu'on n'a rien fait ? »

Bien sûr, nous avons tout laissé en l'état, mais le doyen
nous a offert des livres. Le mien, c'était *Vol au-dessus d'un
nid de coucou.*

Chapitre 20

Le coup du siècle

Réveillez-moi de ce mauvais rêve !

À 15 heures environ, nous nous sommes installés pour la nuit. Le CAAT 1, le CAAT 2, les Javelin, le 81ᵉ et le détachement de transport motorisé ont garé leurs véhicules sur un grand terrain ouvert, à droite de l'entrée de l'université. Nous avons choisi les meilleurs endroits où creuser les fosses, pour les feux de camps et les latrines. Ensuite, nous avons repéré les abords de l'université pour établir les postes de garde. Nous avons monté deux antennes sur le toit, puis distribué les tours de garde. Par chance, une guérite de gardien était installée à l'entrée principale. Tous les autres Marines de garde avaient aussi un endroit où dormir. Les Irakiens leur ont apporté des oranges fraîches, des pâtisseries et des sodas.

Un mur séparait une église chrétienne de l'université. C'est là que nous avons allumé un feu. Dans l'obscurité qui régnait déjà, le feu apportait une atmosphère de camaraderie. Mes Marines se sont un peu détendus et se sont mis à jouer des sketches racistes. En pensant au *Jeffersons' show*[1], Palmer a dit :

---

1. Célèbre sitcom de la television américaine (1975-1985), dont les héros sont noirs. George et Louise Jefferson s'installent dans un quartier chic de Manhattan après avoir fait fortune !

« Mon vieux, M. Jefferson, il a fait ce qu'il fallait. Il a quitté le ghetto pour un appartement de luxe tout en haut, et il ne s'est jamais plus retourné. »

« Yo, mon pote, M. Jefferson, c'est qu'un Oncle Tom. On peut pas oublier les frères du ghetto, mec », a répondu McFarland.

Gaumont a essayé d'intervenir : « Eh ben, je… », mais il a été interrompu par McFarland et Palmer : « La ferme, blanc-bec ! »

Gaumont s'est levé et ils se sont sautés dessus : « J'suis pas un blanc-bec !

– Gaumont, t'as pas intérêt à t'approcher de moi, mec ! »

Ponce a voulu prendre part à la conversation : « Oh, oh, blanc-bec, hein ? Et les Mexicains, alors ?

– Qu'il aille se faire foutre, Poncho Villa !

– Tu vois mec, tout le monde, tout le monde chie toujours sur les Mexicains. On se tape la traversée de ce putain de Rio Grande, on se tape des kilomètres de putain de désert sous le cagnard et tout ça pourquoi ? Pour se faire chier dessus », a répondu Ponce, facétieux.

Tout le monde s'est écroulé de rire en faisant tourner une bouteille de whisky confisquée.

Nous étions tous assis à glander quand, tout d'un coup, nous avons vu une croix chrétienne dans le ciel, un néon bleu qui se diffusait sur l'horizon pourpre, bleu et orange. Tout le monde a été saisi. Tout le monde regardait en faisant des commentaires pleins d'humour : « Vous voyez bien ! C'est une intervention divine. On est là pour une bonne raison ! », a dit Taylor. « Mon pote, on dirait l'histoire du paysan qui a vu la Vierge Marie au Mexique », a dit Janez. « Ouais mec, on dirait les *Blues Brothers*. Dieu nous a donné une mission », ai-je ajouté, l'air le plus sérieux possible. Hallenback a éclaté de rire.

La croix a disparu au bout de cinq minutes, et c'était comme si on nous avait tiré dessus. Mes gars ont lâché de gros soupirs. Ils ont été pris d'un accès de détresse parce qu'ils avaient cru voir un signe d'espoir, un message rassurant venu de Dieu, comme s'Il nous avait dit de ne pas nous en faire, que tout allait bien se passer. À ce moment-là, j'ai regardé Taylor, il portait un marcel, ses boots et un pantalon, ainsi qu'un casque de fedayin qui ressemblait au masque de Dark Vador. J'étais assis à côté de Hallenback ; j'ai fermé les yeux et secoué la tête d'avant en arrière, comme si j'implorais l'aide du Seigneur, et j'ai marmonné à Hallenback : « Pince-moi, mec, que je me réveille de ce mauvais rêve.

– Mais non, putain, c'est bien un de tes hommes, mon pote. Dépêche-toi de le choper avant l'adjudant, il risque de nous péter une durite s'il voit Taylor avec ce merdier sur la tête », a répondu Hallenback. J'ai jeté un œil aux sous-off ; ils étaient en train de déconner dans leur coin. J'ai couru vers Taylor, j'ai vite arraché le casque qu'il avait sur la tête et je l'ai jeté par terre. Il a fait demi-tour pour voir qui lui avait fait ça. Cet enfoiré, à ma stupéfaction, portait un emblème Cadillac, comme s'il faisait partie des Beastie Boys [1], et une balle d'uranium appauvri calibre 50 autour du cou avec se plaque d'identité. J'ai attrapé l'emblème et la balle : « Enlève-moi tout de suite tout

---

1. Groupe de hip-hop new-yorkais.

cette connerie. Tu veux me faire virer ? C'est ça, hein, Taylor, c'est ça que tu veux ? Tu veux voir débarquer un taré de sergent-chef, un enfoiré qui taille des pipes aux officiers toute la journée et qui n'en a rien à foutre de ta gueule ?

– Non, chef », a-t-il répondu en ôtant l'emblème et la balle de sa chaîne. « Mets-moi tout ce bordel dans ton véhicule. Je ne veux plus jamais voir ça, putain. Sinon, je te colle de service toutes les nuits jusqu'à ce qu'on quitte l'Irak ». Je me suis éloigné en vitesse.

Assis en à côté de Hallenback, je hochais la tête en marmonnant « ces bâtards auront ma peau » quand le lieutenant Shea a surgi de nulle part et nous a transmis un ordre d'alerte pour le lendemain : « Sergents-chefs, à partir de demain, nous assurons la sécurité et la protection d'anciens réfugiés politiques irakiens en Angleterre. Ils sont revenus pour mener la campagne de plusieurs candidats du futur gouvernement. On nous a demandé de nous tenir à leur entière disposition, à tout moment. Ils commenceront dès demain à construire leur Q.G. de campagne, juste en bas de la rue de l'université. Quand nous ne serons pas en train de les aider, nous patrouillerons dans l'université et autour. Bonne nuit, sergents-chefs. » « Vous aussi, lieutenant », avons-nous répondu en chœur.

J'ai regardé Hallenback : « Encore une mission bidon. » Il était d'accord. Pourtant, ça ne me dérangeait pas. Taylor m'avait déridé et je suis parti me coucher avec le sourire. Ça n'a pas duré. Je me suis réveillé à 3 heures du matin et je me suis assis dans mon sac de couchage, en nage, les poings serrés et hurlant : « Je suis un putain de Nazi ! » J'avais rêvé que j'étais un officier SS. Je me tenais sur un quai de gare, je portais des bottes noires, une cravache à la main. Sadique, je hurlais « *Auf Wiedersehen* » à des gens massés dans un train. La boue venait d'être remuée par des bottes militaires dont les empreintes me rappelaient celles que j'avais vues dans le désert irakien. Les passagers du train affichaient les mêmes expressions que les Irakiens qu'on avait tués dans le camp de Rashid. Cette nuit-là, je n'ai pas réussi à me rendormir.

* * *

À 9 heures, nous avons quitté l'université pour aller chercher les Irakiens de retour de leur exil anglais. Ils étaient quatre et nous attendaient dans une Toyota Corsica blanche, un modèle des années 80, devant leur nouveau Q.G. de campagne. Tirés à quatre épingles et l'air anxieux, ils m'ont fait penser à des mafiosi italiens. Ils nous ont fait signe de les suivre, et nous avons roulé quinze bonnes minutes à travers un dédale de ruelles et de rues extrêmement pauvres. Ils se sont arrêtés devant une maison, dans ce qui me paraissait un quartier ouvrier. L'un d'eux est sorti de la voiture et s'est dirigé vers mon Humvee d'un pas nonchalant. Il m'a parlé avec l'accent anglais : « Nous n'avons plus besoin de vous. » « Entendu. » « Je contacterai le capitaine Schmitt si nous avons besoin d'autre chose. »

Hallenback et moi avions vu juste ; encore une mission bidon mais, bon sang, nous n'étions pas mécontents, pas question de servir d'animaux de compagnie à une bande d'Irakiens *british*. Je lui ai dit : « On va pouvoir faire connaissance avec les gens du coin. On va acheter une caisse de Pepsi. Tout le monde aime le Pepsi, pas vrai Solberg ? » Nous avons tourné en voiture. Il y avait beaucoup d'embouteillages et, partout, des égouts à ciel ouvert. L'air était envahi par des odeurs de fosse septique. Les Irakiens avaient barré la route avec des barricades où s'empilaient les vieilleries, les bidons de peinture remplis de sable et les morceaux de panneaux d'affichage, mais ce n'étaient pas ces barrages de fortune qui allaient retarder nos Humvee. Le Pepsi nous avait manqué, mais on suivait également les ordres : le capitaine Schmitt et le lieutenant Shea nous avaient demandé de dépenser de l'argent pour habituer les Irakiens aux devises américaines.

Pendant la patrouille, nous avons noué le contact avec les habitants. Enchantés de pouvoir parler, ils nous posaient toujours les mêmes questions.

Question : « Est-ce que Saddam est mort ? »
Réponse, avec la voix de Marlon Brando dans *Le Parrain* : « Il dort avec les poissons. »

« Quand est-ce qu'on aura de l'électricité ?
– Quand elle sera rétablie. »

« Quand est-ce qu'on aura le téléphone ?
– Quand Alexandre le Grand l'aura décidé. »

« Pour combien de temps êtes-vous là ?
– Pour toujours. »

Je ramassais une poignée de sable, comme pour un tour de magie, le laissais filer entre mes doigts en le rattrapant dans mon autre main. « Jusqu'à ce qu'il n'y ait plus de sable en Irak. » Les Irakiens me lançaient des regards perplexes. Schutz riait : « Eh, sergent-chef. Arrêtez de leur balancer votre putain de philosophie. »

Question « Quelle est votre religion ? »

Réponse : « Je suis un adorateur de Chrôm, le Dieu de l'Acier », et là je me mettais à imiter Conan le Barbare.

Quand nous sommes revenus à l'université, le camion du courrier était arrivé. Mes gars faisaient des bonds partout. « Putain, c'est ma petite amie. J'espère qu'elle m'a envoyé des polaroïds d'elle à poil, ou alors sa petite culotte ! », a dit Martens, qui jouait au dur. « Merde, je croyais que j'avais déjà payé cette putain de facture ! » a dit Palmer, furibard. « J'ai un putain de P.V. de stationnement interdit ! », a crié Gaumont. « Eh, mon vieux, tu n'as qu'à te dire que si tu meurs en Irak, t'auras plus besoin de le payer ! » Solberg était toujours aussi aussi cynique.

J'étais aux anges, j'avais reçu trois colis. Deux de ma « Southern Belle » et un de ma mère. Je me suis empressé de me trouver un coin tranquille, à l'ombre d'un arbre. Jackie avait mis un paquet de Copenhagen dans chaque colis, et des tonnes de sucreries, huit boîtes de soupe Campbell, des chips mexicaines, des lingettes antibactériennes, une douzaine de rasoirs, cinq paires de chaussettes de chasse neuves. Il y avait une carte dans chaque colis et l'une des deux m'a fait pleurer :

« Chaque jour passé sans toi ressemble à un printemps
sans fleurs. Les montagnes commencent à reverdir, nous
allons bientôt ouvrir la maison du lac. J'ai hâte que tu
sois de nouveau dans mes bras, à l'abri. » Je l'ai lue
lentement, cinq fois au moins, avant d'ouvrir le colis
de ma mère, lui aussi très réconfortant dans son genre :
elle m'avait envoyé la couverture indienne en coton
tissé avec laquelle je dormais quand j'étais encore
au lycée.

Cette nuit-là, je me suis endormi enveloppé dedans,
je me sentais comme un enfant dans les bras de sa mère.
J'avais l'impression d'être dans un cocon, la couverture
me protégeait à la fois des Irakiens et des cauchemars.
J'ai bien fait. La couverture a agi comme un talisman. Je
me suis réveillé à 6 heures du matin, revigoré et de bonne
humeur.

La plupart de mes gars dormaient toujours. Je suis
allé voir les deux hommes de garde. J'étais à la grille de
l'entrée, on blaguait en mangeant des pâtisseries ache-
tées à un marchand ambulant, quand un des gardes est
venu vers moi : « Il y a un turban qui veut parler à
Whiskey Un [1]. « Ramenez-moi Whiskey Un ou Deux [2]
ici », ai-je ordonné. Cinq minutes après, le capitaine
Schmitt est arrivé ; il a parlé avec un jeune Irakien en
costume traditionnel. Je mangeais un gâteau glacé au
sucre, un genre de *donut*, en les regardant. Rien qu'à
voir les gestes sérieux du capitaine pendant l'entrevue,

---

1. Indicatifs des autorités de la compagnie
2. Officier exécutif de la compagnie d'armes lourdes.

je pouvais deviner que l'Irakien était en train de lui transmettre des informations.

Le sergent-chef Hallenback est arrivé, complètement surexcité, chargé à la caféine, un remontant que lui avait envoyé sa femme la veille. Il a demandé « qu'est-ce qui passe, bordel ? », et il a enfourné quatre gâteaux. La bouche pleine, il a regardé le capitaine Schmitt : « Y parle à qui, le capitaine ? » « Je sais pas, mais, su tu veux mon avis, ça concerne notre prochaine mission. » « Les drogues ont fait effet rapidement, peu après le départ du LSA-7. » Je savais exactement ce qu'il voulait dire, pas comme les Marines plus jeunes. C'était une réplique du film *Las Vegas Parano,* tiré du livre de Hunter S. Thompson. En éclatant de rire, j'ai postillonné partout sur Hallenback : « Enfoiré ! Tu m'as craché dessus ! »

À ce moment-là, le capitaine Schmitt est entré dans la guérite : « Qu'est-ce qu'il y a de si drôle, sergents-chefs ? » En regardant Hallenback j'ai répété la phrase : « Les drogues ont fait effet rapidement, peu après le départ du LSA-7. » Je me suis levé et, avec Hallenback, nous sommes sorti en imitant à merveille Johnny Depp. Schmitt, planté comme un idiot, a demandé : « Quelles drogues ? » On riait encore de son ignorance crasse quand il nous a dépassés au pas de course pour rejoindre l'adjudant-chef Humphries. Il s'est mis à lui hurler dessus en nous montrant du doigt, l'air furieux.

Je suis retourné au bivouac à 8 heures. Mes gars en étaient encore à la phase « chiottes, douche et rasage », il y en avait même qui se baladaient en slip et bottes de combat. Je suis retourné m'asseoir sous mon arbre préféré et j'ai commencé *Vol au-dessus d'un nid de cou-*

cou. J'ai été interrompu par l'adjudant-chef Humphries,
qui avait pris sa voix d'instructeur de camp d'entraînement pour hurler sur Martens : « Enfile ton putain de
treillis, salopard ! Et tout ce putain de CAAT 1 devrait
avoir terminé de se laver le cul depuis une heure. » J'étais
fumasse : non seulement il gueulait sur mes gars mais,
en plus, il s'en était pris à un des plus vulnérables. Je me
suis levé et je lui ai dit ce que j'en pensais :

« Dites, adjudant-chef, allez-y mollo. C'est la première
fois pour beaucoup de ces hommes qu'ils ont un peu de
répit depuis le début de cette putain de guerre. Des sentinelles surveillent toute cette zone 24 heures sur 24. On
a des snipers sur le toit. On peut dire sans trop de risques
que si un terroriste essayait d'entrer ici, un Marine serait
alerté assez tôt pour avoir le temps de remettre son pantalon avant d'aller se battre. »

Humphries m'a jeté un regard de dégoût.

« Sergent-chef, c'est LA DERNIÈRE FOIS que vous
me demandez de me calmer ! »

Je me suis approché de lui.

« Venez, sergent-chef. Allons discuter.

– Adjudant-chef, avec plaisir. »

Nous nous sommes éloignés pour ne pas être entendus.

« Je ne veux pas vous entendre dire un mot. Vous allez
vous contenter de m'écouter, sergent-chef, vous êtes à
un cheveu d'être viré de votre poste de sergent de peloton. Je mettrai Westerman à votre place quand vous serez
lessivé.

– Compris, adjudant-chef. Je peux rompre, adjudant-
chef ?

– Vous pouvez, sergent-chef. »

Ce n'était que le début. Mes gars étaient en train de s'habiller à toute vitesse quand le lieutenant Shea est venu me rejoindre, affichant une expression hostile. Je me suis dit que je n'avais vraiment pas besoin de ça maintenant.

« Sergent-chef, on nous a confié une mission.

– Tant mieux, Monsieur. J'ai besoin de prendre l'air.

– Oh, quelque chose ne va pas ?

– Non, rien du tout, Monsieur. Tout baigne. »

Le lieutenant tenait une carte et les coordonnées de notre future mission.

« L'Irakien qui est venu à la grille nous a fourni des renseignements. Il nous a parlé d'une maison abandonnée près d'une décharge, à l'Ouest. Nous devons inspecter l'endroit et estimer la quantité et le genre d'armes qui s'y trouvent. Il nous a dit aussi qu'on trouverait des armes nucléaires. »

Les armes nucléaires nous ont laissés sceptiques, mais on a décidé de lui accorder le bénéfice du doute. « Des questions, sergent-chef ? »

J'ai regardé les gars et j'ai demandé :

« Vous avez des questions à me poser ? »

Les gars ont secoué la tête.

« Il est 9 h 00. Prêts à démarrer à 9 h 30. »

Le soi-disant arsenal était carrément à l'autre bout du monde, près d'une décharge à l'Ouest de Bagdad. Nous avons mis environ quarante-cinq minutes pour y arriver. De vieilles Mercedes étaient empilées sur des carcasses de voitures japonaises, il y avait des pneus partout, des pièces détachées ici et là. L'endroit était entouré d'un grillage d'environ deux mètres de haut. Un vieil homme vêtu d'un costume traditionnel crasseux a ouvert la grille avec un grand sourire : « Bienvenue. Bienvenue. » Nous sommes entrés avec nos sept Humvee et sa famille est arrivée – ses femmes, ses deux filles et son fils, un adolescent. Une des filles, qui devait avoir 5 ans, a longé les Humvee et offert des tournesols à chaque véhicule. Palmer, McFarland et Martens les ont acceptés volontiers et les ont mis à leur casque. La femme, elle, a offert un pain par véhicule. Tous mes Marines ont dit « Merci » avant de dévorer aussitôt le pain chaud.

« Nucléaire, arme nucléaire ? », a demandé le lieutenant Shea en imitant le bruit d'une explosion. « Oui, oui, venez, venez », a répondu l'homme avec conviction, en pointant l'index vers la droite ; puis il s'est dirigé dans la direction indiquée. Tous les chefs de bord et le lieutenant l'ont suivi, en marchant aussi vite qu'ils pouvaient. Nous nous sommes retrouvés à environ 500 mètres des véhicules. Le missile avait été dissimulé sous des carcasses de voitures, et le système de guidage recouvert d'un filet de camouflage. Gaumont et Sutter ont retiré le filet. « L'arme nucléaire » était un Scud. Tout le monde a ri de bon cœur. L'homme est passé de l'excitation à la stupéfaction. L'armée de Saddam avait entreposé l'arme à cet endroit et averti sa famille de ne pas y toucher. « Encore ? Encore ? », lui a demandé le lieutenant Shea. « Oui, venez », a-t-il répondu tout en nous entraînant au centre de la décharge. Nous nous sommes demandé s'il fallait vraiment le prendre au sérieux mais, cette fois, ce n'était pas des conneries. Il y avait deux mitrailleuses anti-aériennes approvisionnées. L'Irakien nous a ensuite indiqué une nouvelle direction, à l'extérieur. « Là-bas, là-bas. »

Il s'est agenouillé pour dessiner des fusées et des grenades sur le sable : « Encore. Encore. »

Le lieutenant Shea a décidé d'y aller en Humvee et d'emmener l'Irakien avec nous. L'endroit dont il parlait se trouvait à environ 5 kilomètres de nos véhicules. Trois maisons de deux étages étaient encore en construction, abandonnées. Je les ai fouillées avec les équipes de Westerman, Solberg et Palmer, pendant que les autres Marines sécurisaient les alentours. C'était le coup du siècle. Ouah, quel arsenal ! Nous sommes tombés sous le choc en découvrant la quantité de munitions laissée par l'armée de Saddam : munitions anti-aériennes, RPG, munitions pour chars, grenades, bâtons de TNT, munitions d'artillerie…

« Merde alors ! C'est dingue ! »

« Il y a assez de munitions là-dedans pour faire la guerre pendant un bon moment ! », ai-je dit.

On n'en croyait pas nos yeux. Il nous faudrait des semaines pour nous débarrasser de toutes ces armes. Je suis sorti briefer le lieutenant Shea, qui nous attendait près des véhicules : « Monsieur, j'ai reçu par GPS les coordonnées de chaque bâtiment et je peux vous dire, lieutenant, qu'il y a assez de putains d'explosifs là-dedans pour éclairer toute la zone comme un putain de sapin de Noël. Il faut contacter l'EOD dès que possible. »

Le lieutenant Shea n'a pas eu l'air surpris. Il s'est contenté de dire : « Bon travail. On s'en va », avant de contacter le bataillon par radio. En tout cas, il était clair que, s'ils l'avaient voulu, les Irakiens auraient pu nous emmerder.

Cette nuit-là, de retour à l'université, s'est tenue une réunion des sous-officiers. Le capitaine Schmitt s'est levé pour nous expliquer notre prochaine mission : « L'Armée régulière va nous remplacer à l'université de Bagdad. Nous allons remplacer l'Armée à Kerbala. » Il a déplié une carte pour nous montrer où se trouvait Kerbala. « Après la première Guerre du Golfe, une importante révolte a eu lieu à Kerbala. Un coup d'État manqué contre Saddam, et nous étions censés le soutenir. » Il s'est arrêté là, omettant de préciser qu'après le soulèvement, nous avions laissé des milliers de résistants sans appui, et que Saddam avait envoyé son armée l'écraser. Il avait assassiné, torturé et réduit à l'esclavage tous ceux impliqués dans la tentative de coup d'État.

« La Régulière nous assure que Kerbala est un endroit sûr et qu'aucun combat n'y a eu lieu depuis le début de la guerre. Je vous rappelle que Kerbala est un lieu saint où les Irakiens se rendent chaque année en pèlerinage. Là-bas, nous aurons un endroit où nous installer. J'espère qu'on y sera bien. La ville sera divisée en quatre secteurs. Chaque compagnie sera affectée à un secteur où elle assurera les patrouilles et la pacification. Demain matin, que tous vos hommes fassent leur paquetage. Je ne sais pas à quelle heure aura lieu la relève, mais on ne part pas avant. Les sous-officiers devront avoir réglé tous les problèmes ce soir. Réservoirs pleins, niveaux vérifiés, véhicules et Marines prêts au départ à 9 heures. Il est 22 heures. Cela vous laisse largement le temps de vous occuper ce soir. »

Nous étions tous épuisés par le rythme des opérations qu'on nous avait imposé depuis deux mois et ça nous a mis en rogne. Je me suis levé : « Est-ce que quelqu'un ici a lu *La Charge du soldat et la mobilité d'une nation*[1] ? »

Quelques Marines m'ont répondu : « Ouais, moi je l'ai lu. »

« Adjudant-chef, vous avez quelque chose à ajouter ? », a demandé le capitaine Schmitt.

Je me suis rassis.

« Oui, capitaine. J'en ai plus qu'assez de voir des soldats irrespectueux et indisciplinés, et qui n'arrivent pas à contrôler leurs hommes. Ce matin, il y a eu un incident. J'ai surpris des Marines traîner ici même, en slip, alors que le capitaine avait donné des ordres explicites pour qu'ils mettent leurs tenues de combat dès le réveil. Comme si ça ne suffisait pas, j'en ai surpris d'autres en train de traîner cet après-midi. Il s'agissait de deux pelotons différents.

– Adjudant-chef, je voudrais vous poser une question. Je n'ai pas honte de le reconnaître. Un des pelotons dont vous parlez est le mien. Je crois que si les hommes se baladent en sous-vêtements le matin ou après leur mission, c'est pour maintenir un niveau d'hygiène correct. Il faut leur accorder le temps nécessaire pour laisser leurs corps et leurs pieds s'aérer et réduire le stress accumulé au combat. Je suis certain que l'infirmier-chef de la compagnie d'armes lourdes sera d'accord avec moi. Si vous cherchez un responsable, sergent-major, je suis tout prêt à assumer ce que vous prenez pour de l'insubordination. Je

---

1. *The Load of the soldier and the Mobility of a Nation.* Classique de la littérature militaire, écrit en 1950 par S.L.A. Marshall, qui cite de nombreux exemples de soldats handicapés par un équipement excessif.

continuerai à faire tout ce qui est nécessaire pour assurer la sécurité et le bien-être de mes Marines. À Twentynine Palms, j'ai dit à mes gars que les grades ne voulaient rien dire pour moi. Le Corps m'a donné deux consignes : mener à bien ma mission et assurer le bien-être des troupes. »

L'adjudant-chef Humphries m'a regardé avec un sourire mielleux avant d'ajouter, avec zèle : « J'ai une information pour vous, sergent-chef. Dès demain, nous récupérons votre véhicule. Assurez-vous qu'il est impeccable, débarquez votre barda et celui des autres Marines, et tenez le véhicule prêt pour demain matin 9 heures. »

Chapitre 21

Dispositions de combat

Saddam nous a refilé ses armes chimiques !

En me couchant, j'avais l'impression d'avoir pissé sur un barbelé électrifié. Après les critiques acerbes de l'adjudant-chef Humphries, le juteux Fontecchio m'a dit : « Sergent-chef, je ne sais pas si ça vous aidera, mais je trouve que vous êtes un chef formidable et je suis prêt à me battre avec vous n'importe quand. » J'ai repris mes esprits et je l'ai regardé quelques secondes avant de le remercier. Ses paroles m'ont réconforté, elles avaient soigné mon âme.

Je me suis réveillé vers minuit en criant : « DISPOSITIONS DE COMBAT ! » Dans mon rêve, j'étais sur une plage de Normandie avec l'infanterie nazie. Des soldats allemands hurlaient : « Ils arrivent sur la plage ! DISPOSITIONS DE COMBAT ! » Tout à coup, les soldats nazis se sont accroupis et mis en position fœtale, avant de se transformer en rochers qui se sont fondus avec le paysage. Je pouvais voir et entendre les bottes des soldats américains sur le sable, je sentais leurs vibrations. « Couvrez le flanc gauche, couvrez le flanc droit ! Amenez la mitrailleuse par ici ! » Je me suis dit triomphalement « Nous sommes la race des seigneurs » quand j'ai entendu un autre rocher/commandant crier : « MAINTENANT, HALTE AU FEU ! » Je me suis réveillé hors d'haleine, avec l'impression que j'allais avoir une crise cardiaque.

De toute façon, le mal était fait. La veille au soir, j'avais transporté tout mon matos dans le véhicule des mécanos. J'avais perdu mon Général Lee et ma confiance en moi. Assis avec les gars à l'arrière du véhicule de O'Shea, je me taisais mais je gambergeais à 200 à l'heure. Entre le manque de sommeil, mes cauchemars incessants et ma crédibilité perdue, j'avais parfois l'impression d'être au bord de la folie.

Après avoir occupé l'université de Bagdad pendant environ une semaine, nous sommes arrivés près d'une coopérative rurale aux environs de Kerbala. Des groupes d'hommes, vêtus de larges djellabas blanches et de sandales, s'occupaient paisiblement de leurs troupeaux de chèvres : ils sifflaient tout en les faisant avancer. Un coq chantait de temps en temps. Le lieutenant Shea assistait à une réunion avec des officiers de la Régulière. Je mangeais une ration de pâtes aux légumes, debout, quand Gaumont, installé dans la tourelle du véhicule garé juste devant le mien, s'est brusquement retourné : « Eh, sergent-chef, je me fais vraiment chier ! On reste ici combien de temps ? » J'ai répondu, agacé : « Jusqu'à ce que les vaches rentrent à l'étable. »

Gaumont a sorti un *Hustlers* de son paquetage. « Eh, sergent-chef, vous croyez que les hadjis ont déjà vu un *Hustlers* ?

– Non, Gaumont, ai-je répondu, soudain amusé. Ce sont des enfoirés de Musulmans. Ils ne croient pas à la pornographie.

– Tant mieux. Ca fait plus de cul pour Gaumont », a-t-il dit en se dirigeant vers deux adolescents vêtus du costume traditionnel. En ouvrant le magazine à la page centrale, il leur a demandé : « Eh, les turbans, vous avez déjà vu des chattes comme celles-là ? » Les deux jeunes ont aussitôt reculé, se couvrant les yeux et se détournant. J'ai hurlé « Non ! Non ! Non ! Gaumont, ramène ton cul ici ! Remonte dans la tourelle ! » En réalité, il m'avait vraiment remonté le moral. « Vous voyez, je vous avais dit que c'était rien qu'une bande de pédés ! »

Quand le lieutenant Shea est revenu de sa réunion, il s'est adressé à tout le peloton : « L'Armée de terre va mettre un ou deux jours pour quitter Kerbala. Nous allons nous installer à côté d'un de leur camp, à environ 8 kilomètres d'ici. Vous ne devez sous aucun prétexte entrer en rapport avec le personnel de l'Armée.

– Pourquoi ?, a demandé Taylor, intrigué.

– Il y a des femmes au camp de l'armée. »

Taylor et Gaumont ont commencé à s'exciter : « Allez, Monsieur. Y a des petits culs dans le camp. Ça fait un moment qu'on n'y a pas goûté. »

Gaumont a approuvé :

« Surtout des gonzesses de l'armée.

– Écoutez-moi, bande de gorets. Aucun rapport, sous aucun prétexte, avec les gonzesses de l'armée. »

Ma phrase a été accueillie par des soupirs. J'ai dit aux gars d'embarquer et nous nous sommes mis en route pour notre nouvelle destination. Il n'y avait que du désert, tout était plat comme un pancake. Nous nous sommes arrêtés sur le côté droit de la route, adjacent au camp, et tout le monde a commencé à installer sur les véhicules des poteaux et des filets. On les utilise généralement pour camoufler les Humvee et se mettre à l'ombre.

Ne pouvant résister à la curiosité, je suis allé trouver le lieutenant Shea. « Qu'est-ce qu'on va faire pendant les deux prochains jours ?

– Ça dépend de vous, sergent-chef. Apportez-moi un programme d'entraînement, avec les cours.

– Oui, Monsieur », ai-je répondu en pensant qu'il n'était pas question d'empêcher mes gars de se reposer pendant deux jours. Une fois près du camp de l'Armée – ils nous avaient installés le plus près possible des gonzesses pour que la tentation soit encore plus grande -, j'ai parlé aux chefs de bord : « Les gars, on vit en démocratie, exact ? » Tout le monde a acquiescé.

« Ce qui est génial, en démocratie, c'est le droit de vote. Puisqu'on m'a confié la tâche de présenter un projet de cours, je vais vous poser à tous une question : quelle instruction est-ce qu'on va donner aux juniors ?

– Rien du tout, sergent-chef, a répondu Solberg.

– Aaaahhhh. Mauvaise réponse. Trouve autre chose. Westerman, quitte ou double. Tu réponds ?

– Procédures et emploi des armes d'appui, sergent-chef, a dit Westerman d'un ton assuré.

– C'est bien, Alex Trebeck [1] serait fier de toi. Bon, voilà ce qu'on va faire : Westerman, prends un papier et un stylo. Vous vous pressez le ciboulot, vous me trouvez quatre idées de cours et vous les notez là-dessus. Dès qu'on a les quatre, on retourne voir les gars et on les prévient des cours qu'on va leur donner pendant les deux jours qui viennent. Vous, vous vous assurez que les Marines connaissent les cours qui vont avoir lieu.

---

1. Animateur de jeu télévisé.

Maintenant, voilà ce qu'on va vraiment faire. On va manger, dormir et se branler le plus possible pendant deux jours. Mais, attention, n'oubliez pas la règle : tous les matins à 9 heures, je veux voir tous les Marines près du véhicule des mécanos, mon nouveau chez-moi. Je joue au prof pendant environ une heure. Après, vous rompez et je me fous de savoir ce que vous faites, mais si jamais vous vous faites choper avec une de ces femelles, vous regretterez d'être nés. »

Ma déclaration a été reçue dans l'enthousiasme général.

« Reçu 5 sur 5, chef. Vous êtes le meilleur », a répondu Sutter.

Un plan infaillible. Aucun de mes gars ne s'est déballonné quand le lieutenant Shea a demandé : « Comment se passe l'entraînement ? »

Westerman a répondu tranquillement : « En ce moment, on révise la topographie, et les gars apprécient énormément leur énième cours sur les procédures d'ouverture du feu. »

Stivers, qu'on surnommait « Gras-double », est passé par là en essayant de ne pas attirer l'attention du lieutenant Shea, mais il s'est quand même fait alpaguer :

« Stivers, donnez-moi un ordre de tir d'efficacité[1]. »

J'ai retenu mon souffle en pensant : « Mon Dieu, Stivers, si tu foires, tu vas monter la garde pour le restant de tes jours », mais, Dieu merci, mon petit cochon

---

1. *Fire-For-Effect Mission* : une fois les réglages d'artillerie effectués, quand les obus « tombent » sur l'objectif, on confirme les réglages pour une efficacité maximale.

a passé le test. Il s'en est tiré à la perfection : grille de tir, direction, cible, description, munitions à employer. Tout y était. Sans oublier *splash out* et *splash over*[1], comme en pleine procédure radio, et sa dernière phrase réglementaire : « Collationnez. » J'ai lâché un soupir de soulagement et souri avec fierté au lieutenant tout en congédiant mon Marine :

« Stivers, fous le camp et arrête de bouffer toutes ces rations.

– Oui, sergent-chef », a-t-il répondu avec assurance.

Après cet épisode, le lieutenant Shea m'a semblé en confiance, et il s'est ouvert à moi.

« Sergent-chef, nous ne sommes pas assez payés pour tout ce merdier, vous ne trouvez pas ?

– Lieutenant, je ne me suis pas engagé dans les Marines pour le fric. Vous voulez savoir comment je me débrouille avec ce salaire merdique ? J'ai toujours considéré mon boulot au sein du Corps comme un boulot de fonctionnaire, à peu près comme celui d'un instituteur ou d'une conseillère d'éducation, enfin, comme n'importe quel job pour l'État ou le gouvernement fédéral. » Il m'écoutait attentivement. C'était notre première véritable conversation depuis le début de la guerre.

« C'est le genre d'idées qui m'aide à me concentrer sur mes responsabilités. J'ai compris que la première, c'était la réussite de la mission, et ensuite le bien-être des troupes. Le secret, c'est d'arriver à lier harmonieusement les deux et d'oublier tout le reste : l'argent, les problèmes

---

1. « Coup parti/coup au but. »

familiaux, ou le simple fait de ne pas avoir envie de se lever certains jours. »

Le lieutenant Shea, un peu pris de court, a dit : « Oui, mais un peu d'argent, ça ne ferait pas de mal.

– Vous ne m'avez pas compris, lieutenant. Nous travaillons comme fonctionnaires, nous sommes payés par les contribuables pour faire un boulot à leurs frais. Je suis désolé si votre salaire ne vous permet pas de vous payer une Lincoln Towncar. Mais ça pourrait être pire. Vous pourriez conduire un vieux 4 X 4, comme moi. »

Le lieutenant Shea ne s'amusait plus. « Vous savez, sergent-chef, vous avez une façon plutôt négative de voir les choses.

– Je vais vous expliquer un truc : c'est soit blanc, soit noir. Le verre est à moitié plein ou à moitié vide. Ça dépend de la façon dont vous le regardez. Chez les Marines, j'ai appris que le gris n'existait pas. Eh bien, lieutenant, j'ai été content de discuter avec vous. Je vais aller voir mes gars pour m'assurer que l'élément alerte est en place, puis je vais aller taper un peu le carton avec mes gars et ensuite j'irai me pieuter. »

J'ai attendu deux secondes, mais il n'a rien répondu. Je suis parti vers le camion des mécanos. « Bon, c'est l'heure. Il se fait tard. »

Après ma ronde, je n'étais pas d'humeur très sociable ; je suis rentré tôt, j'espérais pouvoir rattraper un peu de mon sommeil en retard, mais je me suis réveillé à 5 heures : j'avais encore rêvé de ces obus de mortier qui dégringolaient sur ma position. D'un bond, je suis sorti mon sac de couchage en hurlant : « C'est quoi ce bordel ? Est-ce que je pourrais pas dormir encore un peu ? »

Au réveil, le lieutenant Shea m'a interrompu en plein
rasage : « Bonjour, sergent-chef, réunion plan de bataille
avec le capitaine, à son véhicule, maintenant.
– Je vous rejoins dès que j'ai fini de me raser. » Il est
reparti vers le véhicule du capitaine. Je suis arrivé en
retard, tranquillement. Sous-officiers et officiers étaient
déjà là.

« C'est gentil de vous joindre à nous, sergent-chef, a
dit l'adjudant-chef Humphries.
– Mieux vaut tard que jamais », ai-je répondu.

Le capitaine Schmitt a pris la parole : « Bonjour
Messieurs. À l'ordre du jour, notre rôle et ce que nous
aurons à faire en priorité une fois à Kerbala. C'est plutôt bref et charmant. Je pense que mes supérieurs sont
bien au fait de notre mission, et qu'elle ne devrait poser
aucun problème de compréhension à notre compagnie.
Nous sommes chargés d'apporter une aide humanitaire
aux citoyens de Kerbala. Par exemple, repeindre les
écoles, installer le nouveau mobilier fabriqué par les
Navy Seabees [1], contribuer à la stabilisation de l'économie locale et à ce sujet, Messieurs, sachez qu'une
importante somme d'argent nous sera allouée dès notre
arrivée à Kerbala. Nous devons nous mêler à la popu-
lation locale, dépenser assez d'argent pour aider à la
stabilisation de l'économie irakienne et empêcher que
le dinar ne termine sa dégringolade au fond des chiottes.
Nous allons essayer de trouver une maison sympa, un
bel immeuble ou un hôtel facile à défendre. Je voudrais

---

1. Génie des Marines. Logistique lourde en mesure de faire du génie
militaire (franchissement…) et civil (bâtiments…).

aussi acheter une antenne satellite et installer la télé, pour que les Marines puissent occuper leur temps libre. Et bien sûr, nous patrouillerons la ville et ses environs. Kerbala sera divisé en quatre secteurs : la compagnie d'appui se verra affecter un secteur, comme Kilo, Lima et India. »

Nous avons échangé des regards sceptiques en pensant : « Je veux le voir pour y croire. » Il y a un dicton chez les Marines : « La journée facile, c'était hier. »

Le capitaine Schmitt nous a demandé de rompre les rangs. Je m'apprêtais à rejoindre le véhicule des mécanos quand le lieutenant Shea m'a appelé, anxieux : « Attendez, sergent-chef. »

Je me suis retourné, il m'a rejoint d'un pas pressé : « Alors, sergent-chef, qu'est-ce que vous pensez de la mission du capitaine ?

– J'attends de voir pour y croire, lieutenant. Bon sang, je ne suis jamais sûr d'avoir reçu ma solde tant que l'argent n'est pas sur mon compte.

– Sergent-chef, vous faites vraiment preuve d'une mauvaise attitude.

– Lieutenant, est-ce que vous voulez entendre ce que je pense réellement de l'Irak ?

– Oh oui, s'il vous plaît, éclairez-moi, sergent-chef.

– Monsieur, je crois que ça ressemble à un génocide. Cette mise en avant de l'effort humanitaire n'est qu'une excuse bidon. On dirait Nixon nous expliquant haut et fort qu'il n'était pas un escroc. Je pense que notre seul objectif en Irak, c'est le pétrole et le profit. Et on laisse tellement d'uranium appauvri sur les champs de bataille qu'on n'a plus de souci à se faire. Les terroristes de demain, mais aussi les Irakiens de demain, on est en train de les tuer à petit feu, un par un. »

Pour la première fois, le lieutenant Shea a eu l'air désorienté. Son visage a viré au rouge, ses yeux se sont dilatés et il a foncé vers le véhicule du commandant. Je suis retourné au camion des mécanos. Sur le chemin, j'ai crié : « Chefs de bord, rejoignez le sergent-chef au camion des mécanos ! » Je leur ai rapporté les propos du capitaine au cours de la réunion. Je devais avoir l'air un peu ébahi, parce que Gaumont m'a demandé si tout allait bien.

« Te fais pas de souci pour moi, bordel. Occupe-toi plutôt de tes fesses », ai-je répondu avant d'ajouter : « Rompez tous, sauf les chefs de bord. »

Après le départ des juniors, il m'a fallu quelques instants avant de prendre mon courage à deux mains et de dire : « Depuis le tout début, quand j'ai pris en main le peloton après l'adjudant Parker, je vous ai dit que je me fichais des grades et que je n'hésiterais à risquer ma carrière pour vous. Westerman, peux-tu nous réciter les trois Interdits de Massey ?

– Pas de conduite en état d'ivresse, pas de drogue, pas de violences conjugales », a-t-il répondu avec assurance.

Sa réponse m'a fait du bien et m'a encouragé pour la suite : « Bien, et qu'est-ce que j'ai dit pour le reste ?

– Tout le reste, c'est du gâteau.

– Tous autant que vous êtes, vous avez respecté les trois Interdits de Massey, et je tiens à vous dire combien je suis fier de chacun d'entre vous, fier qu'aucun de nos Marines n'ait été tué jusqu'à maintenant. Il est néanmoins possible que mes fonctions au sein de la compagnie d'appui soient brutalement interrompues, à brève échéance. Autrement dit, je serai peut-être amené à mettre un terme à mon engagement mais, je veux que vous sachiez tous que ce n'est pas votre faute. J'aimerais que vous fassiez une chose pour moi : un minimum d'embrouilles devant l'adjudant-chef et le capitaine. Nous savons tous qu'ils ne portent ni Westerman, ni Hogg dans leurs cœurs. Même si Hogg fait partie du CAAT 2, on l'enverra avec nous à Kerbala. Ils démantèlent les équipes de CAAT pour ne garder que l'artillerie lourde et les TOW. Donc, s'il vous plaît, pensez à moi et à ma carrière, et ne déconnez pas avec le capitaine et le sergent-major. Ils en ont plein le cul de nos salades.

– Merde, chef. On savait pas que c'était si grave », a dit Palmer.

Ils m'ont tous regardé avec sympathie et ont promis de calmer le jeu.

J'étais assis depuis une heure ou deux dans le véhicule des mécanos, en train d'écouter *King of Pain* de Police, quand j'ai entendu des bruits qui provenaient du véhicule de Taylor. Lui et Gaumont étaient sur le toit de leur Humvee. De leurs jumelles, ils avaient l'air de scruter la guérite du garde, de l'autre côté de la rue. J'ai regardé dans la même direction pour essayer de comprendre les raisons de toute cette agitation.

« Bordel, on voit ses putains de nichons !

– Je te dis qu'elle le fait exprès, mec ! »

Deux soldates, une Afro-américaine et une Blanche aux cheveux blonds, montaient la garde dans la guérite, leurs M-16 à la main. Elles n'avaient pas seulement une grosse poitrine, mais aussi des débardeurs kaki très ajustés ; j'avoue qu'en les voyant, j'ai dû fantasmer cinq bonnes secondes.

Palmer s'était déjà mis en route : « C'est ma reine africaine. Je vais me la taper ! »

J'ai brusquement interrompu leurs rêves d'orgie, juste avant que McFarland ne descende.

« Bonsoir, Messieurs, désolé d'interrompre votre escapade sexuelle. Mais réfléchissez un peu : vous pensez pas que si elles font tout ça, c'est parce qu'elles savent qu'un paquet de Marines obsédés et en manque sont à moins de 500 mètres !

– Et alors ?, a répondu McFarland.

– C'est terminé. On arrête tout. Fin du peep show », ai-je ordonné en claquant des doigts.

Je suis retourné au véhicule des mécanos et j'ai écouté *Master Puppets* de Metallica, tout en me demandant si je ne ferais pas mieux de fermer ma putain de grande gueule. Sur le plan émotionnel, c'étaient les montagnes russes. J'étais déprimé et libéré à la fois. Je n'arrêtais pas de penser à toutes les raisons qui m'avaient poussé à parler au lieutenant Shea et à celles pour lesquelles je n'aurais pas dû le faire. Une nouvelle nuit d'insomnie m'attendait. En fermant les yeux, je me suis dit : « Et cette fois, ce sera quoi ? Des obus de mortiers, des nazis ? Des Irakiens habillés en noir ou des scorpions ? Choisissez votre poison. » De façon surprenante, j'ai dormi comme un bébé cette nuit-là.

Le lendemain matin, nous sommes partis pour notre nouveau chez-nous. Les gars, qui avaient hâte de découvrir leurs nouveaux quartiers, étaient très optimistes depuis qu'ils avaient entendu dire que, la veille, le capitaine avait cherché à réquisitionner un hôtel abandonné. Et, question ambiance, ils n'ont pas été déçus : l'hôtel était situé juste à l'entrée de la ville. Il comportait une vingtaine de chambres, sur un terrain d'environ 5 hectares, et était entouré d'un mur en béton de plus 3 mètres de haut, avec une guérite de garde à l'entrée. La piscine, qui avait été vidée, était remplie de déchets apportés par les vents violents du désert. Par endroits, l'herbe atteignait presque 2 mètres de hauteur. L'architecture était banale, mais l'atmosphère sombre et menaçante. Nous avons vite compris pourquoi en apprenant qu'il avait servi de centre de torture et d'exécution. C'est là qu'on torturait ceux qui s'élevaient contre Saddam avant de les assassiner. Après la première guerre du Golfe, la CIA les avait laissés tomber et Saddam les avait tous fait arrêter et exécuter. Le superbe palmier de l'entrée servait de potence. Les victimes étaient d'abord ligotées à l'arbre, puis on leur tirait dans la tête. Voilà qui expliquait sans doute pourquoi personne n'y avait séjourné depuis trois ans.

Je me suis lié avec le propriétaire de l'hôtel, un moustachu rondouillard et cordial qui me faisait penser à Tony Soprano [1] et il m'offrait toujours un *tchaï* [2]. Un jour, pendant que nous sirotions cette boisson réconfortante qui me faisait penser au pays, il m'a raconté que l'immense terrain situé à l'arrière du bâtiment était probablement une fosse commune. Il avait dû fermer l'hôtel parce que personne ne voulait l'occuper. Je me suis toujours senti mal à l'aise là-bas, et j'y faisais encore plus de cauchemars. Le capitaine a fait tout son possible, mais même

---

1. Héros des *Sopranos*, une série télévisée américaine.
2. Thé, lait entier, et sucre.

la télé par satellite n'a pas suffi à nous remonter le moral.
Plus il faisait d'efforts pour qu'on s'y sente chez nous,
plus notre chez-nous nous manquait.

Un soir, nous sommes allés dans un restaurant tout
proche. De l'extérieur, il ressemblait à un golf miniature.
À l'entrée, un phoque en béton tenait une balle en équi-
libre sur son nez, et le jardin, plein de lierre épais, était
décoré de lampes de couleurs. À l'intérieur, des tapis per-
sans étaient accrochés aux murs ; des groupes d'hommes
fumaient le *hookah*[1] en buvant du café. La nourriture
était délicieuse ; nous avons mangé des assiettes de kebab
avec une sauce blanche à l'aneth. Le serveur venait sans
arrêt nous demander : « Bon ? Bon ? » « Ouais, vraiment
bon. » Ensuite, nous avons commandé un *hookah* et fumé
un tabac parfumé à la fraise. Une véritable extase. C'était
notre première touche de civilisation occidentale depuis
Twentynine Palms. Les Marines se mélangeaient aux
Irakiens. Toutes les cinq minutes, un jeune garçon venait
s'occuper du *hookah*. Les billets verts volaient entre les
nuages de tabac. Nous nous sentions revivre. Nous avons
bu au moins cinq litres de notre soda moyen-oriental
préféré, le Zamzam.

Puis le sergent Guffey, un des sbires du sergent-chef
Hallenback, est entré comme une tornade dans le res-
taurant, bousillant l'atmosphère de sa voix impérieuse :
« Eh, le capitaine veut que tout le monde rentre. »

Les gars ont dit : « Oh, merde ! Qu'est-ce qu'il y a
encore ? »

---

1. Narguilé.

Junco, Valerio A et Ponce sont venus me trouver : « Sergent-chef, il faut que vous parliez à ces mecs. Ils ne savent plus ce qu'ils font, bordel. On peut même pas se détendre un peu, putain.

— Je sais que vous souffrez, mes frères, je suis passé par là, ai-je répondu en sortant et en claquant des doigts. Allez, on s'en va. La récré est terminée. On retourne au front. » Sur le chemin du retour, mes Marines chantaient la chanson de Metallica [1].

L'adjudant-chef voulait me voir dans le bureau du capitaine et il a commencé à me prendre la tête parce que les hommes avaient fumé le *hookah* : « Sergent-chef, quel manque de discernement de votre part.

— Comment ça ?

— Vous ne savez pas ce qu'il y a dans ce tabac.

— Bien sûr que si. J'en ai fumé.

— Encore une preuve de votre manque de discernement.

— Adjudant-chef, je peux vous assurer qu'il n'y avait dans ce *hookah* que du tabac parfumé à la fraise, d'assez bonne qualité d'ailleurs. Adjudant-chef, je crois avoir fait preuve d'assez de discernement. J'y ai goûté avec mes gars pour m'assurer qu'ils ne risquaient rien. »

L'adjudant-chef Humphries a hoché la tête en signe de désapprobation.

« Adjudant-chef, ce sera tout ? Il faut que j'aille vérifier les tours de garde.

— Oui. » En sortant du bureau, je me suis retourné et j'ai dit : « Adjudant-chef, nous avons aussi très bien

---

1. *Back to the front* : « You will do what I say, when I say/Back to the front/You will die when I say, you must die… »

mangé. Vous devriez peut-être essayer, vous et le capitaine. »

Heureusement pour nous, nous n'avons rien eu à faire les deux jours suivants, sauf construire des postes de garde sur les toits et patrouiller à pied à l'extérieur de l'hôtel, parce que tout le monde avait la chiasse. L'adjudant-chef Humphries a interdit le *hookah*, puis le capitaine Schmitt nous a interdit le restaurant. Mais je ne croyais pas à leur boniment, parce que tous les gars n'arrêtaient pas de se vomir et de se chier dessus, y compris ceux qui n'avaient ni fumé le *hookah* ni mangé au restaurant. Les infirmiers ont expliqué à l'officier médical du bataillon que 85 % des hommes de la compagnie d'Armes lourdes avaient été affectés de diarrhée et de forts vomissements pendant plusieurs jours.

Je vous laisse imaginer le tableau : le lieutenant Herran, carrure de footballeur professionnel, transformé en une créature pathétique, cloué au lit et placé en quarantaine. Martens traversant le hall en courant pour aller s'accroupir dans les hautes herbes, un rouleau de papier toilette dans la main droite et criant, en se tenant les fesses de l'autre main : « Dégagez, dégagez ! Je vais exploser ! » Quelques Marines ont répliqué : « Allez, Martens, c'est pas si grave ! T'as qu'à te chier dessus ! C'est ce que j'ai fait, moi ! » Partout, une odeur de toilettes publiques. Il n'y avait pas d'eau et nous n'avions aucun moyen de nous laver. Le virus s'est propagé jusqu'aux compagnies de ligne. Ça a duré trois semaines. Quand les gars sortaient en courant, on les entendait crier : « Merde, c'est la vengeance d'Allah ! Saddam nous a refilé ses armes chimiques ! »

Le lendemain de ma discussion avec Humphries, je me tenais à l'entrée principale de l'hôtel comme sous-officier de permanence. Je souffrais de nausées et des crampes d'estomac. La seule chose qui me soulageait, c'était de boire de l'eau, mais je la chiais ou la vomissais aussitôt. Après trois heures de service, entrecoupées de nombreux allers et retours dans les hautes herbes, j'ai vu un Irakien venir vers moi. Il avait environ 45 ans, portait une chemise jaune, un pantalon et des mocassins marron ; il affichait un air amical et se comportait comme un homme d'affaires. Il m'a demandé : « Monsieur, vous chef ?

– Ouais, je suis un chef.

– Mon fils malade. Il a besoin des médicaments », a-t-il ajouté tandis que son sourire s'éteignait brusquement.

Un enfant d'environ près 7 ans, mignon et fragile, est sorti de la foule. Il portait un polo rouge, un ensemble de jogging et une casquette de base-ball, et il souriait gentiment. Son père a posé la main sur son épaule en répétant « malade, très malade », et il m'a montré l'emballage d'une dose d'insuline.

« Qu'est-ce que c'est que ce truc ? De la chimiothérapie ? », ai-je demandé à un Marine, qui m'a aussitôt répondu : « Non, ce gamin est diabétique. Je connais, ma mère a du diabète. »

L'enfant m'a souri, un sourire lumineux et vibrant : ses grands yeux bruns semblaient pleins d'espoir et il répétait : « USA good. USA good. » J'ai compris que si je ne trouvais pas de l'insuline le jour même, l'en-

fant ne survivrait pas vingt-quatre heures de plus. Et le
sous-officier du lendemain ne serait pas forcément aussi
coopératif. J'ai demandé au père de franchir la grille d'entrée avec son fils, et j'ai contacté par radio l'officier médical du bataillon, qui m'a annoncé l'envoi de quelqu'un.
Le père m'a raconté que l'enfant aimait bien le sport et
les films de kick-boxing. Je me suis tourné vers le petit
et je lui ai demandé : « Tu aimes bien le kick-boxing ? »

Il s'est fendu d'un large sourire, a fait un petit bond
et s'est mis en garde. Un Marine s'est exclamé : « Merde
alors, celui-là, on devrait l'engager. » Son père a approuvé
et il a ajouté : « Il aime bien… Van Da… Van Damm ?
Oui, Jon Claude Van Damm ! Kickboxer. » Le gamin
était tout excité : « Van Damm numéro 1 !!! »

J'ai gardé l'enfant à l'intérieur du périmètre sous notre
garde, il a topé avec les autres Marines, ils ont esquissé
des mouvements de kung fu ensemble. Même les Irakiens
qui s'étaient rassemblés derrière la grille riaient.

Quelques minutes plus tard, un officier de Marine à
l'air sévère, se présentant comme chirurgien de régiment,
est arrivé à bord d'un Humvee avec un médecin militaire.
Après avoir examiné rapidement le petit garçon, il m'a pris
à part pour me dire : « Écoutez, cet enfant est pratiquement mort. Nous n'avons pas d'insuline », et il a levé les
mains en signe d'impuissance. J'étais sous le choc :

« Vous voulez dire que vous n'avez pas les putains
de médicaments qui permettraient à ce gosse de vivre ?

– Non, désolé. » Il a mis fin à la conversation comme
si de rien n'était et il est retourné à son Humvee.

J'ai élevé la voix : « C'est pas possible. Vous me racontez des conneries ! »

J'ai interpellé le médecin militaire : « Eh, Doc, c'est quoi ces conneries ? »

Il s'est retourné et m'a regardé, surpris de mon ton.

« Vous voulez dire qu'on peut traverser le désert en trimballant des milliers et des milliers de litres de carburant, fournir trois repas par jour à tout le personnel en poste en Irak, qu'on a aussi tout l'équipement médical nécessaire aux Marines, mais qu'on est incapable de fournir une chose aussi simple qu'une dose d'insuline à un enfant mourant ?

— Écoutez, sergent-chef, ce gosse a déjà fait le tour de trois camps, Kilo, Lima et India. On ne peut rien faire pour lui », m'a-t-il répondu en élevant la voix.

Je me suis tourné vers l'enfant, qui me regardait. Sur son visage, la joie avait cédé la place au désespoir. Je me refusais à retourner auprès de ce père et de son fils pour leur dire que nous, les États-Unis d'Amérique, nous ne pouvions rien pour lui. Non, je ne voulais pas être celui qui prononcerait les paroles fatales : « Je ne peux pas vous aider. » Mais surtout, je ne voulais pas être obligé de regarder les yeux emplis de larmes de ce père et de son fils. Je ne comprenais que trop bien que cet enfant était en train de mourir à cause de nous, les États-Unis d'Amérique, à cause des bombes et des sanctions. J'ai pourtant dû le faire. Les mots que j'ai prononcés ce jour-là et les yeux de cet enfant me hanteront toute ma vie.

Chapitre 22

Ali le Chimiste

La mission est un succès

Le lendemain, je marchais devant la porte d'entrée de l'hôtel quand un vieil Irakien m'a montré un papier signé par un personnel du 101ᵉ Airborne [1]. Il était écrit : « J'ai pris son tracteur mais je le rapporterai. » En le lisant, j'ai pété les plombs. Non seulement on tuait des civils innocents, mais, en plus, on volait leur matériel agricole, les privant de leur seule source de revenus. Je suis rentré comme un dingue et je suis allé me planter devant le capitaine Schmitt, qui m'a regardé avec antipathie. Je lui ai montré le papier.

« Qu'est-ce que c'est ?

— Le 100 nullième [2] Airborne a volé le tracteur de ce type. Il est plutôt fumasse. Capitaine, de deux choses l'une : ou on lui en rachète un neuf, ou on lui en chie un en cinq sec.

— Eh bien, sergent-chef, c'est tout à fait impossible, a-t-il répondu avec un sourire affecté.

— Capitaine, savez-vous ce que faisait mon grand-père ? Il était fermier. Il gagnait sa vie avec son tracteur. Sans son tracteur, nous aurions crevé de faim.

---

1. Troupes aéroportées.
2. *The Hundred and Worst Airborne.* Jeu de mots sur *First/ Worst.*

Si on continue à niquer tous ces couillons, on n'aura bientôt plus personne à garder. Et on aura de la chance s'ils ne nous attaquent pas ! » Je suis reparti comme une flèche.

Pendant quarante-huit heures, je n'ai pas été à prendre avec des pincettes. J'avais le trou de balle à vif et ça ne m'aidait pas à récupérer. Après avoir souffert en silence toute une journée, je suis allé voir l'infirmier pour qu'il me donne une préparation contre les hémorroïdes. Il m'a filé de la « gelée KY », et mes deux fesses glissaient l'une sur l'autre quand je marchais ; mais, avec tout ce qui s'était passé, j'avais toujours le cul en vrac.

J'ai gardé le moral dans les chaussettes pendant deux jours, et puis on a fini par nous donner une mission. J'étais en train de regarder la télé quand le lieutenant Shea m'a tapé sur l'épaule en disant : « Trente minutes. Faites venir tous les gars dans la salle à manger.

— À vos ordres, lieutenant. » J'ai rassemblé tous les mecs, excepté ceux qui étaient de garde ou encore assis, visiblement très mal à l'aise (se dandinant d'une fesse sur l'autre), tout en écoutant les divagations de Gaumont : « Putain, j'adore le ZamZam, j'suis accro à cette merde. Ils devraient en vendre aux States, Coca et Pepsi feraient faillite.

— La ferme, Gaumont, t'as disjoncté, putain », a sèchement lâché Palmer.

Le lieutenant Shea est entré : « Qui a disjoncté ? »

Tout le monde a répondu « Gaumont, lieutenant ! »

— Font semblant d'avoir la haine, lieutenant.

— Bon, on reprend. Ce soir, à 22 heures, nous aidons

les Humas [1]. Nous effectuons un raid sur une maison dont les occupants sont en contact avec Ali le Chimiste. Le raid aura lieu vers 22 h 30. Nous rejoindrons le secteur des Humas à 22 heures. Là-bas, je récupérerai toutes les données sur le déroulement de l'opération ; notez que les horaires peuvent être modifiés en fonction des informations fournies par les Humas. Nous savons que la maison est entourée de gardes et que des sentinelles sont postées dans chacune des rues avoisinantes. Les gardes sont sur le qui-vive et ont peut-être été prévenus de notre arrivée. Nous devrons agir vite. Les rapports signalent également des NVG [2]. Le plan d'attaque est très simple : on attache une chaîne à l'avant d'un Humvee et on arrache la grille d'entrée. Dans la foulée, un deuxième Humvee entre avec une équipe de tireurs Javelin [3] à son bord. L'équipe des Javelin installe du C4 sur la porte d'entrée de la maison. Sergent-chef, votre véhicule suivra celui des Javelin, c'est de là que vous coordonnez l'attaque et nitratez tous les gardes armés. Vous vous mettez à couvert dès que vous déclenchez la mise à feu. Après explosion du C4 et élimination des gardes, les troupes d'appui, en position à l'extérieur, foncent dans la maison et prennent en compte tous les civils rencontrés. Ensuite, nous escortons les types des Humas et recherchons des indices permettant de relier les occupants de la maison avec les insurgés ou Ali le Chimiste. Nous

---

1. *Human Intelligence* : Services de renseignement des Marines. NdA.

2. *Night Vision Goggles* : appareils de vision nocturne. NdA.

3. Javelin : missile portable antichar.

savons aussi que d'importantes sommes d'argent s'y trouvent, des dinars et des dollars. Nous avons ordre de trouver cet argent et de le remettre aux Humas. Le raid devra durer moins de dix minutes. Messieurs, le temps est un des éléments essentiels de cette mission. Il est 15 h 30. Sergent-chef, que vos hommes rejoignent leur véhicule. Une série de *drills*[1] jusqu'au départ. Des questions ? »

Pas de question.

« Vous avez entendu le lieutenant. On y va », ai-je dit, sentant monter l'adrénaline. Avec mes gars, nous nous sommes entraînés à faire tomber la grille d'accès et à foncer à l'intérieur de l'hôtel Al Hussein, comme si c'était la maison d'Ali le Chimiste.

Nous sommes partis vers 20 h 45 pour un campus universitaire à Kerbala ; simple et sans artifice, il me rappelait ceux des *Community Colleges*[2] américains. Pendant que nous répétions, le lieutenant Shea s'était déjà coordonné avec les Humas. Il nous a demandé de le suivre, et Hogg, Westerman et moi, nous sommes montés avec lui dans un luxueux appartement moderne. Le chef d'équipe des Humas, assis à un bureau, travaillait sur un ordinateur : ne lui manquait que la coupe de cheveux réglementaire pour ressembler à un Marine. Un autre type, moustachu et bâti comme un coureur, assis dans un canapé de cuir noir, avait les yeux rivés sur l'écran

---

1. Répétition de gestes à l'entraînement.

2. *Community College ou Junior College* : établissement de l'enseignement supérieur proposant des cycles d'une durée maximale de deux ans.

d'une XBox. Hogg a commencé à jouer avec lui et, après quelques minutes, il était aussi absorbé que le type. Le lieutenant Shea, Westerman et moi avons commencé à discuter avec le chef d'équipe ; il portait des vêtements de camouflage pour le désert, ainsi qu'un T-shirt noir qui révélait de puissants biceps ; son comportement, détendu et précis à la fois, était celui d'un *Recon Marine.*

« Lieutenant Shea, avez-vous noté des problèmes pendant la préparation de la mission ?

– Non, mes Marines ont répété tout l'après-midi. Ils sont prêts.

– Bien, je ne vois pas de problème non plus. »

En regardant autour de moi, j'avais remarqué des piles de bouteilles d'eau dans la cuisine. J'ai demandé si je pouvais en prendre une.

« Servez-vous. »

En traversant l'appartement, j'étais sidéré par leur train de vie et par leur armement : des M-16 dernier modèle à canon court, un pistolet à silencieux, des armes d'épaules tactiques, des caisses de grenades à main. Leurs jouets étaient plus cools, plus gros et plus efficaces que les nôtres. L'argent n'était pas un souci. L'endroit sentait les Spooks[1] à plein nez.

Nous sommes repartis et nous avons tourné au coin de la rue à près de 80 km/h. La maison était à moins de 800 mètres. L'endroit, magnifique, aurait été tout à fait à sa place dans la banlieue de Beverly Hills : des pelouses impeccables, une Mitsubishi Pajero et une BMW 735i garées sur l'entrée de garage en briques rouges. Il y avait

---

1. « Revenants, fantômes » : agents des Services de renseignement.

un poste de garde à l'intérieur de la propriété, un dattier au milieu de la cour, devant la maison, et tout le terrain était parsemé de fleurs et d'arbustes. Trois gardes aux aguets, armés de pistolets à gros calibre et d'intensificateurs de lumière de chasse, surveillaient l'endroit.

Nous nous sommes garés en quinconce devant la maison. Le véhicule de tête a stoppé net. Junco a sauté en bas du Humvee, il a attrapé une chaîne sur le toit, l'a enroulée autour de la grille, puis a reculé d'un bond en faisant signe au chauffeur de faire marche arrière : « Go ! Go ! » Les Marines d'appui étaient déjà descendus de leurs véhicules et s'étaient alignés contre le mur d'enceinte en béton. Le chauffeur du Humvee a rapidement passé la marche arrière avant d'enfoncer la pédale d'accélérateur, arrachant du même coup la grille. Juste devant moi, Hogg a conduit son Humvee jusqu'à l'entrée.

L'équipe des Javelin a sauté de son Humvee et placé des bâtons de C4 sur la porte de la maison. J'ai entendu le sergent-chef Hallenback : « Le C4 ici. Allez, allez. Dégagez. » Les débris ont déchiré l'air et j'ai ressenti le « blast ». Stivers a garé notre Humvee à toute vitesse et nous sommes descendus en sautant, pistolets 9 mm au poing. Nous avons progressé rapidement vers la maison du gardien. J'ai surpris le premier garde juste devant le poste de sécurité. Il tenait un pistolet Walther PK *stainless* dans la main droite et semblait paniqué. Je lui ai collé mon Beretta 9 mm sur la tête en lui disant : « Bouge pas, enfoiré. »

Je lui ai demandé de s'avancer. Un deuxième garde s'est levé, les mains au-dessus de la tête. On aurait cru qu'il venait de chier dans son froc. Je lui ai donné l'ordre de sortir de la guérite. On pouvait compter une quinzaine de Marines sur le terrain.

« Baisse-toi, enfoiré, ou j't'explose ton putain de cerveau ! a hurlé Hogg au troisième garde.

– Plaquez vos putains de gueules contre le sol », ai-je dit aux deux gardes irakiens.

Ils ne comprenaient rien. J'en ai attrapé un par sa chemise et je l'ai fait tomber, mon pistolet toujours contre sa tête. « Je parie que, maintenant, tu comprends ce que je veux dire, hein ? » J'avais toujours l'autre garde à l'œil et je lui ai fait signe de s'allonger. J'ai chopé un Marine qui passait et je lui ai dit : « Tu ne les perds pas de vue, ces deux-là », puis je suis entré dans la maison.

Hogg a fouillé les poches du troisième et embarqué un Walther PK. J'étais complètement stupéfié par la puissance de l'explosion : comment un bâton de C4 pouvait-il provoquer de tels ravages ? L'entrée menait directement à une cuisine qui avait été entièrement détruite. Dans le salon, une femme âgée, vêtue d'une burka noire et du *jihab*, et une adolescente en robe noire mais sans foulard, étaient allongées sur le ventre et sanglotaient en silence. Elles étaient terrorisées. La vieille femme essayait de consoler la plus jeune, en vain. Un Marine est allé se poster près d'elles.

Les Humas mettaient la maison à sac. Tenant mon 9 mm à deux mains, j'ai inspecté chaque recoin pour m'assurer qu'il n'y avait personne d'autre. Je me disais : « Elle est plutôt pas mal, cette putain de baraque. » En entrant dans une chambre, je suis tombé sur les types des Humas qui sortaient d'un placard de grandes quantités de devises américaines et des dinars irakiens emballés dans du cellophane. Je leur ai demandé : « Vous avez trouvé tout ce que vous cherchiez ? » Sans un regard, le type à la carrure de coureur m'a répondu : « Non, mais la nuit ne fait que commencer. » Un des Humas empilait des liasses sur le lit. Je suis allé jusqu'au placard. Sur les cintres, des costumes d'homme « Armani ». Il m'a semblé que quelque chose ne tournait pas rond.

« Il n'est pas ici. J'ai déjà parlé avec la vieille femme », a dit le chef des Humas.

Dans la cour, j'ai rejoint le lieutenant Shea, qui donnait des instructions à un groupe de Marines.

« Vous avez vu quelque chose d'intéressant, m'a-t-il demandé.

– Ils ont trouvé des liasses d'argent. »

Je suis retourné à l'intérieur avec lui. Deux types des Humas interrogeaient les deux femmes en arabe.

« Est-ce que tout est en ordre ? Avez-vous encore besoin de nous ?, a demandé le lieutenant Shea.

– Non, c'est bon, on vous libère, les gars », a dit le chef des Humas.

Je me suis immédiatement retourné et j'ai dit aux gars de remballer : « On rentre à la maison. »

Nous avons dégagé nos Humvee et foncé vers l'hôtel Al Hussein, où le lieutenant Shea nous a débriefés : « Marines, la mission est un succès sur toute la ligne. Les membres des Humas ont été extrêmement satisfaits de notre conduite et n'ont qu'une chose à ajouter : chapeau[1]. Seul bémol : le temps que vous avez mis à arracher la grille. Les gardes avaient largement la possibilité de préparer une riposte. Nous avons dû de la chance de les surprendre en plein sommeil. Sergent-chef, vous avez quelque chose à ajouter ?

– Oui lieutenant. Je voudrais seulement dire chapeau. Vous vous êtes tous très bien conduits, je suis fier de faire partie de ce peloton. Allez-vous pieuter. Faites de beaux rêves, bande de gorets. »

Pourtant, en retournant dans ma chambre, je n'ai pas pu m'ôter de l'esprit que quelque chose ne tournait pas rond. Si cet homme entretenait des relations connues de tous avec Ali le Chimiste, pourquoi avait-il laissé sa famille, et pourquoi n'avait-il pas enterré son argent derrière sa maison au lieu de le laisser traîner ?

---

1. *Kudos* : « prestige, gloire ».

Chapitre 23

L'heure du Zamzam

Vous êtes fini

Quelques jours plus tard, on nous a demandé d'effectuer des patrouilles de sécurité à la périphérie nord de Kerbala. Notre cycle de travail était le suivant : une journée de garde, une journée de repos à l'hôtel, une journée de patrouille. En arrivant devant un collège de campagne, qui ressemblait là encore au petit campus satellite d'un *Community College*, nous avons été entourés d'une trentaine d'Irakiens qui essayaient de nous vendre des cigarettes *Mustang*, une version locale des *Marlboro*. Officiellement, nous étions en mission d'assistance : nous devions vérifier si le collège était ouvert et, dans le cas contraire, essayer de favoriser la reprise des cours. En réalité, nous voulions savoir si les Irakiens utilisaient ces locaux pour y entraîner de jeunes recrues.

J'ai envoyé Junco et Martens en reconnaissance. Comme l'école était fermée, ils ont défoncé la porte d'entrée. J'étais en train d'attendre dehors quand le directeur, un petit bonhomme rond en blouson, est venu vers moi. L'air préoccupé, il s'est présenté et m'a demandé : « Pourquoi détruisez-vous mon école ?

— Ce n'est pas notre but, Monsieur. Nous sommes venus voir si les enfants sont à l'école, s'il y a l'eau courante et l'électricité, et comment nous pourrions vous aider à redémarrer.

– Non, non, non. École fermée depuis des mois.

– Elle est fermée depuis que les Américains ont menacé d'envahir l'Irak ?

– Oui. »

Junco et Martens sont revenus et m'ont pris à part : « C'est encore mieux protégé que le pucelage d'une nonne. Ils ont peint des silhouettes de chars et des éléments d'instruction sur tous les murs de dehors.

– Ça vous semble habité ?

– Non. »

Je suis retourné voir le directeur. « Les forces de Saddam s'entraînent dans votre école ?

– Non », a-t-il répondu en agitant les mains, catégorique.

Je savais qu'il mentait.

« Pourquoi y a-t-il des silhouettes de chars peintes sur les murs de l'école ?

– Saddam nous a dit de peindre.

– Avez-vous rencontré Saddam personnellement ?

– Non.

– Si je vais dans votre bureau, est-ce que je trouverai un portrait de Saddam ? »

Il m'a regardé droit dans les yeux et m'a répondu non. Je suis retourné aux Humvee et j'ai dit à Westerman : « Il se fout de notre gueule. » Westerman avait la même impression.

De retour à l'hôtel, j'ai débriefé le lieutenant Shea au sujet de l'école et de son utilisation comme terrain d'entraînement militaire : « C'est le cas de presque toutes les écoles. »

Je sortais de mon véhicule, devant l'hôtel, quand l'adjudant-chef Humphries est venu me voir. « Je veux un inventaire précis et complet de tout l'équipement. Je veux également un état du matériel manquant pour chaque Marine du CAAT 1 : matériel perdu, volé ou H.S. Le tout pour demain en fin de journée.
– Eh bien, ça risque d'être un peu difficile. Demain, c'est notre tour de garde.
– Non, ça ne devrait vous poser aucun problème, sergent-chef, a-t-il dit d'un ton autoritaire.
– Message reçu, adjudant-chef. »

J'ai convoqué une réunion de tous mes chefs de bord pour leur demander de passer la consigne. « Nous sommes bons pour une inspection détaillée du matériel. Alors, primo, vous me sortez tout des Humvee, vous prenez vos balais et vous m'enlevez ce putain de sable. Ensuite, vous alignez sur les capots les mitrailleuses et tout l'équipement SL3 [1] du système d'armement des véhicules, pour la revue, afin que je puisse inspecter chaque pièce. Quand ce sera fait, je passerai à l'équipement SL3 des véhicules. Secundo, on inspecte armes et unités collectives, je veux que vous comptiez jusqu'aux piles NVG restantes. Enfin, inspection des hommes, y compris armes personnelles et équipement TAP [2]

---

1. Système d'inventaire du corps des Marines.
2. *Technological Area Plan.*

individuel. » La réaction des chefs de bord a été unanime.

« Putain, sergent-chef, j'espère que c'est une blague !, a dit Hogg.

– Non, Hogg, ce n'est pas réservé à notre peloton : toute la compagnie doit s'y coller. »

Nous avons passé le lendemain à inspecter et à réinspecter. Au coucher du soleil, tous mes Marines, assis dans la salle à manger, ont rempli des fiches où ils devaient noter qui avait perdu quoi, en général de petits articles, gants, sous-vêtements thermiques ou casquettes, comment et quand. Vers 22 heures, le lieutenant Shea a frappé à la porte de la chambre spartiate que je partageais avec le sergent-chef Hallenback, au premier étage. Nous étions tous deux en train de lire les fiches en maudissant nos hommes : « Quels putains d'idiots. Comment on peut perdre un blouson en Gore-tex ? »

Je lui ai remis les déclarations : « *Signed, sealed and delivered. I'm yours* [1]. » Tout est là.

– Votre fiche aussi ?

– Oui.

– Il vous manque quelque chose ?

– Un jeu de piquets et de filets.

– Êtes-vous de garde toute la nuit avec les gars ?

– Oui, lieutenant. Et vous ?

– C'est sur mon programme d'entraînement. »

Après une nuit de sommeil interrompue toutes les heures, j'ai enfin réussi à m'assoupir, à 7 h 30 du matin,

---

1. Refrain d'une chanson de Stevie Wonder. « Signé, scellé, livré. Je suis tout à toi. » Signé, lu et approuvé…

après la relève de la garde par le peloton des Javelin, mais quelqu'un a frappé à ma porte.

« Bordel, qui est là ?

– Sergent-chef, c'est le lieutenant Shea. »

J'ai ouvert la porte, les yeux injectés de sang et en treillis.

« Je vous réveille ?

– Oui, lieutenant. J'allais m'envoyer en l'air avec Anna Nicole Smith [1].

– Sergent-chef, on bouge à 13 heures ; comme les Javelin sont de service ce soir, nous les remplaçons pour la surveillance de *l'ammo dump* [2].

– Bien reçu. Je vais informer les chefs de bord tout de suite. »

Après avoir passé le mot aux chefs de bord, plutôt fumasses eux aussi, j'ai rejoint le lieutenant Shea. Il était assis dans le bureau du capitaine. Je suis entré et je lui ai dit : « Les gars seront prêts à 13 heures. »

Il avait une pile de fiches sur les genoux. La mienne se trouvait sur le dessus. Mon sixième sens de Spiderman m'a alerté. « Lieutenant, j'ai besoin de récupérer ma déclaration. Je dois ajouter quelque chose. »

Il me l'a rendue avec empressement, comme s'il espérait une autre pièce à conviction. J'ai regardé la fiche pendant deux minutes, puis le lieutenant, calmement,

---

1. Célèbre playmate américaine.
2. « La décharge de munitions », nom d'un site irakien d'approvisionnement en munitions ; nous devions empêcher que l'endroit ne soit pillé. NdA.

et, brusquement, j'ai déchiré le document. « Vous savez quoi, lieutenant ? Un ami de l'unité blindé va me donner un jeu de piquets et de filets. Il me doit un service. » Il était sans voix et semblait assez troublé. J'ai compris qu'il essayait de me coincer. Je suis retourné dans ma chambre en me disant : « Si tu veux me couillonner, tu devras trouver autre chose. »

Un quart d'heure plus tard environ, on a frappé fermement à ma porte « Sergent-chef, je dois vous parler, tout de suite. » C'était la voix du lieutenant. Avant de lui répondre, j'ai regardé pendant quelques secondes le tableau accroché au mur, qui représentait un Arabe déambulant gaiement dans un bazar, son chapelet dans la main droite.

« La porte est ouverte, lieutenant.

– Sergent-chef, je veux vous voir dans le hall. »

Je me suis levé et je l'ai rejoint dans le hall.

« Je ne peux pas me permettre d'avoir un chef de peloton sans intégrité », a-t-il dit en élevant la voix avec hostilité.

« Qu'est-ce que vous voulez dire ?

– Je sais que vous avez fait une fausse déclaration et que vous avez déchiré votre fiche pour sauver vos fesses.

– Vous avez raison, lieutenant. J'ai menti. C'est pour ça que je l'ai déchirée, parce que je ne voulais pas continuer à mentir. Je voulais régler ça à ma manière et récupérer un jeu de piquets et de filets au 1er Bataillon blindé.

– Là n'est pas le problème, sergent-chef. Je me fiche que vous récupériez le matériel. Le problème, c'est que vous avez menti. Je sais que vous n'avez pas perdu les piquets et les filets de votre véhicule. »

J'ai décidé de lui dire la vérité. « Je les ai jetés sur le bas-côté de la route. Ils étaient trop lourds. Le toit[1] de mon Humvee s'affaissait tellement que je ne voyais même plus le pare-brise.

— Je m'en fous. Je ne peux pas laisser quelqu'un me mentir effrontément. »

J'ai perdu mon calme, je me suis avancé et me suis collé sous son nez :

« Et qu'est-ce que vous croyez que j'ai fait pendant trois ans, lieutenant ? Quand j'étais recruteur, j'ai menti, triché, mendié, emprunté et volé. C'est vraiment l'hôpital qui se fout de la charité. » J'ai fini par lui demander : « C'est personnel, ou professionnel ? »

Il a hurlé en pointant le doigt sur moi : « Ce n'est pas personnel !

— Vous voulez ma démission, lieutenant ? C'est de ça qu'il s'agit ? Vous voulez ma démission, c'est ça ? »

Il a répondu « oui » avec colère, avant d'ajouter : « Sergent-chef, vous êtes fini. »

Je l'ai regardé, les yeux pleins de larmes. « Lieutenant, soyez sûr d'une chose. Un jour, peut-être pas aujourd'hui, peut-être pas demain ni l'année prochaine, tout ce que vous avez fait au sein du Corps, tout le tort que vous avez causé, toutes les humiliations, peut-être même la mort d'un autre être humain, tout ça vous retombera dessus et quand ça arrivera, vous devrez faire face à toutes les questions auxquelles j'ai déjà répondu. Vous devrez vous demander : "Est-ce que ça valait le coup de vendre mon âme à une organisation qui n'en a rien à foutre de moi ?" »

---

1. Bâche en toile.

Il m'a jeté un regard méprisant avant de s'éloigner
dans le hall. Je suis resté planté là, à hocher la tête en me
disant que j'aurais de la chance si j'arrivais à m'en sortir
vivant. Le sergent-chef Hallenback est venu vers moi :
« Qu'est-ce qui se passe, mon pote ? On vous entendait jusque dans la salle à manger.

– Je suis lourdé.

– Quoi ? Putain, c'est pas possible ! Ils peuvent pas te
faire ça ! »

Je suis retourné dans ma chambre et j'ai enfilé mes
écouteurs pour écouter du Billy Holiday. Je me suis mis
à penser à tout ce qui m'était arrivé, en Irak et comme
recruteur. J'étais heureux et triste à la fois. Je savais que
ma carrière touchait à sa fin. J'étais triste de perdre ma
famille, le corps des Marines.

Le sergent-chef Hallenback avait des nouvelles, lui
aussi : « Mon pote, avec toute la merde qu'il y a en ce
moment, je ne voulais rien te dire mais je rentre au pays. »
Il a sorti une bouteille de Zamzam : « Allez, vieux frère,
c'est l'heure du Zamzam ! Cette merde, c'est comme du
crack liquide. Après, tout va mieux ! »

Il m'en a versé un verre, nous nous sommes assis et je
lui ai raconté ce qui s'était passé. J'ai fini par lui dire :
« Quand j'étais recruteur, je prenais des antidépresseurs.
Et je recommence à avoir les mêmes symptômes.

– Qu'ils aillent se faire foutre, mon vieux ! T'as fait
du super boulot ici. Tu as gardé tes gars en vie et tu t'es
débrouillé pour assurer leurs arrières au combat. Si j'étais
à ta place, je demanderais à consulter. Qu'est-ce que
tu as à perdre ? Tu as déjà perdu ton boulot. »

J'ai relevé la tête et je l'ai regardé fixement. « Rien à foutre. Je vais aller consulter. »

Une heure après, j'étais dans le bureau du capitaine. L'adjudant-chef était assis derrière le bureau. « Adjudant-chef Humphries, vous avez une minute ?

– Entrez. »

Il m'a regardé par-dessus le bureau, avec son regard d'instructeur.

« Je sais ce qui s'est passé entre le lieutenant Shea et vous. »

Je me suis assis dans le fauteuil de cuir marron. Il s'est levé et a dit : « Venez, allons faire un tour, comme ça nous ne serons pas interrompus. »

Nous sommes allés derrière l'hôtel, là où étaient ensevelis les Irakiens tués par Saddam. L'endroit devait faire dans les 2 km².

« Adjudant-chef, je n'ai pas réussi à dormir plus de quatre heures d'affilée au cours des trois dernières semaines. Je n'ai la force ni physique ni mentale de rester plus longtemps en Irak. Si c'était le cas, ce serait au détriment du Corps et des Marines qui m'entourent ; la dernière chose que je souhaite, c'est que quelqu'un meure à cause de mon état mental. »

Il m'a regardé : « État mental ? Qu'est-ce que vous voulez dire ?

– Adjudant-chef, je suis dépressif, et j'ai des insomnies.

– Comme tout le monde ici. Vous êtes au combat !

– Eh bien, je ne veux pas parler pour les autres Marines. En ce moment, je ne me fais de souci que pour moi et ma santé. Je crois que je devrais consulter. »

Il a étouffé un rire : « Sergent-chef, vous jouez gros. »

Le lendemain, l'adjudant-chef m'a fait conduire chez le médecin du bataillon, le lieutenant Hoang. Ce dernier était petit et assez direct. Il fumait des cigares cubains. Il voulait savoir pourquoi je tenais à voir un psychiatre. Je lui ai raconté mes antécédents de dépression pendant mes années de recruteur.

« Il s'est passé quelque chose en Irak qui a déclenché le retour de la dépression ?

– Ouais, ai-je répondu d'un ton hésitant.

– Explicitez, s'il vous plaît.

– Nous avons tué beaucoup de civils innocents.

– Des civils innocents ? Où ça ?, a-t-il demandé sans trahir la moindre émotion.

– Au camp militaire Rashid, au stade de Bagdad aussi et sur l'autoroute, à côté du stade de Bagdad.

– Attendez ici. Je reviens tout de suite. »

Il est revenu avec le lieutenant Wen, l'officier exécutif des services de santé de la Marine.

« Sergent-chef, pouvez-vous répéter au lieutenant Wen ce que vous venez de me dire ? »

Quand j'ai terminé d'expliquer au lieutenant Wen ce que j'avais raconté au lieutenant Hoang, il a dit : « Sergent-chef, vous allez passer la nuit ici, et je vais vous prendre un rendez-vous avec un psychiatre du QG de la 1ère Division des Marines, près de Nadjaf.

– D'accord. »

J'ai passé la nuit à l'infirmerie du bataillon, j'ai pris de l'Ambien [1] et j'ai vraiment bien dormi. Je suis parti le lendemain matin, vers 9 heures, à bord d'un convoi qui se rendait à Nadjaf. J'ai rejoint la division vers 13 heures, après plusieurs haltes dans d'autres camps. Le Marine qui conduisait écoutait Hank Williams Jr. et Merle Haggard [2] sur son lecteur CD. Je me sentais mieux mais je redoutais la suite.

---

1. Médicament contre l'insomnie.
2. Musiciens Country.

Chapitre 24

La consulte

SSPT connais pas

« Eh bien, sergent-chef, pourquoi êtes-vous ici ? » Le bureau du psy était installé sur un site irakien abandonné. En fait, il n'avait pas vraiment de bureau, alors nous avons parlé dehors. La conversation a été brève, une demi-heure environ, et agréable. Je lui ai parlé de mon travail de recruteur et des civils que j'avais contribué à tuer. Il semblait choqué et m'a posé beaucoup de questions, par exemple est-ce que j'étais alcoolique ou drogué. Il a eu l'air un peu déçu que la marijuana soit la seule drogue illégale que j'aie jamais consommée, et en plus pendant mes années de lycée.

« Alors, comment aimeriez-vous que les choses se passent ?

— Je veux être muté en Allemagne ou au Koweït, être suivi par un professionnel et traité pour ma dépression. »

Il m'a regardé, visiblement inquiet : « Bon, ça ne va peut pas être si facile. Je n'exclus pas que vous soyez atteint du SSPT.

— Le SSPT ? Qu'est-ce que c'est ?

— Syndrome de stress post-traumatique. C'est un syndrome qui survient quand un individu doit choisir entre le combat ou la fuite. »

Il notait tout pendant qu'il parlait, puis il a ajouté :
« Je vois que vous prenez de l'Ambien. Il vous en reste ?

– Trois.

– Coupez-les en trois. Ça devrait suffire jusqu'à votre
départ d'Irak. Après, si vous avez encore des difficultés
pour dormir, ils vous referont une ordonnance. Mais
je n'ai plus d'Ambien en stock. Je vais vous faire rapatrier immédiatement, m'a-t-il dit en me tendant un fla-
con de 300 comprimés de Zoloft.

– Vous en prenez deux par jours les cinq premiers
jours, puis vous passez à trois. »

Devant mon air perplexe, il m'a expliqué que le fla-
con ne m'était pas entièrement destiné : « Apportez ça
au médecin du bataillon. Vous savez, je rencontre de plus
en plus de cas comme le vôtre, et je pense que qu'il aura
besoin de ces comprimés. »

Il m'a remis une lettre cachetée qu'il m'a demandé de
transmettre au capitaine Schmitt. Je suis allé le voir aussitôt. Après l'avoir lue, il m'a dit, livide ; « Sergent-chef,
je crois que vous ne valez rien comme chef. Je ne comprends même pas comment vous avez pu atteindre ce
grade. En tout cas, votre foutue dépression, ça ne marche
pas avec moi. Nous allons vous transférer dans une unité
de Commandement et Soutien [1]. Vous remettrez votre
M-16, vos chargeurs, vos grenades et tout ce qui vous
a été affecté avec ma signature par ma compagnie.
L'adjudant-chef et le sergent-major Robinson vont vous
conduire auprès du bataillon et vous ferez votre rapport

---

1. *Headquarters and Supply Company* : assure le ravitaillement en
vivres, carburants et divers, ainsi que l'entretien des matériels.

à l'adjudant-chef de cette unité. Là, vous attendrez votre
billet de retour pour le Koweït, d'où on vous rapatriera
pour raisons médicales. »

Sans le regarder, j'ai répondu : « Oui, chef. »

J'ai remballé mes affaires en moins d'une heure.
Hallenback était assis à côté de moi, sur le lit : « C'est
quoi ce bordel ! Tu te casses avant moi ? Je suis retenu
ici contre ma volonté ! » J'ai ri. « Non, en fait, je suis
content que tu dégages. C'est ma pire compagnie depuis
que je suis dans le Corps. »

Je suis descendu dans la chambre de Westerman.
« Westerman, je ne suis plus le sergent du peloton mais
j'aimerais que tu transmettes un message aux gradés :
ça a été un honneur de servir à leurs côtés. On se
reverra. Ne mélange pas le speed et l'herbe, la bagnole
et l'alcool.

– Je transmettrai, sergent-chef, comptez sur moi. Je
ne sais pas exactement ce qui s'est passé – et je ne veux
pas le savoir – mais c'était bien de servir avec vous. On
se reverra. »

J'étais ému. Je suis parti rapidement et j'ai retrouvé
l'adjudant-chef Humphries près de son Humvee. Une
fois dans le véhicule, je me suis retourné et, en jetant un
regard mélancolique à ce sinistre hôtel Al Hussein, j'ai
dit : « Bonne nuit, les gars. »

Le lendemain matin, je me suis offert un dernier
petit plaisir. Le Commandement et Soutien et un élément du bataillon étaient installés dans une école abandonnée au centre de Kerbala. J'avais dormi seul, dans
une chambre austère qui ressemblait à une cellule de

prison. Les murs en ciment étaient peints en gris et il n'y avait pas de fenêtre. J'étais profondément endormi quand, à 5 h 30, j'ai été réveillé par la voix du lieutenant Shea, qui gueulait dans le couloir : « Où est le sergent-chef Massey ? » J'ai cru que je faisais un cauchemar. J'étais encore dans les bras d'Ambien quand j'ai aperçu la tête du lieutenant Shea qui regardait à travers le rideau accroché devant la porte. « Est-ce que le sergent-chef Massey est ici ?

– Donnez-moi une minute, Monsieur. Pas la peine d'entrer. »

Je n'arrivais pas à y croire, je me répétais : « Mais, bordel, qu'est-ce qu'ils veulent encore ? »

Il souriait quand je suis sorti de la chambre :

« Comment vous sentez-vous, sergent-chef ?

– Comme une merde de chien sur un trottoir de New York.

– Le capitaine veut que je récupère votre pistolet.

– Vous vous rendez compte qu'en cas d'attaque, je ne pourrai pas me défendre.

– Ordre du capitaine.

– Je vois que vous êtes toujours son garçon de course, lieutenant.

– Je vois que vous faites toujours le malin, sergent-chef.

En le pointant du doigt, je lui ai dit « Vous voulez le pistolet, lieutenant ? Je vous donne le pistolet ! »

Il a reculé d'un pas ; j'ai éjecté le chargeur, tiré la culasse, éjecté la cartouche de la chambre, attrapé la balle au vol, je l'ai regraillée dans le chargeur, j'ai pointé l'arme dans une direction non dangereuse, j'ai regardé dans

la chambre, j'ai dit « vide », et je lui ai tendu le pistolet, ce chargeur et deux autres, approvisionnés : « Ce sera
tout, lieutenant ?

– Non, sergent-chef, je voulais aussi vous dire que
si jamais, un jour, vous avez besoin de références, je serai
plus qu'heureux de vous en fournir.

– Non, lieutenant, je crois que ce ne sera jamais le cas.

– Vous avez besoin d'autre chose, sergent-chef ?

– Non, lieutenant. »

Quand il est reparti, j'ai eu l'impression de sortir de
prison.

* * *

Le bus a mis huit ou neuf heures pour atteindre
le Koweït. J'étais accompagné par le sergent-chef
Hallenback. Avec lui, j'étais rassuré parce qu'il avait toujours son arme. Avant le départ, le général Mattis nous
avait expliqué que nos risques de tomber dans une
embuscade en traversant les villes irakiennes étaient de
90 %. Il nous avait recommandé de réviser dans le bus
les règles à suivre en pareil cas. Évidemment, je n'ai pas
fermé l'œil du voyage. Dormir m'aurait au moins évité
le spectacle de mort et de destruction qui a défilé sous
nos yeux jusqu'au coucher du soleil ; on aurait dit que
les véhicules explosés par les bombes et les cadavres carbonisés avaient poussé partout comme des champignons.
Les champs de pétrole étaient toujours en flammes et la
fumée noire m'empêchait de respirer. Je me souviens
avoir remercié Dieu d'être arrivé sains et saufs. Nous
sommes restés là-bas trois jours avant de rentrer au pays.

Trois jours pendant lesquels j'ai beaucoup dormi et réflé-
chi sur ce qui s'était passé et ce que l'avenir pourrait me
réserver.

Au bout de cinq jours, j'ai pu emprunter un téléphone
portable à un juteux et appeler Jackie. C'était la première
fois en quatre mois que j'entendais son bel accent du
Sud.

Quand elle a décroché et j'ai entendu « Qu'est-ce
qui ne va pas, cow-boy ? », je suis resté sans voix
quelques secondes. Elle s'est mise à pleurer hystéri-
quement et a dit : « Mon Dieu, je vous en prie, faites
que tout aille bien !

Chapitre 25

Bienvenue au bercail, cow-boy !

Personne ne m'avait dit qu'il y aurait
des jours comme aujourd'hui…
John Lennon

Il m'a fallu beaucoup de temps pour me regarder à nouveau dans une glace. J'essayais de ne pas tomber nez à nez avec moi-même en me rasant. J'agissais comme si j'étais conditionné, en pilotage automatique. Je me levais le matin, je prenais les médicaments prescrits par le psychiatre, je me lavais les mains, le corps, les cheveux, je me brossais les dents. Je ne regardais jamais mon visage en entier. Je me concentrais sur certaines parties seulement. J'évitais toujours l'ensemble.

Il n'y a plus désormais de grands espaces lumineux et blancs pour moi. Plus de nirvana post-tuerie. Je vis dans une flaque de boue et la seule façon d'en sortir, c'est d'arrêter la tuerie. J'ai vendu toutes mes armes. Au début, je me sentais nu et sans défense. Maintenant, je n'éprouve plus aucun désir pour elles. Il faudrait vraiment que ma famille soit en danger pour que je retouche à une arme. On pourrait me cracher à la figure que je n'y toucherais pas, je ne ferais rien. J'ai vu assez de violence et de destruction pour une toute une vie.

Avec Jackie, nous sommes allés à un concert de Charlie Daniels [1], en Georgie, et là, il s'est passé quelque chose.

1. Musicien Bluegrass.

Je portais mon chapeau de cow-boy, mon jean, mon gros
ceinturon et mes bottes, mais j'éprouvais une sensa-
tion bizarre. J'étais dans les montagnes, entouré de gens
du Sud et, pour la première fois depuis longtemps, je me
sentais en sécurité. Pourtant, je n'avais plus ce sentiment
d'appartenance. Entre deux chansons, Daniels a dit : « Je
voudrais remercier les hommes et les femmes qui se battent outremer. » Puis il a parlé du 11 septembre. Ses
paroles m'ont fait mal. J'ai même pensé lui écrire pour
lui raconter ce que j'avais vu en Irak.

Depuis, je n'arrive plus à porter mon chapeau de cow-
boy.

Je crois bien que je ne suis plus un cow-boy.

Post-scriptum

Arrivé à Twentynine Palms un vendredi, après un voyage de vingt-quatre heures, Jimmy reçut l'ordre de se présenter à la clinique psychiatrique militaire le lundi suivant. Il resta à Twentynine Palms du 15 mai au 13 novembre 2003, et fut officiellement radié du contrôle des effectifs le 31 décembre. Durant ce séjour, il suivit une psychothérapie intensive avec deux psychiatres, qui jouaient, explique-t-il, à « bon flic méchant flic ».

Le docteur Stacy Volkert, le « méchant flic », le bourra aussitôt de médicaments (Seroquel®, Xanax®, Effexor®, Luvox® et Verapamil®). Elle voulait qu'il admette souffrir d'un trouble de la personnalité, et que la rage qu'il avait en lui le poussait à vouloir faire du mal à autrui. Par certains traits, affirmait-elle, Jimmy ressemblait à Timothy McVeigh [1]. Elle essayait de l'intimider : « Vous savez, s'il s'avère que vous êtes apte, ils vous poursuivront en justice. » Ou : « Ce sont des types comme vous qui détruisent l'Amérique ! »

Après la première séance, le « bon flic », le docteur

---

[1]. Ce vétéran de la première Guerre en Irak a été condamné à mort pour sa responsabilité dans l'attentat contre le « Murray Building » d'Oklahoma City, en1995.

Beverley Ann Dexter, annonça à Jimmy qu'elle ne pouvait rien faire pour lui. « Je ne m'occupe pas des objecteurs de conscience. » Jimmy, toujours membre du corps des Marines, demanda conseil à un aumônier, qui le rassura : son cas ne relevait pas de l'objection de conscience. Après cet épisode, le docteur Dexter lui prodigua régulièrement les paroles de réconfort dont il avait besoin (« Non, sergent-chef, vous ne présentez aucun trouble de la personnalité. Tout va bien. »), mais, pour Jimmy, elle n'avait pas renoncé à lui faire admettre qu'il était en réalité un objecteur de conscience. Elle émit un jour l'hypothèse que ses traumatismes enfantins et la mort de son père étaient à l'origine de sa dépression, provoquant en Jimmy un véritable cataclysme émotionnel. « Je crois que les médecins ont essayé par tous les moyens de me faire péter les plombs. On voulait m'amener à une explosion de violence. Si j'avais blessé quelqu'un, ils m'auraient jeté en prison. »

Un sergent du régiment expliqua un jour à Jimmy que si le corps des Marines arrivait à prouver que son état de santé était normal, il risquait d'être poursuivi en justice. Le sergent avait enregistré la conversation et, devant cette menace, exténué, Jimmy se résolut à prendre un avocat pour obtenir sa radiation des effectifs pour raisons médicales. Après six mois à se faire « niquer la tête » par le service psychiatrique, il était convaincu qu'il ne s'en sortirait qu'en quittant le Corps. Il choisit Gary Myers, l'avocat des GI impliqués dans le massacre de My Lai [1] – dix-huit mois

---

1. Ce massacre perpétré par une compagnie d'infanterie américaine, le 16 mars 1968, dans le village vietnamien de My Lai, fit entre 300 et 500 morts, pour l'essentiel des civils.

plus tard, Myers allait défendre le sergent-chef Ivan « Chip » Frederick, l'un des tortionnaires d'Abou Graib. « Un conseil de médecins a déclaré Jimmy inapte au service et lui a accordé sa radiation pour raisons médicales. Je voulais qu'il continue à se battre pour sa retraite, mais il craignait la capacité de rétorsion du corps des Marines. » Jimmy reçut son ordre de fin de service le 31 décembre 2003, ainsi qu'un chèque d'indemnisation de 59 000 dollars. Depuis, il se rend une fois par mois chez le psychiatre des VA [1], et une fois par semaine chez un psychothérapeute.

Début 2004, Jackie, qui avait emménagé avec Jimmy dans un appartement situé près du lac Junaluska, écrivit au rédacteur en chef du journal local, *The Mountaineer*. Dans sa lettre, elle expliquait notamment qu'on avait entraîné son fiancé, avant son départ pour l'Irak, à sécuriser des champs de pétrole. Jeffrey Schmerker lui demanda immédiatement de l'aider à obtenir une interview de Jimmy. Le 9 février 2004, *The High Price of War Leaves. One Man Broken* [2] était publié, suscitant de nombreuses réactions. Le capitaine Schmitt, devenu major, écrivit lui-même une lettre de protestation, publiée peu de temps après :

Monsieur,

Je m'appelle Dan Schmitt, je suis major du corps des Marines. J'ai lu avec grand intérêt votre article sur M. Jimmy

---

1. *Veterans's Affairs.*
2. « Le prix élevé de la guerre. Histoire d'un homme brisé. »

Massey. J'ai servi avec lui, je suis même son ancien officier de commandement. Je trouve formidable et encourageant d'apprendre que M. Massey est rétabli et qu'il mène une vie productive au sein de la société. Votre article démontre qu'on ne peut négliger le facteur humain, élément incontournable du combat. Après tout, ce sont des hommes qui se battent, pas des machines. J'ai été cependant troublé par certaines inexactitudes techniques et historiques. Sans vous accabler, je serais tout de même curieux de savoir si vous allez poursuivre la publication d'articles sur le sujet, étant en mesure de vous apporter un autre éclairage et de vous transmettre des données concrètes qui pourraient vous être utiles.

Sachez que je me suis engagé chez les Marines en 1988, comme fusilier, et j'ai servi pendant la première Guerre du Golfe de 1990-1991. Officier depuis 2003, j'ai été envoyé un peu partout dans le monde. Je suis marié depuis dix ans et j'ai trois jeunes enfants. J'entraîne en ce moment une nouvelle unité avec laquelle je dois repartir incessamment en Irak, mais je serai encore aux États-Unis au cours des deux prochaines semaines. Je serais heureux de m'entretenir avec vous de tout événement survenu depuis notre dernier déploiement en Irak.

En vous remerciant pour le temps que vous m'avez accordé et Semper Fidelis.

Major Daniel Schmitt
Corps des Marines

Schmerker répondit au major Schmitt par un e-mail :

Bonjour,
Je n'ai pas prévu de publier d'autres articles, sauf si la situation de Jimmy évolue. Je serais cependant heureux de lire vos remarques sur les problèmes techniques ou historiques que vous avez soulevés. Beaucoup des informations contenues dans l'article étaient difficiles, voire impossibles à vérifier — par exemple, j'ai découvert depuis que le statut d'objecteur de conscience était légal.

L'idéal serait sans doute de publier votre texte dans le Courrier des lecteurs — c'est une rubrique très lue, et ce serait l'occasion d'éclairer les points évoqués. Nous pouvons publier la lettre que vous venez de m'envoyer, à moins que vous n'en écriviez une nouvelle. Votre nom et celui de la ville où vous vivez suffisent.

Merci — dans l'attente de vos nouvelles,

Jeff

Le major Schmitt écrivit une seconde lettre à Schmerker :

Jeff,
Je ne veux pas corriger des erreurs pour le seul plaisir de corriger des erreurs. D'ailleurs, il est nécessaire d'avoir passé pas mal de temps dans le corps des Marines pour les relever. Un homme qui vit aujourd'hui au sein de votre com-

munauté et qui était mon chef lorsque j'étais jeune engagé, à l'époque de la première Guerre du Golfe, me l'a judicieusement fait remarquer.

Ce que je voudrais faire comprendre en revanche, c'est que nous, les Marines, ne savons bien faire que peu de chose. Nous menons à bien la mission que vous, le peuple, nous confiez, et quand nous renvoyons nos Marines à la vie civile, ils sont devenus meilleurs citoyens qu'ils ne l'étaient à leur arrivée dans le Corps. Nous prenons ces deux tâches très au sérieux.

Pendant nos derniers combats, des civils ont été blessés ou tués. Mais vous devez savoir que nous avons tout fait pour éviter cela. Le commandant du peloton de Jimmy Massey, le lieutenant Kevin Shea, s'est délibérément exposé à un tir de roquettes ennemies pour protéger la vie d'une famille irakienne sur laquelle tiraient d'autres Irakiens. Tous les Marines ont cessé le feu lorsque cette famille est passée en voiture au beau milieu du combat, et Kevin a failli perdre la vie en voulant les sauver. Voilà un des nombreux actes de bravoure dont j'ai été le témoin, direct ou indirect. Vos Marines sont des guerriers honorables, ils ont une éthique et vivent selon leur devise : « Votre meilleur ami, votre pire ennemi. »

J'ai personnellement renvoyé le sergent Massey de son poste. C'est rigoureusement exact et je n'en éprouve aucun regret. Je respecte l'homme et tous mes vœux l'accompagnent, mais il s'est révélé inefficace lorsqu'il fallait mener des Marines à travers les épreuves du combat. Il était devenu un facteur de risque pour ceux auxquels j'ai voué mon existence, afin de les guider et les protéger, et je le lui ai dit en face. Tout ceci n'en fait pas pour autant un sale type. Personne n'a *rien à gagner en discréditant son récit. Je veux cependant insister sur un point : ces Marines que nos mères et nos épouses nous envoient, ces frères d'armes, sont tous des hommes de grande qualité, les meilleurs au monde, guidés par une conscience sans tache et des valeurs fondées sur ces principes, « Honneur, Courage et Engagement », votre communauté doit être aussi fière d'eux qu'ils sont eux-mêmes fiers d'être Marines. Ce ne sont pas des tueurs, mais des guerriers. La différence n'est pas négligeable.*

Je vous remercie de votre réponse et du temps que vous m'avez accordé. Soyez assuré que les Marines en service sont des hommes moralement responsables, et nous n'accepterions pas qu'il en soit autrement.

Semper Fidelis
Major Dan Schmitt

Le même revirement se produisit chez les hommes de Jimmy. En juin 2004, j'avais interviewé Ryan McFarland et Brad Gaumont pour la première fois. À la question « que pensez-vous de Jimmy ? », tous deux avaient répondu qu'il était « un bon chef, qui faisait attention à ses hommes ». Mais lorsque le récit de Jimmy commença à circuler, leur attitude changea. Andrew Howard, à l'époque à Twentynine Palms, le reconnut au téléphone, après une brève hésitation : « Jimmy Massey est un problème au sein de l'armée en ce moment. Je ne dirai rien qui puisse me nuire au sein de l'armée. » Les membres du peloton qui, quelques semaines plus tôt, ne tarissaient pas d'éloges sur Jimmy, se montraient réticents à poursuivre les entretiens. En novembre 2004, Jeffrey Fowler eut même des propos très durs : « Jimmy Massey était un peu paresseux. Il n'était pas compétent. Il ne savait pas ce qui se passait. Il ne fournissait pas la nourriture et les munitions dont le peloton avait besoin. Il ne faisait pas grand-chose. Il s'asseyait dans son véhicule et y restait. Il cherche à calomnier le corps des Marines parce qu'on l'a limogé. » Avant de mettre fin à la conversation, il ajouta : « Jamais je ne planterai un couteau dans le dos de mon pays. Je crois profondément en tout ce qu'a fait le peloton. »

Après la parution d'un second article sur Jimmy dans *The Mountaineer*, le 28 mars 2005, intitulé *One Year Later, Marine's Story Marches on*[1], la rédactrice Vicki Hyatt dut publier un texte d'explication, *Jimmy Massey's Story is not Popular With Some But Needs To Be Told*[2]. Vicki Hyatt y faisait référence à un e-mail envoyé au *Mountaineer* par la mère d'un caporal :

Monsieur Schmerker,

Je viens de lire avec un grand intérêt et beaucoup d'émotion votre article sur Jimmy Massey. Son histoire est aussi celle de mon fils, caporal au 3ᵉ bataillon, 7ᵉ des Marines, compagnie d'appui, en Irak de janvier à septembre 2003. J'ignore si mon fils et Massey se connaissent, c'est probable,

---

1. « Un an après : l'histoire du Marine est en marche. »
2. « L'histoire de Jimmy peut déplaire à certains, mais il faut la raconter. »

puisque mon fils a suivi le même itinéraire que Massey. Il était présent, par exemple, lorsque le Sergent Alva a perdu une jambe à cause d'une bombe.

Mon fils a reçu son nouvel ordre de déploiement six semaines après son retour d'Irak. J'ai très vite remarqué qu'il avait changé, il était en retrait, dépressif, angoissé. Venu passer Thanksgiving avec nous, il a délibérément raté l'avion qui devait le ramener à Twentynine Palms. Il a déserté pendant dix jours avant de regagner sa base de son plein gré. C'est à ce moment-là que nous avons compris qu'il était bouleversé à l'idée de retourner en Irak.

Sa désertion lui a valu d'être placé en détention pendant quelque temps et sa permission de décembre a été annulée. Nous étions désespérés à l'idée de ne pas revoir notre fils avant son départ pour l'Irak. Le nouveau déploiement devait avoir lieu en février. En janvier, mon fils est allé voir son commandement à trois reprises pour demander de l'aide, en proie à des problèmes psychologiques aigus. Les deux premières fois, on l'a invité à se ressaisir et à retourner à son unité. La troisième fois, envoyé à l'hôpital pour un examen psychiatrique, il s'est fait traiter de simulateur et de manipulateur. Mon fils m'a ensuite avoué qu'à ce moment-là, il avait pensé sérieusement au suicide.

Vers la fin du mois de janvier, nous avons appris par un coup de téléphone que notre fils avait disparu de la base. Le corps des Marines m'a demandé si je pouvais le convaincre de se rendre. On m'a précisé que son geste n'aurait aucune conséquence s'il se présentait avant le départ pour l'Irak. Dans le cas contraire, il risquait la prison puisqu'en temps de guerre, la désertion est considérée comme un crime.

Pendant de longues semaines, j'ai cru que mon fils s'était donné la mort. Je m'attendais à tout moment à ce qu'un Marine frappe à ma porte pour m'annoncer la nouvelle.

Mon fils a été déclaré « déserteur ». À chacune de nos conversations, j'ai essayé de comprendre les raisons de son geste. Sa seule explication, c'est qu'il était prêt à tout pour ne pas retourner en Irak, que nous ne pouvions comprendre ce qui s'y passait et que s'il nous donnait trop de détails, nous nous réveillerions en hurlant au milieu de cauchemars, comme lui. Il s'est caché pendant quatre mois.

Mon fils s'est rendu volontairement au corps des Marines jeudi dernier, dans l'Illinois. Dans les heures qui ont suivi, il a été conduit en avion à Palm Springs, où une escorte de Marines l'attendait pour l'escorter jusqu'à la base. Là, on l'a laissé seul douze heures durant. Douze heures pendant lesquelles il n'a cessé de téléphoner à ses proches pour leur annoncer sa fuite ou son suicide. Il pleurait, regrettant d'avoir fait le mauvais choix en se rendant. Il était réellement terrorisé et désespéré.

Vendredi soir, il nous a raconté au téléphone que les autres Marines l'avaient frappé avec des balais en le traitant de traître, de tapette, de lâche, et lui avaient répété qu'il aurait mieux fait de se tuer. Certains lui ont même proposé de lui tresser un nœud coulant.

L'intervention de notre médecin de famille a permis à mon fils d'être hospitalisé pour un bilan… Mais il n'est toujours question ni d'audience, ni d'une éventuelle décision sur son statut.

Il y aurait encore beaucoup à dire sur cette histoire, il y aura bientôt beaucoup à dire sur d'autres histoires. Merci en tout cas de transmettre un message à Jimmy Massey. Qu'il sache qu'un de ses Marines s'est levé, lui aussi, pour refuser de participer au meurtre d'innocents. Je viens de lire la transcription de l'interview de Massey dans Democracy Now *du 24 mai. J'en envoie une copie, ainsi que celle de votre article, à notre médecin de famille. Cela l'aidera peut-être à mieux comprendre l'horrible souffrance dans laquelle se débat mon fils.*

Il est déjà entré en contact avec notre représentant au Congrès. Il enverra cette semaine un avocat à Twentynine Palms, afin de vérifier que mon fils est bien traité et reçoit les soins médicaux et/ou psychiatriques adaptés.

Massey peut être fier de la franchise dont il a fait preuve en racontant ce qu'il a vécu en Irak. Il a dû se sortir les tripes, mais il a montré la voie pour que d'autres, comme mon fils, agissent comme il convient. Je ferais lire l'histoire de Massey à mon fils si je ne craignais pas d'envoyer les articles à la base. Qui sait ce qui pourrait arriver si on le surprenait à les lire.

J'envoie aussi une copie à notre représentant au Congrès.

Merci, monsieur Schmerker, merci pour cet article… tombé miraculeusement, à 2 heures du matin, sous les yeux d'une mère triste et effrayée qui ne savait comment aider son fils.

Avec ma gratitude…

Kim
Une maman de Marine fière de son fils

Interviewé par plusieurs journalistes au sujet des déclarations de Jimmy, le major Douglas Powell, un porte-parole du corps des Marines au Pentagone, répondit sur MSNBC le 8 décembre 2004 : « Le corps des Marines nie les allégations de Massey. Nous ne disons pas qu'il a menti, mais que la façon dont il a perçu la situation, étant donné les règles d'engagement et ce qui était justifié sur le terrain, est différente de la nôtre. » Je pris contact avec le bureau du major Powell en m'enquérant du motif officiel du départ de Jimmy ; un officier très pressé me répéta avec insistance que Jimmy n'avait jamais dit que son peloton avait tué des civils, avant de m'informer que ce dernier était de toute façon la seule personne habilitée à demander des informations à ce sujet. Jimmy téléphona lui-même au major Powell, qui lui répondit d'un ton goguenard : « Nous n'avons pas gardé les vaches ensemble, sergent-chef. Si vous voulez savoir ce que le corps des Marines pense de vous, vous n'avez qu'à taper votre nom sur Google. »

Natasha Saulnier

Table des matières

Remerciements

De nombreuses personnes ont permis à ce livre de voir le jour. Nous tenons à remercier en particulier Stephan Smith, Jackie Massey, Henri, Bernadette et Valérie Jouan pour leur appui indéfectible, John Moran pour son aide précieuse à la rédaction du livre en anglais et son soutien moral mais aussi Ginger Reottger, Tim et Emma Pluta, Nancy Lessin et Charley Richardson, Stan Goff, David Klein, David Lubell, Sanford Kelson, Beth Bogard, David Fenton, Leslie Cagan, Ray Whitaker, Colin Robinson, Todd Shuster, Lane Zachary, Reese Erlich.

Achevé d'imprimer en septembre 2005
sur les presses de France Quercy, 46001 Cahors
N° d'imprimeur : 52401/
Imprimé en France